陈鼓应 宋洪兵 编

王晓波文集

第 1 卷

儒法思想论集

精含五行之秀氣雅性高
奇識量沖遠解褐中書侍
郎除南陽太守嚴威既被
其猶草上加風民之悅化
若祭之樂水

韓非子

商务印书馆
The Commercial Press
创于1897

图书在版编目(CIP)数据

儒法思想论集/王晓波著;陈鼓应,宋洪兵编.—北京:商务
印书馆,2024
(王晓波文集;第1卷)
ISBN 978-7-100-23928-8

Ⅰ.①儒… Ⅱ.①王… ②陈… ③宋… Ⅲ.①法家—哲学
思想—研究 ②儒家—哲学思想—研究 Ⅳ.①B222.05
②B226.05

中国国家版本馆 CIP 数据核字(2024)第 091773 号

本卷据台湾时报出版公司 1983 年版排印

陈鼓应　宋洪兵 编
王 晓 波 文 集
第 1 卷
儒法思想论集

商 务 印 书 馆 出 版
(北京王府井大街 36 号　邮政编码 100710)
商 务 印 书 馆 发 行
北 京 通 州 皇 家 印 刷 厂 印 刷
ISBN 978-7-100-23928-8

2024 年 12 月第 1 版　　　开本 710×1000　1/16
2024 年 12 月北京第 1 次印刷　　印张 20¼
定价:98.00 元

总　序

　　我与王晓波教授相识相知五十余年。在 20 世纪 70 年代,我们同为台湾大学哲学系教师,我研究道家,晓波研究法家,我们都曾因为坚持自己的政治立场而遭到当时台湾当局的调查,并最终遭到解聘,这就是台湾历史上著名的"台大哲学系事件"。

　　晓波是一位具有深厚家国情怀的爱国人士。他的母亲章丽曼女士,在 20 世纪 50 年代初,因"匪谍"罪名被国民党当局杀害,当时晓波只有九岁。2012 年,国家民政部正式追认章丽曼女士为"革命烈士"。晓波的父亲王建文先生也受到牵连,遭受七年牢狱之灾。应该说,晓波坚定而强烈的家国情怀,与他的身世命运密切相关。晓波于 20 世纪 70 年代取得台湾大学哲学系硕士学位之后留校任教,任教期间,他积极参与"保钓运动",是台湾岛内最早的"保钓运动"的组织者与策划者之一。

　　晓波几十年来笔耕不辍,在法家研究领域、台湾史研究领域都取得了卓越的学术成就,在两岸三地的学界甚至国际学界享有盛誉。晓波具有深厚的中西方哲学素养和逻辑分析能力,对于先秦文献非常熟悉,能够信手拈来,可以大段地背诵经典名篇。他在法家哲学及先秦哲学研究领域取得了丰硕成果,曾先后出版《先秦儒家社会哲学研究》、《儒法思想论集》、《韩非思想的历史研究》(合著)、《韩非政治理论的哲学基础》(英文)、《哲学与思想》、《先秦法家思想史论》《道与法：法家思想和黄老哲学解析》等著作，对儒法关系、道法关系以及黄老哲学都有深入研究。

晓波还是一位知名的台湾史以及台湾问题专家。他对两岸关系以及中美关系有准确把握和深刻见解，他出版的《台湾史与台湾人》《台湾史论集》《台湾抗日五十年》《两岸关系论集》《台湾意识的历史考察》等著作，始终将台湾历史与中国的整体历史进程联系在一起。他曾先后受聘于厦门大学、北京联合大学、中国人民大学，担任客座教授。

在我心目中，有三个王晓波：一个是具有家国情怀的王晓波，一个是法家哲学研究领域卓有成就的王晓波，一个是台湾史及台湾问题研究领域的著名学者王晓波。

晓波丰厚的精神养分和学术遗产，值得我们认真研究并加以继承。晓波在世时，曾有愿望在中国大陆出版其法家研究著作。当时我们联系了几家出版社，皆因多种因素而未能玉成此事。晓波的去世，令人无比惋惜。他的精神和事迹，受到社会各界的关注和重视。当此之时，商务印书馆执行董事顾青和总编辑陈小文两位先生古道热肠，慷慨应允出版《王晓波文集》，先期出版他的法家哲学研究系列。在文集编辑过程中，商务印书馆的编校人员付出了辛勤的努力。晓波的夫人宋元女士也给予本套文集极大的支持和帮助。在晓波去世四周年即将来临之际，他的法家研究著作系统地呈现于中国大陆学界，完成了他的心愿，他应该也能含笑九泉了吧！

是为序。

陈鼓应

2024 年 5 月

我的学术思想与志业 *

　　我想我的一生,只不过是整个中华民族在近代悲剧中的小角色。当然我们念哲学的人知道,普遍性是寓于具体性之中的,所以在具体中也该呈现它的普遍性出来。那么以我的一生来讲,我是有幸或不幸诞生于 1943 年末——在抗战快要结束的时候。当时整个中国大半边被日本的侵略军占领,但占领的地区只能是点而不及于面。我诞生的地方是第二战区的江西省铅山县河口镇。我是诞生于 11 月 17 日。因为在早上四点钟诞生,所以被取名叫晓波,破晓时分生在湖边。另一个语意呢,因为家父是军人,当时抗战相当激烈,所以他要让我知晓马伏波将军的志业与一生,马伏波将军有一句名言:"男儿要当死于边野,以马革裹尸还葬耳。"所以我后来想到这句话时有点心寒,没想到我爸生我没怀"好心",想让我去死。但从这里可见当时中国民族抗战的激昂,他们愿意让自己的第一个儿子为国家民族马革裹尸。所以,从小我们的家庭教育是要我们以身报国、以身许国的。

---

　　* 此为王晓波先生退休演讲,原载于《思想》第 14 期(2014 年 3 月)。此次收录于文集中,略有删节。——编者

一

有人问我的籍贯是什么？我常说自己是省际人物，为什么呢？若不是抗战那样的大动乱，我母亲是江西南昌人，我父亲是贵州遵义人，遵义跟南昌差了十万八千里，怎么会搅在一起？那是时代的凑合，在这里就不细诉了。我曾经在襁褓之中，从江西到过重庆，据说在抗战时还到过家乡遵义三天，但我却从来没有过这一段记忆。1945年抗战胜利后，我们才从重庆到南昌。我父亲是宪兵，他在南京当兵，我们跟着外婆到南昌乡下。在1948年时，家父奉命到台湾训练一批新宪兵，是宪兵第八团第三营，家父是营长，所以我就随着父亲到了台湾的花莲。接着，家母才随后到台湾跟我们会合。到了1953年家母被逮捕，跟着才知道父亲也在先前被逮捕了。之后，母亲就再没有回来了。母亲是以"匪谍"的名义被枪毙的，而父亲被判七年有期徒刑。当时外婆带着我还有三个妹妹在台中北屯住，最小的妹妹还没有满周岁。当时所有的亲戚朋友都不敢接近我们家，我们所有的生活资源也都被断绝。还好靠着街坊邻居的好意介绍，得知台中育幼院可以申请两个孩童救济金，只有20块的救济金，之后我们就靠这两个微薄的救济金一家五口共同过活。所以当时实在没有任何的生活资源，都靠我们到菜市场捡食维生，经过外婆细心的处理之后养活了我们。一直到我父亲出狱后，才改变这生活。各位年轻的朋友也许不太能想象这样的生活，家里的人遭遇到这样的事情，谁也不敢跟你往来，在学校也受到同学跟老师的歧视，在学校一直有人骂我是"匪谍"的儿子。

所以当时我就奋起战斗，不知跟多少同学打过架。由于营养不良、身体瘦弱，所以每次都打输，但老师都只处罚我。我现在回想起，童年是非常不快乐的。小学毕业后，我考取了台中一中，由于离家比较远，同学不知道我家里的事情，因此比较快乐。父亲与母亲被抓走后，留给我的几本书影响我很深，一本是《正气文钞》，一本是《水浒传》，还有一本是我看得似懂非懂的崔书琴的《三民主义新论》。《水浒传》一书对我的童年影响很重，读过《水浒传》的人，大概都知道可以归纳出一句话："天下只有不好色的英雄，没有不喝酒的好汉。"喝酒影响我很大。在《水浒传》中可以呈现出一种奇特的中国文化，即是一种表扬"土匪"的文化。我一直到现在还是可以记住里面吴用智取生辰纲的一首诗："赤日炎炎似火烧，野田禾稻半枯焦，农夫心内如汤煮，公子王孙把扇摇。"在《水浒传》里我看到了人间的不平。

二

当时我生活在台中北屯，是生活在社会最底层的阶级，让我看到了这个阶级被践踏、被歧视，看到了这些人的生活情况，我也曾经用文字表述过，并发表在《中国时报》上。童年的生活与《水浒传》对我这一辈子的影响是非常巨大的。后来我誓言，我生于贫贱，一定要回到贫贱。我要永远跟那些被歧视、被压迫、被凌辱的人站在一起，拒绝上天堂。

《正气文钞》中的《正气歌》也影响我甚深。《正气歌》对我的激励很大。我也特别欣赏陆游陆放翁的《书愤》（下阕）："塞上长城空自许,镜中衰鬓已先斑。出师一表真名世,千载谁堪伯仲间。"这些都深深影响着我。(注:上阙为"早岁那知世事艰,中原北望气如山。楼船夜雪瓜洲渡,铁马秋风大散关"。)

在幼年时与外婆一起生活,也从外婆口里听到中国农民与抗战时期人民流离失所的痛苦。从此我希望能够振兴我们的国家,帮助我们的人民。我们不能再忍受这痛苦与遭受这苦难。

在台中一中就读时,我非常地好玩。几个同学都很爱看武侠小说,我还记得当时一天可以看十几本。我还因此跑去台中公园学武功。在一个偶然的机会中,我碰见了一位早期当过蒋介石的侍卫、学过少林功夫的师傅,因此我跑去台中公园拜他为师习武。我练过罗汉拳、行者棍,还练过形意剑,当时我身体虽瘦弱,但练久之后,两三个人是没有办法近身的。

除了练武之外,我还在台中公园下象棋,当时的零用钱都下棋输掉了。在没有好好念书的原因下,考高中时,我差了三分考到台中"省二中"去了。当时"省二中"有很多太保学生,他们看我不起,我也看他们不起。因此就发生了冲突。我还记得当时我跟一位姓韦的同学起了冲突,但是他打不赢我。因此他从水湳眷区那边找了一群人把我围起来,用砖头砸我的头来将我敲昏。我当然也因此找了一群人去跟他算账。从此就走上了江湖道。

自从走上江湖道之后,有一次我在学校与教官发生了冲突。教官指责我,我不服,突然间教官说出:"你不要以为我不知道你妈妈是'匪谍'的事情!"凭良心讲,我平常最忌讳这句话,所以我马上把桌上的热茶泼在他身上。接着我从训导处的窗口跳出,骑着车子回家了。回到家时,我跟我爸说:"我不读了。"退学之后,我转学到嘉义中学。然而到嘉义中学时，也不知道为什么，一群人知道我的事迹想要拜我做老大。当时我血气方刚认为蛮好玩的，告诉他们不要做坏事，因此我集结起来成立了一个帮，叫作"荷竹帮"。当时在嘉义还有一些战绩，跟好几个帮派干了几次架。然而当时帮中有人在车站捅了人，所以我又被退了学。

之后，那一年暑假我爸跑遍全台，要帮我找学校，想办法让我继续就学。最后父亲靠了点关系让我进入了已经开学将近一个月的台中市立二中。当时见到父亲生病感冒中仍努力奔走，我心存感动，从此立誓金盆洗手，不玩了。

三

当时市立二中是有名的太保学校，在操场上都可以看到"白刀子进，红刀子出"。因为我是转学生，所以位子被分配在靠近门口的窗边。我记得有一次下课休息，我正要上厕所时，有个隔壁班的同学走过来说："你刚刚干吗瞄我？"接着把我头上的大盘帽给压下，往我的脸上狠狠地打了一掌。如果以我早前的个性，早就跟他打了起来。当时我已经将战斗姿势摆好，但我心想，如果这一拳打下去，那父亲的辛苦不就全部白费了？因此我低声跟他说声道歉，接着就没事了。然而，我在台中的兄弟知道时，当然不会放过他。后来这些兄弟在学校后面看到他并把他围了起来。而我就跟在那位太保学生后面，当我看到其中一个兄弟的手上拿着一捆报纸时，我想内行人都知道这是把武士刀。因此，我就过去站在那位太保同学的面前。我说："如果你们要揍他的话，就先从我身上踩过去。"接着我的兄弟们说他欺负我,他们愤恨不平,所以要帮我报仇,但我说:"各位!我已经不玩了,真的谢谢你们的好意!"后来他们就离开了。从此我才真正地脱离江湖。

接着,我立志念书。有一次在路上碰到了台中市少年组组长黄先生,他问我在做什么,我告诉他我要考大学。由于他知道我以前都没好好念书,于是他讥笑我。我就跟他说我不仅要考大学,还要考台大。

后来正在考试最激烈之时,1963 年的 5 月 20 日,台大发生了"自觉运动",我激动得到处去发传单、贴海报来声援。当时,我爸骂我,马上要联考的人还在搞这运动。然而我为何会那么地激动?激动的原因是当时刘容生有一句口号:"不要让历史批判我们是颓废自私的一代。"我被这句话"害"了一辈子。

还好后来考取了台大,当时我的第一志愿是台大哲学系,第二志愿是文化哲学系,第三志愿是辅大哲学系。我为何会想念哲学系呢?因为当时台湾正在所谓的中西文化论战,有人这样讲:"文学只是文化的画皮,哲学才是一个民族文化的骨骼。要了解一个民族就得了解一个民族的哲学。"所以我有点自负地就想要考哲学系。当时考哲学系也是很狂妄的,是要重建中国哲学,现在不敢讲这些话了。

到了台大哲学系后,很快地我就参加了"自觉运动"的机关刊物,叫作《新希望》。我在大一下时就担任期刊的主编。跟几个同学讨论之后,我们又重新回到了当年新文化运动的口号,就是"科学与民主"。所以我们就在此机关刊物发表社论,"重新扛起了科学与民主的大旗"。

在大一下时,我们上了殷海光教授的逻辑课,认识了殷先生。我们几个同学常常下课时陪着殷先生从台大的醉月湖走路回殷先生于温州街的宿舍,我们才散去。当时殷先生还戏称我们是"马路学派"。

后来我们于《新希望》中刊登了殷先生与罗素的文章而被台大查禁。从此,《新希望》就变成了没希望。《新希望》没希望之后,我们还接编了《大学论坛》,我当副社长,结果《大学论坛》也被学校禁了。所以我编的刊物都变成了由我去送终。大学时代主要是跟着殷先生,后来还认识了李敖,我们都叫他敖哥,现在老了也改不了口。

四

在殷先生和自由主义思想的影响熏陶下,当时我算是倾向自由主义的思维者。然而,从小我理解中国人民的苦难与痛苦。我并非单纯地就靠自由主义来影响我。后来我在大学毕业纪念册上有一段留言:"我愿终身做真理的仆人,永远为中国苦难的良心。"这句话成为我终身自我警惕的话语。在此我顺便讲到,当时在准备大学联考时,非常地苦,我初中没有好好念书,高一又在嘉义当老大,然后到市立二中才开始念书,所以准备联考非常辛苦,又受到中西文化论战的影响,所以当时以两句话来激励自己,那就是:"莫谓今日窗前苦读书,待看来年枝笔会群雄。"当时我确是有这样的想法。

大学毕业,我受到殷先生非常大的影响。在这里,我必须讲到,我一生受到三位师长非常大的影响。第一位就是在大学时期的殷海光教授,跟殷教授学逻辑实证论与自由主义的思维。尽管我现在的哲学已不是逻辑实证论的哲学,但他对我哲学的训练给我最大的好处是,每次我跟别人打笔仗都赢,因为我学过逻辑;另一点是殷先生道德的感召,他常常跟我说:"他们禁锢得了我的身体,却禁锢不了我传播的思想。"殷先生"言其所信,行其所言",到今天我都不敢违背。殷先生并告诉我,哲学家就是要告知群众如何不受欺骗。尽管现在我的研究跟殷先生的研究有如南辕北辙,但殷先生对我之影响,终身难以忘记。

我是"自觉运动"时进大学的,却是"保钓运动"时出台大哲学所的。在进研究所时,我对殷先生说:"殷先生,我不能再跟你搞逻辑实证论了,我之所以要念哲学系,主要是对于中国哲学的一种自觉的责任感,所以我到研究所时要念中国哲学。"

殷先生严肃地跟我说,中国哲学他不了解,并告知我可以去找徐复观先生请教。然而当时在中西文化论战时,殷海光先生与徐复观先生的文化观属于两种不同的阵营。但殷先生慷慨地将自己喜欢的学生介绍给他思想学术的对手,这也可见老一代学人的风范。当我到东海大学去找徐先生时,徐先生这样说道:"不要把中国文化当作帝王将相的起居注,中国文化真正的母亲是中国的农民。"但这句话在当时我是似懂非懂。徐先生接着跟我说他在日本留学时,首先读的哲学是普列汉诺夫。后来我才知道此人是俄罗斯的马克思主义之父。接着他又讲到儒家等等的事情。

在徐先生身上,我看到了老一代对中国文化的执着与儒家信仰的虔诚。我开始研究中国哲学,当时在台大没什么中国哲学的教授可以指导,因此我挂名在成中英教授名下。我的硕士论文写的是《先秦社会哲学研究》。因为受到这两位老师的影响，在硕士论文中，我大量使用社会科学的概念来进行儒家思想的分析。

在写硕士论文的最后一年中，台湾发生了钓鱼岛*事件。当时我在报纸上看到日本人对钓鱼岛的侵犯，我跟几个朋友都愤恨不平。因此我们搜集了资料写了一篇文章，一开始投到《大学杂志》，但是被退稿，后来才投到《中华杂志》，紧接着爆发了"保卫钓鱼岛运动"。

五

提到了"钓鱼岛运动"，在这里得倒过来叙述一下。当"自觉运动"被镇压与瓦解之后，这些"自觉运动"的台大学生大概兵分两路，一路是由林孝信先生带着一批学理工科的同学与《新生报》接洽，把《新生报》的儿童周刊办成科学周刊。"不是要德先生、赛先生吗?"而学理工科的不是赛先生吗? 所以就去办科学周刊，把大学里学到的科学概念介绍给中学生。

后来林孝信到美国去，美国的同学来信讲(林孝信是我们同侪中的圣人)，他顶着大光头、穿着牛伯伯皮鞋踏遍北美的校园，像和尚化缘那样办《科学月刊》。由于当时《科学月刊》是大家出钱办的，因此大家同心协力一起编辑，一起商量，在这种情况下各地区形成了一个个编辑小组。然而，当时通讯不发达，没有 e-mail 或是传真，因此为了《科学月刊》的编辑，多发行了一份《科月通讯》。

---

　　* 台湾称其为钓鱼台。——编者

当时在台湾不能有组织,在海外除了国民党大概也没有别的组织,然而这《科月通讯》却形成了一个庞大的组织网。这就是后来海外"保钓运动"会起来的一个条件,否则天南地北,谁知道谁在哪?

另外,当时有个心理系的同学叫邓维桢,大学毕业时,他母亲给他一笔钱让他到台北创业。结果他拿这笔钱创了一个奇怪的"业",叫作《大学杂志》,接着他把一批学文、法的人集结了起来。然而杂志不是那么好办的,因此后来继续找人合作出资。当时我也是陪邓维桢奔波的人之一。

在1960年代末、1970年代初,《大学杂志》使台湾战后的知识分子有了新的发言阵地。然而当时《大学杂志》没有把我的文章登出,因此我就投稿到《中华杂志》。《中华杂志》的胡秋原先生看了我的文章后就把它登了出来。唯一的修改就是把我的题目从《钓鱼岛不容断送》改为《保卫钓鱼岛》。他老先生比较有政治经验,把我的题目改得比较圆融。胡先生认为,如果说钓鱼岛不容断送,国民党会骂我说诅咒国民党不能保卫钓鱼岛啊!那如果我把题目改成《保卫钓鱼岛》,国民党总不能说我不保卫啊!最后这篇文章就登出来了寄到卜凯兄那边去,他找到林孝信,并认为海外留学生该对这问题有所表示。到了1971年的1月29、30日,北美洲东西两岸爆发了台湾留学生的示威游行。我还记得当时黄树民(现任"中研院"民族所所长;他跟我同念嘉义中学时就是同学,后来到了台大,我们还是同届并且住过同个宿舍)来信,有句话我现在还记得。他说他参加华盛顿的游行,在北美洲是冰天雪地,他这样说道:"没有想到在台湾被冰冻了的爱国热情,居然在异国的冰天雪地上融化了。"

"钓鱼岛运动"之后，开始思考"弱国没外交"，要爱国，国太弱，我们该怎么办呢？在这种情况底下，我们就有两种思维出现，其中一种是要爱国就要爱民，人民才是国家的主体，爱民总不是爱王永庆那种民吧？要爱民当然要爱弱势族群，要关怀社会上那些被欺负的弱势群体。因此当时台大学生开始关怀七星山的矿变、飞歌女工案、乌脚病、台西麦寮等问题。这些事件我都亲自跑过，里面的细节就不细讲了。

我们还发动台大学生的社会运动，有百万小时奉献，有所谓的台大社会服务团。我们上高山、下农村，到都市最黑暗的地方去调查一些社会弱势族群的问题，事后还写成报告建议政府要处理。在这样如火如荼的气氛中，就发生了 1972 年 12 月 4 日在台大的"民族主义座谈会"，也就爆发了战后台湾校园内第一次关于"统独"的论战。

六

1973 年寒假，传出钱永祥被逮捕，接着在元宵节那天抓了我和陈鼓应。

我和陈鼓应只被抓了 24 小时，就由阎振兴校长保释出来了。事后就开始解聘陈鼓应，1974 年就解聘一大堆人，有所谓的"哲学系事件"。"哲学系事件"中，成中英也被搅在里面。

关于"哲学系事件"，我想把这一段往事让哲学系的同学了解。当时成中英先生担任哲学系主任，有相当的远见，希望培养中国哲学的教师。当时台大没有博士班只有硕士班，如果要念博士的话只能到国外去念。这里有很多国外回来的同仁,在西方大学里承认中国哲学吗?最多只有所谓的汉学,或者在历史系或是东亚研究所里面,有一部分的人在搞中国哲学,没有专门的中国哲学的科系,如果说是从国外念中国哲学回来,凭良心讲并不太符合实际的情况。所以要如何培养中国哲学的师资呢?当时成中英先生就希望从这些年轻的哲学系的讲师来做训练,训练的方法是派每个人教不同的各家,派给黄天成的是儒家,派给陈鼓应的是道家,派给钟友联的是墨家,派给我的是法家。老实讲,我们教书的人都有这种感受,就是一门科目大概要教完一年、两年后才会熟悉,所以让我们每个人轮流开先秦各家,如果每个人先秦各家都开过一次之后,熟悉了就可开两汉、魏晋……成先生确实是有远见的,这样才能把台大哲学系的中国哲学建立起来,要靠留学生回来是靠不住的,因为在海外没有专门让留学生学中国哲学的地方。

当时我被派给法家,本来法家教完之后是要轮到儒家,后来发生"哲学系事件",我就离开了台大,离开台大后到世新去。

在研究所时,我和我太太恋爱了。发生"台大哲学系事件"之后,当警总逮捕我时,我太太正在我的住处,我跟太太讲此去何时回来不知道。后来虽然只有一天的时间,我出来以后怕三长两短,所以我们很快就结婚了。当时有很多的亲戚朋友并不同意我太太嫁给我这个"政治犯",而且又是"政治犯"家庭,但是我太太因为年轻有如初生之犊,且不知政治牵连的可怕,又因爱情晕了船,所以嫁给了我。在往后的人生过程中,太太和我一起担惊受怕。"哲学系事件"发生后,我们住在新店,而我又有晚睡晚起的习惯,所以我太太去上课的时候我都还在睡觉。记得有一天我还在睡梦中,我太太抱着我哭,我就说:"奇怪呢,你不是去上课了吗? 怎么又跑回来? 为什么要哭呢?"结果是因为她出我们巷子口的时候,看到有军用吉普车过来,她以为这些吉普车是要来抓我的,她怕从此看不到我了,所以就又赶快折返回来,看到我还在床上就喜极而泣,幸好没被抓走! 当时我们是在这样的担惊受怕下过日子的。当然对我个人来讲是求仁得仁,但对我太太来讲,她为了爱情担惊受怕,我在这里要公开地对我太太深深说声:"对不起!"

　　"哲学系事件"发生之后,我跟陈鼓应离开了台大。又因发生了"民族主义座谈会"的论战,离开台大之后,我开始思考一个问题:台湾是什么? 要如何认同台湾? 要认同台湾必须要认识台湾,你不认识台湾要如何认同呢? 所以我开始研究台湾史,尤其是台湾近现代史。离开台大哲学系也有一个好处,因为在台大哲学系待下来的话,每年有要开新课、要备课的压力,有要发表学术论文的压力,我到世新去只能教共同科,只要教两门,"哲学概论"跟"理则学",教了两年以后根本不必带书就可上课。我又不吃喝嫖赌,没有事干,当时又不像"解严"后,"解严"之后有很多的社会活动。所以我现在非常怀念"戒严时期",不但是没事干,还不准干,所以我只得把精力就放在台湾史研究上,我越认识台湾历史就越认同台湾。台湾,尤其是在日本人统治底下,郭国基说过一句话,全中国最爱国的两个地方的人,一个是台湾人,一个是东北人,因为只有做亡国奴的人,才知道国家的可贵。我越研究台湾历史越觉得台湾原来有这样一部英勇的、不屈服的、可歌可泣的台湾近代史。

七

在世新教学的这一段时期，后来国民党也给了我一个饭碗，就是到大陆问题研究中心。当时陈鼓应到政大国关中心，赵天仪到"国立编译馆"，过了两年多我到大陆问题研究中心。在大陆研究中心及国关中心，我们都可以看到一般教授看不到的书。凭良心讲，国民党说王晓波思想左倾，在"台大哲学系事件"之前，都还没有什么左倾不左倾的问题，到了大陆问题研究中心之后，我开始读马克思跟辩证法，那是摆在那里要我读的。开始读了之后，对于中国的问题我也开始有所思考，对中国问题的思考我倒是着重于马克思主义的方法。马克思主义的方法论诚然可以在某个意义上有它的普遍性，但是它的历史哲学没有普遍性，为什么？因为马克思自己也讲得很清楚，他的历史哲学是根据西欧的历史发展建构起来的，不包括东欧以及俄罗斯，也不包括中国。说句不客气的话，马克思对中国的知识绝对没有我们多。我有一本大陆编出来的书叫作《马恩列论中国》，他们所了解的中国都是很肤浅和被误解的中国。但我觉得马克思主义的唯物论其实跟中国道家所讲的"因自然"是相类的。虽然今天我们谈的是志业，不能谈太多哲学，不然的话"唯物论"与"因自然"可以开一门课程的。

我除了对中国哲学继续研究外，还增加了台湾史的知识，也了解了一点马克思主义的皮毛，因为马克思主义博大精深，我也不敢说了解很多。当时还投入了"党外运动"。在"党外运动"里面，我可能跟一般的党外人士不太相同，我们比较倾向于社会运动方面，而且比较倾向于民族主义方面，对于美国及西方资本主义有独立的批判立场，对于社会阶级的矛盾有自己的看法。我们首先提出台湾的环保问题，首先在战后提出工人、农民、妇女、环境的问题，还有台湾乡土文学的问题，后来还发生一场乡土文学论战。乡土文学论战之后，当时胡秋原先生支持乡土文学一边，他邀请我、尉天骢、陈映真参加《中华杂志》的编辑会，后来的岁月我都跟随着胡秋原先生办《中华杂志》。

八

在徐复观先生身上，我学会了什么叫作中国文化，我懂了为什么中国哲学是建立在中国农民阶级和农民社会的一种哲学和伦理思想。在这里，我要特别讲到徐复观先生对儒家和孔子近乎宗教式的信仰，这一点我一直学不会。我只是把儒家当作一个研究的对象，我了解中国文化也受到徐先生相当大的帮助，但是要那样虔诚地去信仰孔子，我实在做不到。

后来追随胡秋原先生办杂志给我开了很大的眼界。胡先生认为近代主要的中国问题是来自于帝国主义的问题。以前我们看来看去，中国问题都只是国民党与共产党的问题，在胡先生的思想指导下，我开始了解到中国的问题，不仅仅是中国共产党与中国国民党的问题，而是新文化运动以来中国知识分子意识形态的分裂。而面对这个意识形态的分裂，胡先生主张要超越俄化派与西化派而前进。胡先生这样的论述，讲老实话，我觉得台湾社会对胡秋原先生是很不公平的，这样的论述一直没有受到台湾学界及知识界的重视。新文化运动与五四运动其实是两个不同而相关的事件，新文化运动如果要追溯起来至少应该从康有为的"公车上书"开始，康有为的"公车上书"就开始要讲欧西之学、要立学校、要教授欧西之学的技能，然后到张之洞的《劝学篇》，到梁启超的《新民丛报》，到陈独秀的《新青年》，到傅斯年跟罗家伦的《新潮》，而有胡适之所讲的"新文学"，这样一片"新"下来。当时他们的意识形态、他们所能学习标榜的对象，其实都是法国大革命以来的西方的意识形态，如果在这样的意识形态之下能够成功的话，可能会有1949年的共产党的胜利吗？中国共产党只有"小米加步枪"，人一个、命一条，共产党的革命是凭思想、凭意识形态的战胜啊！所以我认为，1949年标示着白色西化派在中国的失败。

改革开放的1979年标示着一个意义：开始转型。中国人要往何处去？邓小平说的"摸着石头过河"，比胡秋原的"超越前进"要低调。只有摸着中国自己的石头才可以过河，所以才有这改革开放30年的成就。

九

从"保钓运动"以后，我们开始思考一个问题，为什么抗战胜利之后，中国是世界四强之一，既是世界四强之一，为什么人家还要侵占你的钓鱼岛呢？

当然那是因为中国不统一，团结才有力量，那就要求中国统一。我从不讳言，从"保钓"以后，我由一个散漫的自由主义思想者，开始追随胡秋原先生变成一个很坚定的民族主义思想者。中国人也是人，为什么不可以做人？我要向全世界质问。而且由胡秋原先生的指导开始，认识中国的问题在于帝国主义，而不完全是传统文化的问题。为什么欧洲可以从没有自由民主变成有自由民主？为什么中国就不可以从没有自由民主变成有自由民主？这种情况还是要回归到民生史观或是唯物史观，来了解中国的生产力和生产制度。

最后我想做一个我学术事业的结论。这几十年我研究中国文化，我想提供一些自己的看法，尤其是给年轻的同学有所参考。根据我的研究，中国文化当然是在中国历史发展中形成的，中国的发展与西方的发展有一些不同，重要的不同是在哪里？

西欧历史的发展，根据斯大林提出的社会五阶段发展论，应该是有原始共产社会、有奴隶社会、有封建社会、有资本主义社会，然后达到社会主义社会。以中国的发展来讲，我们没有像欧洲一样的奴隶社会。欧洲有奴隶社会出现，所以欧洲出现过很强大的奴隶帝国，譬如像希腊、罗马，有强大的马其顿帝国。奴隶的来源是来自何处呢？是来自战俘，整个氏族被征服之后沦为奴隶，像希伯来人被埃及征服，有摩西的《出埃及记》。当时的雅典人，根据历史学家的统计，每个自由人平均有五个奴隶。奴隶制度是一种生产制度。中国并不是没有奴隶，中国奴隶的来源可能都是来自罪犯，中国奴隶基本上是出自家庭奴，那人口买卖到现在都还是有，可是人口买卖不等于奴隶制度。奴隶社会的奴隶不仅生命财产是属于主人的，而且奴隶的下一代也是属于主人的，中国没有出现过这样的情况。主人对奴隶没有生杀之权，包括《秦律》里面有规定，有奴隶死亡还要报官，如果虐杀奴隶要接受处罚的。

　　中国古代帝国是如何形成的？在我看来，并没有充分的资料跟证据。中国对外的征伐不能说没有，黄帝驱逐蚩尤就是。对内部的，氏族如何首先形成部落联盟的出现，根据韩非子的说法，有巢氏跟燧人氏是"民说，而使王天下"。也就是说，在这些生产上有重大发明的氏族，然后大家拥护他们来当氏族联盟的领袖。你要吃饭就要拜神农氏作老大，你要用火就要拜燧人氏作老大，你要巢居就要拜有巢氏作老大。这样的部落盟主，根据传说，当时所谓的天子都是非常辛苦，跟一般人的生活没有什么两样。所以，韩非子说："轻辞古之天子，难去今之县令。"

十

　　这也就是说，中国古代的文化是从一种古代民主进入所谓的部落联盟，再由部落联盟进入宗法封建的。由于掌握了农业灌溉的规律，开始有了夏王朝的出现，由于能掌控水利灌溉，当然能增加农业生产，增加农业生产就可以扩大统治阶级。我们看到的夏王朝及殷王朝，殷伐夏的时候都是诸侯来会，武王伐殷的时候又是诸侯来会，这些诸侯来会都是一些支持殷或是支持周的不同氏族。所以殷跟夏还是具有相当浓烈的氏族部落联盟的性质，还不能形成一个强大的奴隶帝国，这还是在一种氏族社会形态。到了周的宗法封建，才稳定了部落联盟的权力。《诗经》上有所谓的"万邦来朝""万邦作孚"。根据可考的资料，周并没有封那么多的邦、那么多的诸侯，当然万邦虽不是指一万个，至少是数不清了。这些数不清的诸侯是从哪里冒出来的呢？应该还是那些氏族，那些氏族跑来周天子这里讨一个封号。当时的楚就是跑去讨一个封号，而有所谓的"问鼎中原"。周天子在封氏族的时候，既然这个氏族存在，就封你这个氏族。除了原有的氏族外，周还实施"封建亲戚，以藩屏周"，来扩大周的势力范围。所以，宗法封建的形成，又是由于血缘关系投射到政治制度上去。要用什么来规范宗法封建呢？就是用"仁"来规范，"仁"是什么呢？"亲亲为仁"，或者是"仁者，人也，亲亲为大"，也就是用血缘关系来规范这些周人。要如何才能"亲亲为仁"呢？那一定要以"和为贵"，所以形成了以血缘关系为基础的、"和为贵"的道德规范。虽然经过了法家和黄老思想的功利主义过程，但很快地就在汉武帝时被董仲舒挡回去了，伦理学的义务论又把功利主义挡回去，后来形成中国 2000 多年来的主流道德思想。道德在社会学的观点来看，也只不过是维系一群人共同生存和发展的规范，这个规范维系着中华民族的生存和发展。

　　西方的不一样在哪里？它文明的出现是奴隶帝国的时期，所以才有希腊哲学的出现，有希腊哲学的出现才有西方文明的萌芽，再到罗马帝国，到中世纪。这个奴隶帝国是靠征服来形成的，不是靠"和为贵"来形成的，所以亚里斯多德讲"奴隶是会说话的工具"，孔子打死也不敢讲"奴隶是会说话的工具"，孟子还说："民为贵，社稷次之，君为轻。"因为没有经过奴隶社会，中国就进入到宗法封建，以血缘关系为道德规范的要项。虽两千年来并不是实行儒家之政，而是实行法家之政，但是儒家的道德规范却形成了一种非常强烈的约束力，在不协调和矛盾之中，又使得法家政治权力的酷烈以及政治权力的行使，受到了"亲亲为仁"的规范。这是我第一点的心得。

第二点心得，我认为中国文化跟许多的西方文化有一点不一样的，那是徐复观先生给我的启发。中国文化有几个起源，至少有一个起源是在河洛之间，"河出图，洛出书"，"河洛出图书"是《易》的文化，《易》的文化是什么呢？《易》的文化是一种卜筮的文化。在古代人类学研究上，发现有原始的古代民主之外，也有原始的古代宗教，在每个民族发展的初期都脱离不了原始的古代宗教。中国古代可考的是从帝到天的信仰。我们对未来的命运不知道，不知道而有所恐惧，信仰的文化、宗教的文化是把未来不可测的命运交给一个至高无上的神来主宰、来帮助我、来保佑我，这是信仰的文化。但是卜筮文化跟信仰不同，卜筮文化想要知道未来会发生什么事情？我的未来会怎么样？这是求知，虽"天机不可泄露"，但卜筮就是要预知天机。经过了一些记录，卜吉的会变凶，凶的又会变成吉，为什么吉会变成凶、凶会变成吉呢？记录的人也需要一些说明，所以就用拗的，但又不能硬拗啊！因为卜出来不对啊！卜出来是天机啊！只好拗到是人的缘故上。所以，使吉变成凶、使凶变成吉，卜到了吉别高兴，卜到了凶也别难过，逢凶可以化吉。在这种情况下开始了人的重要性，人既然不是靠天、不是靠命运，那要靠谁？要靠"自求多福"，"天作孽犹可违，自作孽不可活"。中国文化开始从古代宗教中挣脱出来、解放出来而创造了人文的世界。

十一

除了人文的世界之外，中国很早就开始懂得用阴阳和气来解释整个宇宙世界的情况，所以中国还有很发达的自然主义。中国的自然主义大家最熟悉的大概就是伯阳父解释地震的那一段，虽然解释得抽象了一点，没有具体的内容，但他的原理、原则到今天的地震学也无法超越。简单讲，他说天地之间都有气，气的构成有它的秩序，如果这个秩序变动了就会有地震。今天的地震学不是也这样吗？所以在这种情况下中国的文化是缺乏宗教的，中国的宗教还是来自印度的佛教，还有来自其他各民族的宗教。中国的人文主义思想，中国人只相信自己不相信神的，所以"不问苍生问鬼神"是知识分子对于统治者的批判。

　　另外，关于中国哲学的研究，最近我看到联经出版公司出版的第 9 期的《思想》杂志，里面在谈这个问题。第一个问题就是中国没有哲学。博学如梁任公者，在他《儒家哲学》里说，严格说起来中国没有哲学，如果有的话只有人生哲学，中国人只知道好死不如赖活。从黑格尔以来，都说中国没有哲学。凭良心讲，我这辈子最不服气的就是黑格尔这句话。我们承认中国没有"哲学"这个名词，但是在中国思想史上是否有哲学思想，这才是决定中国有没有哲学的判断的根据。如果中国思想史上没有哲学的思考，那中国当然没有哲学。但如果有的话，也不能说中国没有哲学，那只不过是其他的名称而已。从西方哲学来说，"哲学"这个名称是从何时开始的？是从毕达哥拉斯开始的，在毕达哥拉斯之前难道希腊没有哲学吗？到毕达哥拉斯才把 philo 跟 sophia 连在一起的，sophia 本来在荷马诗篇里面是形容木匠的技巧。譬如形上学 Metaphysics 这个名词何时开始出现的？是在公元前 50 年 Andronicus 编亚里斯多德的讲义，先编了他的 physika（自然学），后编了他的第一哲学，所以才叫 Metaphysika 的。你把亚里斯多德从棺材里搬出来,他也不知道他有一本书叫《形上学》*,而且亚里斯多德的《形上学》里面,哲学从哪里开始的? 是从泰勒士开始的,他根本不知道什么是 Metaphysika。"唯物主义"这个名词是从何时开始用的? 是 17 世纪的波义耳开始用的,你能说 17 世纪以前欧洲哲学没有唯物主义吗? 观念论 Idealism 这个名词是从何时开始用的? 是来自莱布尼兹用来形容笛卡儿的哲学,但是不能说在莱布尼兹及笛卡儿之前就没有观念论吧!

《思想》杂志那几位作者,我没有机会跟他们对话,你不能说中国没有"哲学"的名词就没有哲学。第二个问题,中国有哲学必须要能够整理得出来,要有这样的哲学问题,在思想史上要把它找出来。这里又有人说,全世界的哲学都可以是一样的啊! 只不过语言表达不一样,哲学还是哲学啊! 甚至有人批评我们哲学系把中国哲学跟西方哲学分组,哲学就是哲学,为什么要这样分? 我可以告诉各位,中国从来也没有"文学"这个词,那个"文学"跟我们现在讲的"文学"是不一样的,所以是否这样也可以不用中文系跟外文系呢? 中文是语文,英文是语文,德文也是语文,所以只要开一个语文系就好了。所以这些名词之争,并不能否定中国哲学思想的事实。

我这几十年研究还有一项小小心得。现在一讲到中国哲学好像就是一个儒家再加一个道家,我们系里面还加了一个佛家。我们系里的这个分法就有一点困扰,魏晋玄学是什么家? 陈鼓应老师说是道家,但是魏晋玄学家都说他们自己是儒家,你说他们是什么家? 王安石是什么家? 程、朱、陆、王是什么家? 他们不都标榜

---

* 即《形而上学》。——编者

是儒家吗？我对中国哲学的看法，不能只是用他标榜的门户来看待，而且这个门户之见我觉得是相当要不得的。我们也可以看到中国哲学发展，在先秦的哲学有老子的哲学，有黄老哲学是"道在天地之间"；我们也看到有强调"学而不思则罔，思而不学则殆"的孔子，还有"求其放心而已"的孟子，在哲学来看是不一样的。有看到"不出户，知天下；不窥牖，见天道"的老子哲学，但也有看到要"上察于天，下极于地"的黄老哲学。简单来讲，西方有怎么样的哲学派别，老实说中国也免不了。欧洲人看到的星星、月亮、太阳跟中国人看到的是一样的，欧洲人眼睛的构造跟中国人眼睛的构造也没有太大的区别，只不过有头发颜色的不同而已。所以同样的作为一个认识的主体，同样的作为一个被认识的宇宙自然的客体，这样的反应应该会有相当的雷同，所以中国哲学跟西方哲学一样。中国哲学不是这么单纯只有所谓的人生哲学，中国哲学仍是具有形上学、具有本体论、具有认识论的一个哲学文化。但在此我没有时间仔细跟大家分析报告。

　　另外关于台湾史的研究，我得出了几点心得。第一，原来台湾的闽南人是源远流长的河洛人。河洛文化到台湾是经过闽南到台湾的。所以到今天为止，许多闽南人家中神主牌的堂号或是墓碑上的堂号都还是泗水、颍川、南阳等。第二点我也发现近代台湾历史的发展是与近代中国革命史的发展息息相关的。中国民族从鸦片战争以来，虽然天朝上国的梦碎，然还不知警惕。一直到甲午战争战败之后，才是梁启超先生所说的中国人才开始警惕起来，才是梁漱溟先生所讲的中国民族自救运动的开始。中华民国成立从兴中会始，兴中会成立也因甲午战败开始。我也发现，台湾400万汉民族在日本帝国主义的统治下,抗日 50 年,是非常的激烈曲折与壮烈的,最近一部片子《一八九五》虽然拍得不是很好,但也略见端倪。

十二

另外,我发现台湾的文化在某种意义上,比其他各省的同胞更具有河洛的成分。此外,我们研究台湾近 400 年,发现了一条规律。一条什么规律? 台湾处于中国的海疆,在近代世界航海运动开始后,成为中国势力与外国势力的角逐之地。这 400 年来,郑成功驱逐荷兰人是中国势力驱逐了外国势力;马关割台是外国势力驱逐了中国势力;八年抗战、台湾光复是中国势力驱逐了外国势力;接着 1950 年朝鲜战争爆发,第七舰队进入台湾海峡,两岸分离至今。从以上的规律,我们可以看出台湾的发展:如果中国强大,台湾就是属于中国的;如果中国是衰弱的,那台湾就可能"离开"。因此在此历史规律下来考察台湾的前途,我们就得考察中国的前途。

中国若如同李登辉或是林浊水所论的"中国崩溃论"或"瓦解论",那台湾"应该会离开",在一些列强的支持下"独立"。然而如果中国不瓦解,加上如报纸所写中国的总生产力已经超过德国成为世界第三大经济体。要去瓦解全球第三大的经济体是不太可能的。我想台湾未来的发展会随着中国的崛起而崛起,两岸的和平统一是有机会的。台湾人重新做中国的主人翁。就诚如日据时期的台湾作家钟理和所论"原乡人的血必须流返原乡,才能停止沸腾"。这是我研究台湾史 30 多年的心得。

编辑说明

一、本文集以作者在中国台湾地区出版的著作为底本。原书人名、地名、术语等译名与今不统一者，在正文中均不做改动，书后另附《名词对照表》。如确系作者笔误、排印舛误与外文拼写错误，则予径改。

二、文中所引古籍，时有省略更改，若不失原意，则不予改动引文；如确需校改，则以"编者注"形式说明。

三、本文集各卷脚注中有部分文献信息著录不完整，但因编者无据补全，故从其原貌，只稍做调整与统一。

目　　录

述往事以知来者——《儒法思想论集》自序 …………………… 1

先秦思想与文化变迁 ………………………………………… 10

孔子思想的形成及其意义 …………………………………… 22

先秦儒家伦范思想概述 ……………………………………… 49

先秦儒家社会哲学之研究 …………………………………… 71

"法"在韩非思想中的意义 ………………………………… 173

韩非的哲学思想 …………………………………………… 191

先秦法家发展及韩非的政治哲学 ………………………… 213

素罗金的社会文化学说和中国文化 ……………………… 269

名词对照表 ………………………………………………… 289

述往事以知来者

——《儒法思想论集》自序

一

人类由野蛮而能进入文明，乃是由于生活经验的累积，累积了一代又一代的经验，语言文字的发明，使得这种经验的累积不但是个体的，并且是集体的经验得以流传。尤其是文字的记载，使得这种累积得以确定和长久。有了这些经验的累积，每一代的人只需要透过对以往所累积的经验的学习，就可以得到许多经验，而不必自己亲身经历就可以具有经验。有了这些丰富的前人所累积的经验作为参考，人类才与其他的动物不同，而逐渐摆脱野蛮进入文明。

人类开始用文字记载自己的经验是为历史的开端，在这之前，虽有耳口相传，亦只能是为"史前史"。起初之时，人类用文字记载自己的经验，不一定是有意地为后代留下足资参考的历史，但后代研究历史，却是有意地希望在历史中学习经验和教训。

中国的历史开始得很早，据说始于伏羲结绳记事及仓颉造字。并且中国很早就有史官，记录了大量的朝廷中的君臣问答。至少，从这时开始,中国的历史未曾间断,故有人称中国为"历史之国"。

"六经皆史",自孔子始,由于学术的普及,历史教学也随之普及民间。关于历史的研究,孔子曾经说过:

> 殷因于夏礼,所损益,可知也。周因于殷礼,所损益,可知也。其或继周者,虽百世,可知也。(《论语·为政》)

在这段话里,孔子为我们启示了二点:第一,历史的发展是一个因、革、损、益的过程。这已经包括了黑格尔所说的"扬弃"的观念在内。第二,历史的研究不仅是"向后看",并且也是"向前看"的。

司马迁论史谓:

> 盖西伯拘而演《周易》;仲尼厄而作《春秋》;屈原放逐乃赋《离骚》;左丘失明厥有《国语》,孙子膑脚《兵法》修列;不韦迁蜀世传《吕览》;韩非囚秦《说难》《孤愤》。《诗》三百篇大氏圣贤发愤之所为作也。此人皆意有所郁结,不得通其道,故述往事、思来者。……仆窃不逊,近自托于无能之辞,网罗天下放失旧闻,略考其行事,综其始终,稽其成败兴坏之纪……凡百三十篇。亦欲以究天人之际,通古今之变,成一家之言。(《汉书·司马迁传》)

"述往事、思来者",这种著述是自觉有意地为后人留下历史的教训,也是根据"向后看"来"向前看"的。以今日之眼光视之,司马迁所述之著作已包括了思想史或哲学史的著作在内。"究天人之际"更是哲学的范畴,"通古今之变"也应属于历史哲学。

思想史除了其侧重思想和哲学的特性外,也当具有一般历史的通性,除了"向后看"外,也不能脱离"向前看"。宋代张横渠谓"为往圣继绝学,为万世开太平",明末大儒王船山谓"求知己于千古,待一治于后王",也都是说明研究思想史的目的是在于为了未来。

研究历史在于由具体的历史事件中寻求其合理性或其变化的通则,即"稽其成败兴坏之理"及"通古今之变",而非隔壁母猫生子的琐碎之事,因为人的历史实际上是永远无法记载所有的人类过去所发生的每一件事实的全部,并且也是没有必要的。

在思想史中,任何一个伟大的思想家固然有其思想的精华,但亦不免有其糟粕。故子贡言:"文武之道,未坠于地,在人。贤者识其大者,不贤者识其小者,莫不有文武之道焉。"(《论语·阳货》*)

从思想史的角度来研究先秦儒法思想,亦应有"贤者识其大者"之义。

二

司马迁在论儒家时说:

夫儒者以六艺为法。六艺经传以千万数,累世不能通其学,当年不能究其礼,故曰"博而寡要,劳而少功"。若夫列君臣父子之礼,序夫妇长幼之别,虽百家弗能易也。(《史记·太史公自序》)

---

* 原文如此,疑误。当为《论语·子张》。——编者

孔子虽"述而不作",然却是中国古代文化的一个整理者。尧、舜、禹、汤、文武,各有不同。由氏族联盟的古代民主制,到君臣父子的宗法封建,是有区别的。孔子既推崇尧舜(古代民主),又"吾从周"(宗法封建),看来似乎是"博而寡要"。在春秋战国时代,或在汉代看来,尧舜和文武俱往矣,故儒家标榜的古代理想也不能不"劳而少功"。

儒家虽祖述尧舜,但基本上是文武的宗法封建的理想。从因革损益的观点视之,儒家虽有"博而寡要,劳而少功"的缺失,然而也有秦汉之后的专制政治所必须继承的"大者",那就是"列君臣父子之礼,序夫妇长幼之别"。再者,儒家所提倡的"礼",即使在专制制度下,也有其不可抹煞的功能,即"夫礼禁未然之前,法施已然之后;法之所为者易见,而礼之所为者难知"(《史记·太史公自序》)。

在专制制度下,儒家还曾扮演"安全瓣"的作用。董仲舒说:"孔子知言之不用,道之不行也,是非二百四十二年之中,以为天下仪表,贬天子,退诸侯,讨大夫,以达王事而已矣。"(同上)"王事"或"王道"是指宗法封建,在政治上,封建是分权的,专制是集权的。儒家由宗法封建建立的道德理想,形成对专制的现实政治的一种制衡,历来的道统或清议,甚至谏官的制度,虽然在专制政治下显得那么脆弱,但不能不说那是一股道德的压力。

以中国的政治思想而论,虽在专制制度下,由于儒家之故,专制的成分至少是被稀释了些。儒家提倡"天视自我民视,天听自我民听",有关于这类的圣贤之言,对当权者虽然逆耳,甚至由逆耳而掀起杀戮,但表面上总不好公然违抗。这些也应该是研究儒家思想的"识其大者"。

　　从历史的发展来看,先秦儒家不能不说是保守封建制度来反抗新兴的专制制度的,在这一点上,孟子尤其强烈。但当秦汉以后,中国进入专制时代以后,儒家由于其反专制的思想性质而扮演了制衡者的角色。这竟是老子所说的"正复为奇"的变化。

　　道德理想的儒家,现实政治的法家专制,形成了中国专制政治的"阳儒阴法"。

　　荀子是由儒家过渡到法家的人物,秦汉以后的专制其实是法家之政,故清初的唐甄言:"自秦以来,凡为帝王者皆贼也。"清末的谭嗣同也说:"二千年来之政,秦政也,皆大盗也;二千年来之学,荀学也,皆乡愿也。惟大盗利用乡愿,惟乡愿工媚大盗。"

　　但是自胡适以来的新文化运动,却只肤浅地看到中国专制的"阳儒",而未能进一层看到"阴法"才是中国专制的真正核心,竟而贸贸然地揭起了"打倒孔家店"的大旗。

　　专制制度所欲继承的"列君臣父子之礼,序夫妇长幼之别"的"大者",在今天已未必然。但父子、夫妇、长幼的关系,与社会政治经济制度不一样,它是任何一个时代、任何一种制度,都存在着的人的关系。如何建立一个和谐的合理的人的关系,无论在今天的社会主义或资本主义的制度下,都是一个迫切的课题。

　　儒家的民本思想虽由古代民主而来,而非现代的民主思潮,但是任何民主思潮缺乏"民为贵"的精神,资本主义的民主可以是"少数人的民主",而沦为资本家剥削的工具,社会主义的民主也可以沦为少数"官僚主义者阶级"的专政。

　　儒家的"人溺己溺,人饥己饥"的人道主义,"止于至善"的无限道德提升及"大同世界"的理想,仍然将照亮着人类奋斗的道路。

至于儒家的一些"君君臣臣""吾从大夫之后""为政不难,不得罪于巨室"等的封建伦理和封建阶级的思想,则终将随着人类历史的进步而逝去。把眼光只盯在儒家思想的这些部分,亦当是"不贤者识其小者"了。

三

法家在秦几成官学,不但为秦统一中国的李斯本人就是法家,并且朝中君臣问答也言称申、韩,"以吏为师"学的也是法家之法。然秦二世而绝,汉虽袭秦制,也不能不记取秦亡的教训。

在汉的专制政治下,司马迁论法家时说:

> 法家不别亲疏,不殊贵贱,壹断于法,则亲亲尊尊之恩绝矣。可以行一时之计,而不可长用也,故曰"严而少恩"。若尊主卑臣,明分职不得相逾越,虽百家弗能改也。(《史记·太史公自序》)

"不别亲疏,不殊贵贱,壹断于法",这表示着先秦法家所主张的法律是具有平等性的。这种平等当然不是今日民主的平等,或曰奴隶之间也会有被奴役的平等。然而从"因革损益"的观点视之,今日西方民主国家的法律又何尝不是由专制时代的法律沿革而来的。不过,当时司马迁却认为法家的这种法律平等性是不适合于中国专制政治的,只"可以行一时之计,而不可长用也"。司马迁的话是有理由的,因为专制政治的社会仍是一个有阶级特权的社会,如何可以"不别亲疏,不殊贵贱"?

若从专制政治的观点来看,法家之"大者"当为"尊主卑臣,明分职不得相逾越"而已。"明分职不得相逾越",也就是说法家建立了一个庞大的分层负责的官僚机构。有了这个官僚机构,统治一个幅员广大的专制帝国才有可能。所以,中国的统一固得力于法家李斯,而在历史变乱之后统一的维持也是依赖法家的"明分职不得相逾越"。

更有甚者,二千多年来维持中国政治社会的法律是出自先秦法家之手而不断沿革的,曰:"秦汉旧律,其文起于魏文侯、李悝,撰次诸国法,著《法经》……商君受之以相秦。"(《晋书·刑法志》)由魏李悝至秦商鞅,至汉萧何,至曹魏,至晋贾充,至宋、齐、梁、后魏、北齐、隋、唐。

相对于儒家的保守周制,法家是主张"变古"的,所谓:"治世不一道,便国不法古。"(《史记·商君列传》)不可否认,法家是一股激进的变革思潮。在政治上,保守与激进能有一定的平衡,才可能审慎地前进。

法家的人性论与专制论类似于霍布斯(Thomas Hobbes, 1588 - 1679)。霍氏认为"人之相遇也如狼",国君当为人与人之间争夺的公正裁判,应掌有最大的权力。霍氏的思想当与欧洲封建庄园制崩溃后的前资本主义时期的专制政治有关。

法家的方法论则近于培根(Francis Bacon, 1561 - 1626)的实验主义。韩非说:

> 夫视锻锡而察青黄,区冶不能以必剑;水击鹄雁,陆断驹

马,则臧获不疑钝利。发齿吻形容,伯乐不能以必马;授之就
驾而观其末途,则臧获不疑驽良。观容服,听辞言,仲尼不能
以必士;试之官职,课其功伐,则庸人不疑于愚智。(《韩非子·
显学》)

至于培根所要破除的"四大幻像"(four genera of the idols),
在《韩非子》一书中也可以找到许多相类似的论证。

二千多年中国专制政治的思想根源是法家,但"是历史的还给
历史",当为治史者最起码有的修养,我们不能因反对专制而抹煞
法家在中国历史上所发生的功能。法家促成了春秋战国以后中国
的统一,也促成了汉民族的形成;法家促成了统一国家所需要的官
僚体制和法律。法家的哲学是实证的参验主义。这些应当是"贤
者识其大者"吧。

14 世纪欧洲封建崩溃,民族国家形成,至 18 世纪法国大革
命,其间 400 年也是实行专制政治的。但终于有资本主义发达,出
现近代的民主政治。

在人类历史朝向民主的过程中,专制政治终必被抛弃。西方
今天政治社会的制度是从其封建、专制的传统(甚至奴隶社会时期
的希腊罗马文化)"因革损益"而来的。未来中国的政治社会制度,
也当脱离不了这一项人类历史文化发展的通则。

四

这本论文集,最早的一篇《先秦儒家伦范思想概述》是在台大

当学生时上芮逸夫教授课的一份读书报告。《先秦儒家社会哲学之研究》是硕士论文。《先秦法家发展及韩非的政治哲学》是为参加 1976 年在哈佛大学召开的"中国古代思想会议"准备的论文,但后因申请出国"未便照准"而未能成行。《"法"在韩非思想中的意义》曾译载于 1977 年 1 月出版的《东西哲学季刊》(*Philosophy East and West*)。最近的一篇《先秦思想与文化变迁》是为几个华侨青年所办的《青年中国杂志》所写。这些论文写作的时间前后将近 13 年,在不断研究学习的过程中,个人对于儒法两家思想的了解也不能不有一些长进,而由原来所受到新文化运动的影响逐渐解放出来。

在这些论文的写作过程中,个人的人生有过重大的变化,在横逆中能坚持学术的研究,首先要感谢内人元元女士,在那担惊受怕的日子给我精神的支持。三篇在《幼狮月刊》得以发表的论文要谢谢当时的主编朱一冰先生。在那段忧谗畏忌又处于失业的日子里,我经常到逯耀东教授家里,倾诉心中的苦闷,承他的鼓励才有《孔子思想的形成及其意义》和《素罗金的社会文化学说和中国文化》二文。

最后,这本论文集能出版,要谢谢时报文化出版公司和老友高信疆、柯元馨夫妇。是为之序。

1983 年 5 月 17 日于新店

先秦思想与文化变迁

　　此处所指之"文化变迁"乃由民生条件之变化而引起之政治、社会、经济之制度与结构根本变化，以及学术思想之变化。且文化与民族为密切而不可分之一物的两面，民族为"体"，文化为"用"。

　　中国民族有其悠久的历史，历史就是变化的过程，然自 1840 年鸦片战争以来，使得中国历史的发展，由外力而发生了深刻的、根本的变化，即促成了近代中国文化的变迁。在这变迁的过程中，许多知识分子茫然不知如何以对，以致有传统、西化之争。

　　一个民族是由历史发展而来的，其文化也是由历史发展而来的。故今日之中国文化，并非自来如此，而是历史发展的结果。在这发展的过程中，其实也发生过文化变迁的问题。由五帝而夏，这是由部族联盟到国家的建立，此为一古代的社会文化之变迁，而有"诸夏"或夏民族的产生。另外，由周而秦汉，产生了汉民族，也是经过重大的社会文化之变迁的。

　　针对着近代文化变迁中的迷茫，也许以往的经验能给我们一定的参考，即"鉴古知来"。英国史学家卡尔（Edward H. Carr）说历史是"现在与过去之间无终止的对话"。美国史学家葛隆斯基（Donald V. Gawronski）也认为研究历史的目的在于"因渴望改善人类的未来，而能对当代获一完整的透视"。

本文则欲尝试从思想史的角度来探讨由周而秦汉的这一古代变迁。

一

汉民族在历史上曾有两次被征服而建立异民族统治的纪录，一是元，一是清。蒙古之征服汉民族，并未引起中国文化的变迁，然挟着中国文化而西征，却引起了西方的文化变迁，罗盘、火药和印刷术促成了欧洲进入近代。满清征服汉民族，也未促成中国的文化变迁。由此可见，政治和武力的征服并不是促成文化变迁的充分条件。

鸦片战争之后的中国，并未完全被征服，而只是半殖民地，但却促成了中国的文化变迁。其理由何在？其根本理由实在于"工业化"，即孙中山先生所说之"实业问题"，亦即机器代替手工的生产力之发达问题。国人不察，而在许多文化问题的讨论中，只着眼于一些意识形态的辩论，而有传统派、西化派，西化派又有英美派、德意派和后起的苏联派。其实中国若不能完成工业化，什么派都是假的，永远只得停留在文化分娩的痛苦中，甚至死亡。

由近代西方机器的生产力促成近代中国的文化变迁，亦即为适应新的生产力而要建立新的制度，并且旧制度也被新的生产力所破坏。其实由周而秦汉的文化变迁，也是由新的生产力所促成的。

中国古代是一农业社会，由大禹治水而"致力乎沟洫"而建立一农业国家，农业的生产力是关乎农具的。农具的改变，促成生产力的变化。《淮南子》书中说：

古者剡耜而耕，摩蜃而耨，木钩而樵，抱甀而汲，民劳而利薄。后世为之耒耜耰锄，斧柯而樵，桔槔而汲，民逸而利多焉。（《氾论训》）

"蜃"是一种大蛤，"木钩"是木器，"甀"是瓦器，"耜"是一种耒，亦非金属。而"锄"和"斧"皆为金属品。由此可知，古人已知金属工具的出现，促使"古者"而为"后世"。

中国古代最早什么时候开始用金属品，不得而知。从已有的考古资料来看，殷代已有铜器，并且以铜为兵器。至于铁器，1931年出土的小屯殷代铜兵器就含有少量的铁，因含量太少，疑为炼铜技术不精而杂入铁质的。1972年出土的藁城台西村商代铁刃铜钺一件，但为陨铁加热锻成的，不能证明为人工冶铁的发明。

以文字记载来说，管仲曾说："美金以铸剑戟，试诸狗马；恶金以铸锄夷斤斸，试诸壤土。"（《国语·齐语》）"美金""恶金"是什么金属，有何区别，姑且不论，至少已表示有金属的兵器和农具出现。而《左传》上又载："晋赵鞅、荀寅帅师城汝滨，遂赋晋同一鼓铁，以铸刑鼎"（《昭公二十九年》）。此处之"铁"或有争论，但至孟子而言："许子以釜甑爨，以铁耕乎？"（《孟子·滕文公上》）可见铁器不但出现，并且为农具。

另外，出土的考古资料已证实至少在春秋末期铁器已经出现，及有铁制农具，如长沙识字岭314号墓中的铁臿，及长沙一期楚墓中也发现铁臿。

铁器的出现使得整个政治、社会、经济有了深刻的根本变化。

以战争来说，在金属兵器未出现之前，其武器不过石头棍子之类,经传说的美化而有"执干戚舞,有苗乃服"(《韩非子·五蠹》)的说法。在这种情形下,战争的双方要大规模地消灭对方似乎不容易,只好大家和平共存,故传统中古代有"万国",即无数之部族。

夏以后,这些部族亦未能完全消灭,虽由部落盟主变成了天子,但还是要听取各方面的意见,故有"尧置敢谏之鼓,舜立诽谤之木,汤有司直之人,武有戒慎之铭"(《邓析子·转辞》)的传说,素朴民主的程度虽每况愈下,但总不能一意孤行。后来铜兵器的出现虽有利于消灭"万国"的势力,但是至周仍因实际需要而有宗法封建之设立。周一共前后封了多少国,已无法稽考,唯据《史记》说:"盖周封八百。"其中亦多为原来的氏族。

东周之后,因周天子式微无以规范诸侯,至春秋各国已有兼并之势。至战国铁兵器出现之后致使兼并之势更趋激烈,以至动辄坑杀敌卒数十万,而消灭对方的有生力量。这是铜兵器的战争所做不到的。各国的兵器(其中有许多铜兵器)终被秦始皇铸成了十二金人。

铁器的出现改变了战争的形态,更改变了经济生产的形态。由于铁农具的出现,原来需要很多人种的田,现在只需要一部分人种就够了。现代中国一旦农业机械化成功,农业人口必将减少。古代铁农具出现后,也产生这种情形。因生产力提高而离开原来土地的过剩农民,于是有二个出路:一是开辟新土地,一是从事手工业及商业。

开辟新土地,就破坏了原来的井田制度。原来的井田制是一种贵族的田地所有制,贵族的田地是受封得来的,一般农民只在贵族的田地上耕作,不得有私人的田地,贵族对受封的田地也不能自由买卖。农民新开辟的田地,严格说是不合井田制的,是非法的。但后来开得多了,国君又为了打仗要收税,也开始向私田收税,非法也就变成了合法,甚至于还鼓励这种私田,私田可以自由买卖,于是田多的人就开始请人种田,而出现了地主与佃农的关系。地主渐渐脱离体力生产,而"行有余力则以学文",也掌握了文化,孔子的学生中就有许多平民。于是打破了"礼不下庶人"的成规,并出现了"布衣卿相"的情形。

至于手工业的发达,直接刺激了商业的发达,商业尤其是致富之途。商业的发达促进了各地的交通与联系,大商人当然也"行有余力",弦高犒秦师,吕不韦贵为相国,都是商人影响政治或掌握政治权力的例证。

为了商业的发展,于是便有国内统一的需要。为了商人和私田主私人财产的保障,于是有法律的需要。而终于在公元前 536 年出现了中国第一部公布法,即郑子产的"刑书"。公布法是代表国君的权威,而取代了各个封建大夫的权威。使得政治结构由分权的封建,渐趋于中央集权的专制,由国君独揽大权,于是置县而废封建。

由春秋之推移,而至战国之变化,正是顾炎武所说:

> 如春秋时犹尊礼重信,而七国则绝不言礼与信矣。春秋时犹宗周王,而七国则绝不言王矣。春秋时犹严祭祀重聘享,而七国则无其事矣。春秋时犹论宗姓氏族,而七国则无一言及之矣。春秋时犹晏会赋诗,而七国则不闻矣。春秋时犹有

赴告策书,而七国则无有矣。邦无定交,士无定主,此皆变于一百三十三年之间。(《日知录·周末风俗》)

二

面对着这样的一个变迁,反映在先秦诸子的思想中,便有了几种不同的类型。

首先,我们要说到孔子。基本上孔子是向往周制的,他明白地说出:"周监于二代,郁郁乎文哉,吾从周。"(《论语·八佾》)又言:"如有用我者,其为东周乎?"(同上)即表示他希望把西周的制度行于东周。他崇拜文王和周公,而说"文王既没,文不在兹乎!"(《论语·子罕》)及"甚矣,吾衰也,久矣,吾不复梦见周公"(《论语·述而》)。并且,他比较周制和周制之坏,即"有道"和"无道"说:

> 天下有道,则礼乐征伐自天子出。天下无道,则礼乐征伐自诸侯出。……天下有道,则政不在大夫。天下有道,则庶人不议。(《论语·季氏》)

当晋国出现公布法(刑鼎)的时候,他还说:

> 晋其亡乎! 失其度矣。夫晋国将守唐叔之所受法度以经纬其民,卿大夫以序守之,民是以能尊其贵,贵是以能守其业,贵贱不愆,所谓度也。文公是以作执秩之官,为被庐之法,以为盟主。今弃是度也,而为刑鼎,民在鼎矣,何以尊贵? 贵何

业之守？贵贱无序，何以为国？(《左传·昭公二十九年》)

　　和孔子意见比较接近的有孟子，他还主张恢复井田制，反对一切周制崩溃后所发生的现象，而说："故善战者服上刑，连诸侯者次之，辟草莱、任土地者次之。"(《孟子·离娄上》)

　　孔子不满于周制之坏，而认为要社会安定、天下太平则必须恢复周制。并且他是认真研究周制的，即"信而好古"。由于他的努力而保留和整理了中国古代的文化遗产，并使后代的中国承继着这些文化遗产，而有新的文化的发展。其实他也知道历史是变化的过程，一切历史的事物是不可能一成不变的，但他也强调历史的变化中亦有其承继的一面。他说："殷因于夏礼，所损益，可知也。周因于殷礼，所损益，可知也。其继周者，虽百世，可知也。"(《论语·为政》)只是他的"吾从周"是"损益"之"从"，还是复古之"从"，他并没有明白地指出来。

　　孔子不满于"无道"而"吾从周"，墨子也不满于现状但却主张"法夏"。《淮南子》说墨子是"学儒者之业，受孔子之术。以为其礼烦扰而不悦，厚葬糜财而贫民，久服伤生而害事"，故"背周道而用夏政"(《要略》)。并且，墨子对儒家的公孟子说："子法周而未法夏也，子之古非古也。"(《墨子·公孟》)

　　墨子"法夏"，夏的情形究竟如何，至春秋时已年代远隔，渺不可知。所以，墨子的"法夏"，并非夏具有任何具体的意义，而是表示了他既不满于现状，也不满于周制，只是一种"托古改制"。为什么一定要"托古"？这乃是因为"世俗之人多尊古而贱今"(《淮南子·修务训》)。人总是以经验为思想的出发点，"古"亦以往的经验。

另外，墨子还意识到历史是一承继的发展，今天是从昨天而来的，他说："天下之所生者，以先王之道也；今誉先王之道，是誉天下之所以生也。"（《墨子·耕柱》）

虽有法周与法夏之别，但孔、墨都是主张"法先王"的，而荀子却是主张"法后王"的。虽然也有学者说他"法后王"实为"法周"。而他"法后王"的理由是"文久而息，节族久而绝，守法数之有司极礼而褫"（《荀子·不苟》）。这也就是说，一切再好的制度，久了都不能再用，所以先王不可法，只好"法后王"。但这也不是绝对的，而必须根据一定的条件和规律的，所以他又说："以人度人，以情度情，以类度类，以说度功，以道观尽，古今一度也。类不悖，虽久同理。"（《荀子·非相》）所以，先王之道能不能法，要看他的类同不同，同类则"虽久同理"，不同类则无相同之理。

从"类不悖，虽久同理"及"文久而息"，我们可以得到一定的启示。传统的中国文化一定要变的，因为"文久而息"，但变革中仍有因袭，在"类不悖，虽久同理"的条件下，仍有为今日所应发扬的中国文化。"以道观尽，古今一度也"，也表示了荀子承认历史发展有其客观的规律，但这种规律（"度"）不是由主观想象出来的教条，而是"以人度人，以情度情，以类度类，以说度功"所具体综合出来的。

商鞅至秦变法，为秦奠定了日后统一中国的基础。后有《商君书》之作，虽非商鞅本人之作，但亦代表着"变法"的思想。商鞅变法的理论是来自他的历史哲学的，他认为"三代不同礼而王，五霸不同法而霸"。天下并没有一种绝对的"富国强兵"的制度，而必须依照具体的条件和需要去设立制度的，故言"治世不一道，便国不必法古"。并且，他还质问："前世不同教，何古之法？帝王不相复，何礼之循?"

不以一切现成的制度为模仿之对象,即不以现成之制度为"化"之对象。但变法也要有二个根本的依据:一是提倡生产,一是调查民情。商鞅虽主张"变法",但"变"也是有条件的。

原有的制度不利于新的生产力,于是商鞅全面地"坏井田,开仟佰",奖励国防和生产,使"有军功者,各以率受上爵",及"僇力本业,耕织致粟帛多者复其身"。统一法令,统一度量衡,使得生产品易于交易,并废封建而置县,统一中央的权力,而使得三晋之民欲耕于秦之地。

另一方面必须要具体地了解民情才能设立制度,《商君书》说:"故圣人之为国也,不法古,不修今,因世而为之治,度俗而为之法。故法不察民之情而立者不成,治宜于时而行之者不干。故圣王之治也,慎为察务,归心于壹而已矣。"(《商君书·壹言》)商鞅也说过:"圣人苟可以强国,不法其故;苟可以利民,不循其礼。""察民之情"以"利民",这是一种民本主义,也是古代民主的思想。虽非民有、民治,但也是强调民享的。

韩非是战国末期的一位集法家大成的思想家。他从对客观的要求出发,批评儒、墨之史学,他说:"无参验而必之者,愚也;弗能必而据之者,诬也。故明据先王,必定尧舜者,非愚则诬也。"(《韩非子·显学》)

韩非建立了一套历史哲学,他把整个历史分成为"上古之世""中古之世"和"近古之世",且又认为"上古竞于道德,中世逐于智谋,当今争于气力"(《韩非子·五蠹》)。每个时代之所以不同,韩非认为是由于人口的几何级数之增加,使得生活资料分配匮乏所致。他肯定"古今异俗，新故异备"（《韩非子·五蠹》），所以古代的制度不能行于今。但这并不表示一切古代的制度都不能行于今，而是说古代的制度不能全部行于今。所以，虽然他说"法与时转则治，法与世宜则有功"及"时移而法不易者乱，世变而禁不变者削"（《韩非子·心度》），但又说："变与不变，圣人不听，正治而已。"韩非的"正治"也是提倡耕战，主张"凡治天下，必因人情"及"利民萌，便众庶"，并以法治为之政治的正道。

秦始皇统一了中国，表示法家思想在政治上的成功。秦亡汉兴，但汉的制度和法律多承秦制，而非周制。不过，无论如何，秦以前的许多中国文化，由于儒家的整理和保存，而成为以后中国文化发展的参考经验。如唐代古文的复兴，韩愈被称为"文起八代之衰，道济天下之溺"，"溺"即指"人溺己溺"的儒家道德理想，是由大禹治水而来的观念。宋代王安石的改革，是由《周礼》得到启发。黄梨洲之批评专制是根据古代素朴的民主。孙中山的"天下为公"也有《礼运·大同》篇的依据。

三

今天我们又遭遇到文化变迁的阶段，中国文化必须变革，是任何具有进步理念的人所共同认识到的。但是要如何变，在变革中如何对待传统文化，如何对待挑战的西方文化，才能发展自己的文化及复兴中国呢？

以先秦的变革来看，"耕战"代表着二重意义，"耕"是代表着生产力的提高，"战"是代表着国防与国家的独立。今天生产力的提高是劳动生产的高度机械化,即工业化。为工业化,我们必须依据中国的具体条件设计一套有利于工业发展的制度和计划。不讳言,在历史上,资本主义是一套工业化的制度。但是,资本主义发展的结果必然对外要产生帝国主义以保护市场、资源及资本输出地。以后进之国,我们无法与先进之国竞争,德国和日本的例子,都只得走向军国主义而败亡。共产主义,照马克思的原意,是一套高度工业化资本主义发展的下一阶段,但直到今天,中国既未工业化,也未有高度资本主义。"治世不一道,便国不法古",中国的道路应该"以人度人,以情度情,以类度类,以说度功"。这是需要真正学问去具体分析的。

中国要能发展自己的工业,还必须要有一项条件,即求得国家地位的独立自主。这也就是要能"战",今天的"战"有有形的,也有无形的,而"战"又以"攻心为上"。尤其在今天的情形下,要有独立自主的地位,先要有独立自主的意志;否则,便不足以言"战",也不足以言"独立自主"。若不能"独立自主",而必须永远依赖外国而有工业化,工业化的进程也必为外国控制,便不可能有独立的中国文化,而只能是一种"伪文化",如"西化"文化。

《商君书》说要"察民之情",韩非子说要"必因人情"。商鞅变法之成功,就是因为这样子才受到人民之支持的,才能"行之十年,秦民大说"。在今天要"察民之情"及"必因人情"就莫如实行民主。民主的基本意义就是主权在民,国家的主权属于国民全体,故人民有权当家做主。

对外独立自主,对内主权在民,并根据中国具体的条件发展工业,这都包括在近代民族主义之内。并且没有民族主义是不能保护民族之生存发展的，没有民族何来民族文化。要有变迁后的新中国文化，就必须要有中国民族，要有中国民族主义。以民族主义出发推动文化变迁，改造中国文化，才能有中国文化的复兴。中国文化是曾经变革过的，由先秦而秦汉就是一次伟大的文化变迁，只要中国民族尚存生机，相信改造后的中国文化必再次地复兴。但仅仅是故步自封，或屈服于帝国主义，而求殖民地化，都不能创造文化的。博通古今的社会学家素罗金(Pitrim A. Sorokin，1889－1968)说：

　　现在中国民族在一个伟大的、文化的、社会的、政治的和人格的文艺复兴的历程当中，像她在长期和创造的历史上所已好多次经验过的一样。一切这样的文艺复兴，除却一面产生创造性的造诣之外，自有她"分娩的痛苦"。然而人类如能避免第三次全体的——核子的、化学的、微生物学的——世界战争，这些痛苦必然减低和消逝，而中国民族及其社会的和文化生活将再次创造地、灿烂地复兴起来。

（原载《青年中国杂志》第 2 号，1979 年 9 月 1 日）

孔子思想的形成及其意义

子贡曰:"文武之道,未坠于地,在人。贤者识其大者,不贤者识其小者,莫不有文武之道焉。夫子焉不学! 而亦何常师之有?"(《论语·阳货》*)

周初以血缘为基础的宗法封建制度,发展到了春秋时代,已经把各项破绽都暴露出来了。周天子权力式微,早已不能约束诸侯。诸侯国内的大夫们为了扩充自己的势力,对上就争夺侵犯国君的权力,对下面的百姓即实行横征暴敛。

当时有权力并直接给百姓压迫的就是这些跋扈的大夫们。丧失了权力的"公室"(国君),欺上压下的大夫,无政治地位的平民,这是诸侯国内的三个不同的阶层。对百姓而言,直接压迫他们的是大夫而不是国君;对国君而言,侵犯其权力的也是大夫。因此,无论站在国君或平民的立场,大夫都是他们去之而后快的对象。因而,斯时国君和平民都是被欺压者,而大夫是欺压人者。

据孔子自己说虽然他也是大夫之后(《论语·先进》),但是他

---

* 原文如此,疑误。当为《论语·子张》。——编者

是一个没落的大夫之后,没落到他"少也贱"而且"多能鄙事"(同上*)。诚然他曾念念不忘自己是大夫之后,而说过"以吾从大夫之后,不可徒行也"(《论语·先进》),"吾以从大夫之后也,故不敢不言"(《左传·哀公十四年》),但他毕竟不以"多能鄙事"为羞。何况,"不可徒行""不敢不言",乃是他为了守"礼"而对自己作出的自我要求。

由于"少也贱",孔子和当时一般贵族血缘的大夫不同,他比他们具有平民生活的经验。他之所以有同情平民的立场,不能不溯自其"少也贱"的生活背景。所以,徐复观先生说:

> 孔子自身,已由贵族下降而为平民,较之当时贵族中的贤士大夫,可以不受身份的束缚,容易站在"一般人"的立场来思考问题;换言之,由贵族系谱的坠落,可以助成他的思想的解放。[1]

在春秋时代,鲁国是一个保守周礼最力的国家。如当时齐君欲乘鲁乱取鲁,大夫仲孙湫就说过:"不可。犹秉周礼,周礼所以本也。臣闻之国将亡,本必先颠而后枝叶从之。鲁不弃周礼,未可动也。"(《左传·闵公元年》)又如"晋侯使韩宣子来聘","观书于太史氏,见《易象》与《鲁春秋》"。韩宣子说:"周礼尽在鲁矣!吾乃知周公之后,与周之所以王也!"(《左传·昭公二年》)

---

* 原文如此,疑误。当为《论语·子罕》。——编者
[1] 徐复观:《中国人性史论》,东海大学 1963 年版,第 63 页。

鲁国为什么保守周礼？因为当时的国际局势，在大国均势之下，"礼"成了不具文的国际法。如管仲树塞门，有反坫，孔子就骂他"管氏而知礼，孰不知礼？"（《论语·八佾》）再者其"参其国而伍其鄙"（《国语·齐语》），又何尝是西周古制？但他不得不遵"礼"，而假天子之"礼"号令诸侯。齐桓公从管仲之言"修礼于诸侯"（《左传·僖公七年》），并对天子守"礼"，然后才"诸侯称顺"的（《国语·齐语》）。

而一些小国，也在大国因均势不得不称"礼"的当儿也利用"礼"生存下来。如郑子产"铸刑书"，何尝守"礼"？但他却责备晋"执事不礼于寡君"（《左传·襄公二十二年》）。郑处于晋楚的大国之间，故还可以让子产耍两面手法。然而，鲁却是给齐国吃定了的。

当时的小国对大国只敢用"礼"，不敢用武，即使偶然的军事胜利，终将因此惹祸被灭。所以，子产就说过："小国无文德，而有武功，祸莫大焉。"（《左传·襄公八年》）鲁久处齐的淫威下，孔子有次想借陈恒弑齐君来伐齐，因为"陈恒弑其君，民之不与者半，以鲁之众，加齐之半可克也"。但鲁君却说："鲁为齐弱久矣，子之伐之，将若之何？"（《左传·襄公十四年》）

在这样子的国际局势、社会结构和自己个人地位的处境下，孔子巍然地矗立起来发言了。对着时代发言！对着后代的历史发言！

一、惠民的政治立场及其思想意义

当时鲁国的权势被季氏、孟氏、叔孙氏三家所把持，而以季氏为最，此三氏在鲁"作三军，三分公室而各有其一"（《左传·襄公十一年》）。继而"舍中军，卑公室也"。然后，"四分公室，季氏择二，二子各一"(《左传·昭公五年》)。

诚然,新兴的季氏权倾国君,但其对平民又是什么态度呢? 根据我们的材料,知道"季氏富于周公。而求也为之聚敛而附益之"。聚敛的对象当然是平民,因而孔子大骂他那个助季氏聚敛的学生说:"非吾徒也。小子鸣鼓而攻之可也。"(《论语·先进》)这是孔子站在被"聚敛"的平民立场,而抨击聚敛大夫最好的证明。

不过近来认为"聚敛"乃是对农地的征税,孔子反对"聚敛"是开时代的倒车,关于这个说法,我们认为实是无稽之谈。因为我们看到过以下的材料。

(1)初税亩,非礼也。谷出不过藉,以丰财也。(《左传·宣公十五年》)《公羊传》云:初者何? 始也。税亩者何? 履亩而税也。……古者十一而藉。《穀梁传》亦云:古者什一,藉而不税。初税亩,非正也。……初税亩者,非公之去公田而履亩,十取一也。(杜预注:公田之法,十取其一。今又履其余亩,复十收其一。)

"税亩"就是除了公出外,还要向平民自己的私田课税。

(2)哀公问于有若曰:"年饥,用不足,如之何?"有若对曰:"盍彻乎!"曰:"二犹不足,如之何其彻也?"对曰:"百姓足,君孰与不足? 百姓不足,君孰与足?"(《论语·颜渊》)

"彻"为古制即什一之制。哀公叹"用不足",是说自己。而显然有若的答话是"牛头不对马嘴",他把哀公的"用不足",解释成百姓的"用不足",故而主张减少征税而用"彻",以苏活民命。这里还有一个问题,就是"百姓"何指的问题。在古代"百姓"指贵族之意,然到了春秋时代,一般贵族没落,散落民间,或为地主,或为自耕农。孔子是"大夫之后",但因没落而"少也贱","贱"到多能"鄙事"。"鄙事"就是农事。当时的城市是"国",城外是"野",或称"鄙",就是田野农地之意,农夫称"野人"或"鄙夫",故"鄙事"亦为农事之意。由此可见,"大夫之后"已成了能"鄙事"的自耕农了。

由此,我们可知"聚敛"乃是加重征税,与是否所谓"奴隶制"无关。孔子反对这些权臣大夫的"聚敛",是站在平民的立场。因为这些权臣大夫的"聚敛"比传统的古制——礼——还要来得苛民。因而,他也反对权臣大夫的违礼。如:

> 孔子谓季氏:"八佾舞于庭,是可忍也,孰不可忍?"季氏旅于泰山,子谓冉有曰:"女弗能救与?"对曰:"不能。"子曰:"呜呼! 曾谓泰山不如林放乎?"(《论语·八佾》)

我们当知当时以农业为主的经济是一种"匮乏经济"的状况,而权臣大夫为了在政治上扩大自己的势力,并过着不合乎自己地位的奢侈生活,因而对属下的平民,不得不废古制而厚敛。"舞八佾""旅泰山"都是大排场,不但违礼,而且也是要浪费很多,所以孔子反对,其反对的理由就是季氏违礼。我们之所以说孔子反对季氏滥用百姓的血汗钱而责其违礼是有根据的,根据如下:

　　季孙欲以田赋,使冉有访仲尼。仲尼曰:"丘不识也。"三发,卒曰:"子为国老,待子而行,若之何子之不言也?"仲尼不对,而私于冉有曰:"君子之行也,度于礼,施取其厚,事举其中,敛从其薄,如是则以丘亦足矣。若不度于礼,而贪冒无厌,则虽以田赋,将又不足。且子季孙若欲行而法,则周公之典在,若欲苟而行,又何访焉。"弗听。(《左传·襄公十一年》)

在这里孔子是把"度于礼"和"敛从其薄"结合起来看的。试问孔子这难道不是站在多数民众的立场而发言的吗?

由于季氏是当时权臣大夫之首,所以孔子对其多讽谏之辞:

　　(1)季康子问政于孔子,孔子对曰:"政者,正也。子帅以正,孰敢不正?"(《论语·颜渊》)

　　(2)季康子患盗,问于孔子。孔子对曰:"苟子之不欲,虽赏不偷。"(同上)

　　(3)季康子问政于孔子,曰:"如杀无道,以就有道何如?"孔子曰:"子为政焉用杀?子欲善而民善矣;君子之德风,小人之德草,草上之风必偃。"(同上)

　　(4)季康子问:"使民敬忠以劝,如之何?"子曰:"临之以庄,则敬。孝慈,则忠。举善而教不能则劝。"(《论语·为政》)

　　(5)仲弓为季氏宰,问政。子曰:"先有司,赦小过,举贤才。"曰:"焉知贤才而举之?"子曰:"举尔所知,尔所不知,人其舍诸?"(《论语·子路》)

从(1)(3)(4)中,我们可知孔子指的是季氏不正,不能为民表率。(3)(5)中,我们可知孔子反对季氏用"杀"的苛暴,而认为应"赦小过"。(2)中直指季氏"贪冒无厌"之欲,而使民挺险为盗。

季氏对内苛暴聚敛,对外又贪得兼并,当季氏欲对颛臾用兵,冉有告孔子,孔子也反对,甚至连相他的学生也一起骂进去,他说:"丘也闻有国有家者,不患寡而患不均,不患贫而患不安。盖均无贫,和无寡,安无倾。夫如是,故远人不服,则修文德以来之。既来之,则安之。今由与求也,相夫子,远人不服,而不能来也,邦分崩离析,而不能守也!而谋动干戈于邦内。吾恐季氏之忧,不在颛臾,而在萧墙之内也。"(《论语·季氏》)

由于权臣大夫讲排场、僭礼,"聚敛"更多;由于权臣大夫的贪得,对外大动干戈,受害的还是黎民。站在人道的立场,孔子是反对用兵的,然而站在国家的立场,又不能不有军队。在人道立场与国家立场冲突的情况下,孔子有几段话是很值得我们玩味的:

(1)子贡问政。子曰:"足食,足兵,民信之矣。"子贡曰:"必不得已而去,于斯三者何先?"曰:"去兵。"(《论语·颜渊》)

(2)子曰:"桓公九合诸侯,不以兵车,管仲之力也,如其仁!如其仁!"(《论语·宪问》)

(3)子曰:"以不教民战,是谓弃之。"(《论语·子路》)

(4)子曰:"善人教民七年,亦可以即戎矣。"(同上)

由以上所引的材料,我们可以知道孔子不主张战争,故以最高的"仁"许予帮桓公"九合诸侯,不以兵车"的管仲。如果遇到不得已的情况,"去兵"是他首先考虑的。国家不能没有军队以为国防,但不能驱策一群没有受过训练的民众去打人海战,白白送死。

孔子反对季氏的"聚敛"和对颛臾动干戈,但又对权倾一时的季氏无可奈何。因此,季氏家臣公山弗扰以费畔季氏,召孔子,而孔子欲往(《论语·阳货》)。另外,晋大夫范氏的家臣佛肸以中牟畔,召孔子,孔子也欲往(同上)。为了这二件事,子路都不满孔子。而徐复观先生评论这二件事情说:

> 公山弗扰以费畔、佛肸以中牟畔召他的时候,他都想去("子欲往");在他心目中,只有如何解除人民痛苦的观念,还有什么政治叛逆不叛逆的观念呢?他说得很清楚,"夫召我者,而岂徒哉?如有用我者,吾其为东周乎?"他对于政治的这种基本态度,常常为他适应环境、逐步改良的态度所淹没;使当时子路,已不能真正了解他的真意。[①]

孔子反权臣大夫,反聚敛,反战争,那么他又积极地提出了哪些政治主张呢?孔子的政治理想,简单地说,乃是行德治的仁政。在当时那种上下交征利而皆以百姓为鱼肉的情形下,孔子向往的政治是"善人为邦百年,亦可以胜残去杀矣"(《论语·子路》)。

什么是"善人"之政,那便是要有"德",要"为政以德"(《论语·为政》)。什么是"善人"之为政,那就是"举贤才"。

"为政以德"的观念是周初就有的,而孔子予以继承。然而,在

---

① 徐复观:《中国人性史论》,第66页。

宗法封建的体系中,是以血缘作为分封为官的标准,故"举贤才"实为对周以来宗法封建的一项修正。"举贤才"观念的发生,除了当时客观的政治形势所趋外,管仲治齐时,实行过"野处不暱,其秀民之能为士者,必足赖也。有司见而不以告,其罪五"(《国语·齐语》)的政策。

"直"是贤的要项之一,所以:

(1)哀公问曰:"何为则民服?"孔子对曰:"举直错诸枉,则民服,举枉错诸直,则民不服。"(《论语·为政》)

(2)(樊迟)问知。子曰:"知人。"樊迟未达。子曰:"举直错诸枉,能使枉者直。"樊迟退,见子夏曰:"乡也,吾见于夫子而问知,子曰:举直错诸枉,能使枉者直。何谓也?"子夏曰:"富哉言乎!舜有天下,选于众,举皋陶,不仁者远矣。汤有天下,选于众,举伊尹,不仁者远矣。"(《论语·颜渊》)

"举贤才"是为了仁政,使"不仁者远矣"是为了避免民众被不仁者压榨。孔子认为施政的具体内容当以养民为优先。所以,他称赞子产说,"其养民也惠"(《论语·公冶长》)。针对大夫权臣的奢侈浪费,他说:"道千乘之国,敬事而信,节用而爱人,使民以时。"(《论语·学而》)他们不但要克制自己的物欲,做到"节用而爱人"和站在自己立场"其养民也惠",而且应该帮助民众,求其所利,即"因民之所利而利之"(《论语·尧曰》)。

为政以养民为第一步。当时老百姓的生活据记载是"仰不足以事父母,俯不足以畜妻子。乐岁终身苦,凶年不免于死亡。此惟救死而恐不赡"。豪门贵族是"庖有肥肉,厩有肥马",而老百姓却是"民有饥色,野有饿莩"(《孟子·梁惠王上》)。由此我们可以了解到在这种情形下,孔子强调养民的意义之所在。

为政者能养民,就能使得四方之民来归,斯之谓"近者悦,远者来"(《论语·子路》)。四方之民来归,所属百姓日众,便叫作"庶"。"庶"了以后,孔子进一步主张"富之"。富了以后,孔子更进一步地主张"教之"(同上)。孔子是很重视"教"的,因此他说:"不教而杀谓之虐。"(《论语·尧曰》)

孔子主张"教之",其具体的内容又是什么呢?颜渊曾说过:"夫子循循然善诱人,博我以文,约我以礼。"(《论语·子罕》)由此,我们可知孔子是教人以"文"和"礼"的。孔子还说过:"道之以政,齐之以刑,民免而无耻。道之以德,齐之以礼,有耻且格。"(《论语·为政》)他不主张以刑治民,而认为应该以礼齐民。"齐之以礼",这是把贵族享用的"礼"向平民开放的一种措施,是有违于"刑不上大夫,礼不下庶人"的古训的。由此可见,苟有利于惠民,周礼不周礼并不是孔子所考虑的。

二、从礼到仁的伦理思想及其意义

虽然我们说过,苟有利于惠民,周礼不周礼并不是孔子所考虑的,但是孔子说过"克己复礼"的话,其原文如下:

> 颜渊问仁。子曰:"克己复礼为仁。一日克己复礼,天下归仁焉。为仁由己,而由人乎哉!"颜渊曰:"请问其目。"子曰:

"非礼勿视,非礼勿言,非礼勿动。"颜渊曰:"回虽不敏,请事斯语矣。"(《论语·颜渊》)

仅从字面上的意义来看,我们可得出下面四点了解:

(1)要能"克己"才能"复礼"。

(2)"克己复礼"是为了"天下归仁"。

(3)求"仁"由己,也就是说,要从个人修养上下功夫。

(4)"仁"的具体实践是透过"视""言""动"的合"礼"行为而完成的。

若我们再透视其时代背景来了解"克己复礼",当更为具体。孔子认为当时政治不良,民生疾苦,是由于执政者放纵物欲而贪得无厌,奢侈浪费,因而坏"礼"而聚敛和征伐。孔子教育学生,是士的培养,而士乃是执政干部的人选。因此,他要其学生"克己复礼为仁",用今天的话说,就是"为政的人应该要克制自己的欲望,恢复古代爱民的礼,那就是仁了"。

从周的"亲亲"到"举贤才",由"礼不下庶人"到"齐之以礼",由此可见孔子心目中的"礼"对周礼不是一成不变的。因此,我们无法因言"复礼"而从"周礼"中去了解孔子所说的"礼"的意义。因此,我们只有从可资信的材料中,由孔子自己的言论来了解其礼的意义。

在孔子思想中,礼是有一段很长时间的发展,这种发展是根据着一定的原则和条件的,所以他说:

殷因于夏礼,所损益,可知也。周因于殷礼,所损益,可知也。其继周者,虽百世,可知也。(《论语·为政》)

但是由于文献的不足,孔子认为自己已不能完全知道夏礼和殷礼了。故言:"夏礼吾能言之,杞不足征也。殷礼吾能言之,宋不足征也。文献不足故也,足,吾则能征之矣。"(《论语·八佾》)

由此,我们可知,周礼并不是孔子所说的唯一的"礼"。从夏到周,其"礼"皆有损益。不过,孔子所说的"礼"是根据一定条件和原则变化者。若能掌握这些条件和原则,则"百世可知也"。

子贡欲去告朔之饩羊,孔子说过:"赐也,尔爱其羊,我爱其礼。"(同上)从字面上来看,孔子似乎很坚持礼的排场形式。但是我们若进一步了解,当时政治和祭祀是有一定关联的。鲁君因不出席告朔,所以子贡想取消告朔的形式,但是孔子认为鲁君不出席告朔是一项对政事的懒惰。因此,希望维持这个形式来要求鲁君的出席。从另外的材料中,我们可以得知,孔子对礼的实质是远重于其形式的。如:

(1)子曰:"人而不仁如礼何? 人而不仁如乐何?"(《论语·八佾》)

(2)林放问礼之本,子曰:"大哉问! 礼与其奢也,宁俭。丧与其易也,宁戚。"(同上)

(3)子夏问曰:"巧笑倩兮,美目盼兮,素以为绚兮,何谓也?"子曰:"绘事后素。"曰:"礼后乎?"子曰:"起予者商也,始可与言《诗》已矣。"(同上)

(4)子曰:"礼云,礼云,玉帛云乎哉? 乐云,乐云,钟鼓云乎哉?"(同上*)

＊ 原文如此,疑误。当为《论语·阳货》。——编者

由此可知,孔子认为没有实质的礼,是虚文,是没有意义的。尤其因孔子体恤民艰,不希望把礼的排场搞得太"奢",他除了说"礼与其奢也,宁俭"外,还说过"奢则不孙,俭则固。与其不孙也,宁固"(《论语·述而》)。为了"俭",他甚至主张修改传统的礼,说:"麻冕,礼也。今也纯,俭,吾从众。"但是涉及礼的实质问题,他是坚守原则毫不让步的,他说:"拜下,礼也。今拜乎上,泰也。虽违众,吾从下。"(《论语·子罕》)

孔子认为人与人之间的关系活动都要遵照"礼"。

(1)孟懿子问孝,子曰:"无违。"……樊迟曰:"何谓也?"子曰:"生,事之以礼;死,葬之以礼,祭之以礼。"(《论语·为政》)

(2)子曰:"恭而无礼,则劳。慎而无礼,则葸。勇而无礼,则乱。直而无礼,则绞。君子笃于亲,则民兴于仁。故旧不遗,则民不偷。"(《论语·泰伯》)

由此可知,孔子心目中的礼是一切行事施为的规范。这规范的功能乃在于使人"和",孔子的学生有子说:"礼之用,和为贵。先王之道,斯为美,小大由之。"礼的功能是"和",但这不是"和稀泥"、当乡愿的意思。所以有子接着又说:"有所不行,知和而和,不以礼节之,亦不可行也。"(《论语·学而》)

礼是一项"小大由之"的普遍规范,而其基本精神又是什么呢?孔子说过"人而不仁如礼何,人而不仁如乐何!"也就是说行礼而不仁,就是根本丧失礼的基本精神,这种虚有其表的礼仪又算什么呢!因而,我们可以说在孔子思想中,"仁"乃是"礼"的必要条件。

　　因此,我们要了解孔子的"礼",就必须了解他所说的"仁"。有子对"仁"有过一段诠释性的话,他说:"其为人孝弟,而好犯上者,鲜矣。不好犯上而好作乱者,未之有也。君子务本,本立而道生。孝弟也者,其为仁之本与?"(《论语·学而》)

　　有子的这段话,我们必须要有几点了解:

　　(1)孝悌是由宗法封建而派生出来的伦理思想,不过发展到了儒家的手里,便主张"推恩"。就是说,执政者应该把对亲人的爱拿来对被统治者,所以孟子会说:"老吾老以及人之老,幼吾幼以及人之幼。"(《孟子·梁惠王上》)

　　(2)"好犯上者""好作乱者",在当时实指当是犯上作乱的权臣大夫。在鲁,即以季氏为首。

　　(3)因为"仁"是要为政者对待人民像对待自己的亲人一样,因此,对待自己的亲人的"孝弟"变成了"仁"的根本。

　　(4)这种"推恩"在实际上是否能做得到是一回事,不过基于宗法封建的经验基础,当时的儒者认为在理论上是能成立的。

　　因此,孔子说:"弟子入则孝,出则弟,谨而信,泛爱众,而亲仁。行有余力,则以学文。"(《论语·学而》)由"泛爱众,而亲仁",我们可知"泛爱众"与"仁"的密切关系。因而,当子贡问:"如有博施于民而能济众,何如? 可谓仁乎?"孔子即回答:"何事于仁,必也圣乎! 尧舜犹病诸。"并且他还提出一个求"仁"的方法学,说是"能近取譬,可谓仁之方也已"。因而他说:"己欲立而立人,己欲达而达人。"(《论语·雍也》)仲弓问仁,孔子也回答说:"己所不欲,勿施于人。"(《论语·颜渊》)

　　由"能近取譬"的方法学看来,孔子是一个经验主义者。从自己的经验出发,自己想要"立"和"达",因而要帮助别人也"立"、也"达"。消极方面,自己所不喜欢的,也不可加诸别人身上。

从"能近取譬"入手,我们可以了解孔子的许多主张是有其必然性的。除以上所述两点外,其他还有:

(1)孔子虽然"少也贱",但毕竟是"从大夫之后",大夫以上的阶层是行"礼"的,所以日常所行所为赋有"亲亲"精神的敦厚之"礼"。因而,他就不管"礼不下庶人"的古制,而主张"齐之以礼"了。

(2)孔子自己生活在洋溢着亲人之爱的孝悌中,因而他主张大家都要"入则孝,出则弟",并且把这种亲人之爱的孝悌扩大为"泛爱众"。

(3)他因"少也贱",曾经是"多能鄙事"的平民,受过"聚敛"的剥削,所以反对"聚敛"。他认为"聚敛"之起,是由于权臣大夫的奢侈浪费,贪得无厌。因此,他主张"节用爱人""克己复礼"。

(4)当时一些为政者,真个是"不问苍生问鬼神",不问民间疾苦,但求祈福于神。所以孔子说:"务民之义,敬鬼神而远之。"(《论语·雍也》)而应该把对鬼神的诚敬之心拿出来用在对待治理百姓的事务上,所以说:"使民如承大祭。"(《论语·颜渊》)崇敬子产为"古之遗爱"(《史记·郑世家》)的孔子,当知子产所言"天道远,人道迩",与其祭天"不如修德"的主张(《左传·昭公八年》)。从这样看来,孔子的"敬鬼神而远之"和"使民如承大祭",实为其"能近取譬"的一种方法学上的必然主张。

孔子说过"泛爱众,而亲仁",而在樊迟问仁的时候,他便直截了当地说"仁"就是"爱人"(《论语·颜渊》)。"仁"和"知"的政治实践就是要"举直错诸枉,能使枉者直",而子夏就根据传说中舜举皋陶、汤举伊尹的故事来作具体的解释,其解释中除了意含皋陶、伊尹的仁外,并着重在"不仁者远矣"。也就是说,"仁"在积极方面乃是"爱人",而在消极方面乃是消除那些残害民众的"不仁者",使"不仁者远矣"也当是一种"仁"。

因此,我们可以说孔子的"仁"就是"爱人"和"泛爱众",而他教导学生也就是教导学生去"爱人"。故其言:"君子学道则爱人。"(《论语·阳货》)

孔子认为"仁"心,也就是"爱人"之心,是礼的本,也就是一切行事施为的根本精神。因此,我们时时刻刻不应抛弃仁心。所以,他说:"君子无终食之间违仁,造次必于是,颠沛必于是。"(《论语·八佾》*)

为了坚持"仁"的原则和精神,孔子认为:"志士仁人,无求生以害仁,有杀生以成仁。"(《论语·卫灵公》)由此,可见孔子对于"仁"的坚持和向往。

虽然孔子这样地坚持"仁"的理想,但是他认为"仁"心的持有在实际上都是很难的,因为人心毕竟是自私的。连他最得意的学生颜回,也只有"回也,其心三月不违仁",其他的学生更是只能"日月至焉而已矣"(《论语·雍也》)。至于"仁"的事功那就更难了,孔子对其学生和当代的人虽都承认他们有某一方面的事功和德行,但是提及"仁"的时候都说:"未知,焉得仁?"(《论语·公冶长》)

"礼"是一种外在的规范,在孔子的思想中,并不是死守周礼,抱残守阙,而是要根据于"仁"的,即所谓"依于仁"。(《论语·述

---

　　*　原文如此,疑误。当为《论语·里仁》。——编者

而》)"仁",尤其是"仁"心,乃是一种内在的德性。因此,致使孔子伦理哲学的发展有动机论的倾向。虽然他没明白地说有好的动机(仁)一定有善的行为结果,但他却明示了"苟志于仁,无恶也"(《论语·里仁》)。甚至于说"人之过也,各于其党。观过,斯知仁矣"(同上)。虽然孔子这句话的重点在于提示过的"其党"的性质,不过"观过,斯知仁矣",我们不能不说其强调的还是动机问题。另外,他说:"仁远乎哉?我欲仁,斯仁至矣。"(《论语·述而》)这是明显地说出"仁"是"存乎一念之间"的了。

孔子还说过:"我未见好仁者,恶不仁者。好仁者无以尚之;恶不仁者,其为仁矣,不使不仁者加乎其身。有能一日用其力于仁矣乎! 我未见力不足者。盖有之,我未之见也。"(《论语·里仁》)并且他还把对善恶判断的权力交给"仁者",而言"唯仁者,能好人,能恶人"(同上)。

孔子的伦理学诚然是偏重动机论的,但我们若进一步地透视其时代背景当可知道:当时的价值标准掌握在贵族手里,"能好人,能恶人"是贵族的权力。孔子强调"仁"的动机,是把掌握执行价值标准的权力转移到"仁者"的手中,也就是转移到能"爱人"、能"泛爱众"者的手中。并且强调"仁"是发乎内心动机的,是每个人的"一念之间"的事,并不只是贵族才能"仁"。由此而打破贵族与平民的血缘界限。

"仁"是礼的内心基础,是一种内在的修养。"仁"透过礼的运作而有所发皇,然而要如何的礼的运作才能表现出完整的"仁"来呢?孔子说:"君子义以为质,礼以行之,孙以出之,信以成之。君子哉。"(《论语·卫灵公》)"义以为质,礼以行之",可知"义"是行

"礼"的标准。另外,孔子还说过:"君子之于天下也,无适也,无莫也,义之与比。"(《论语·里仁》)

孔子说到义的地方还很多,兹略举如下:

(1)子曰:"群居终日,言不及义,好行小慧,难矣哉。"(《论语·卫灵公》)

(2)子曰:"君子喻于义,小人喻于利。"(《论语·里仁》)

(3)子曰:"君子义以为上。君子有勇而无义,为乱。小人有勇而无义,为盗。"(《论语·阳货》)

(4)子曰:"不义而富且贵,于我如浮云。"(《论语·述而》)

(5)子曰:"见得思义,见危授命,久要不忘平生之言,亦可以为成人矣。"(《论语·宪问》)

(6)孔子曰:"君子有九思……见得思义。"(《论语·季氏》)

(7)子曰:"见义不为,无勇也。"(《论语·为政》)

(8)孔子曰:"'隐居以求其志,行义以达其道',吾闻其语矣,未见其人也。"(《论语·季氏》)

从孔子所言之义而言,陈大齐先生认为孔子的"义"具有三种作用:"一是指导作用,二是节制作用,三是贯串作用。"[1]陈大齐先生且认为《中庸》所言"义者,宜也"是孔子所言"义"的恰当的定义。[2]"无适也,无莫也"也正好把"义"界定成了"宜"的意义。

---

① 陈大齐:《孔子学说论集》,正中书局 1970 年版,第 49 页。

② 同上书,第 59 页。

　　人的外在行为是对"礼"的实践,其所实践的行为当是"义之与比",而"义之与比"是"无适也,无莫也"。既然"无适也,无莫也",又何能一定要适"周"礼,"莫"周礼呢?有些人把孔子所说的"克己复礼"抽离其上下文而断章取义,抽离其时代背景而牵强附会,抽离其与孔子思想的系统而强作解说,把"复礼"说成无条件地恢复周初的礼。这种说法不能不说是对孔子思想的一大曲解。

　　"义"在行为层次的表现是一种"宜",而其在存在层面的表现乃是一种"中"的状况。兹特将孔子言及这意义的"中"列举如次:

　　(1)子曰:"中庸之为德也,其至矣乎! 民鲜久矣。"(《论语·雍也》)

　　(2)子曰:"夫人不言,言必有中。"(《论语·先进》)

　　(3)子曰:"礼乐不兴,则刑罚不中;刑罚不中,则民无所措手足。"(《论语·子路》)

　　(4)子曰:"不得中行而与之,必也狂狷乎! 狂者进取,狷者有所不为。"(同上)

　　(5)子曰:"不降其志,不辱其身,伯夷、叔齐与?谓柳下惠、少连,降志辱身矣。言中伦,行中虑,其斯而已矣。谓虞仲、夷逸,隐居放言,身中清,废中权。我则异于是,无可无不可。"(《论语·微子》)

　　从以上所列举的"中",实为一切行为道德的本体,如何完成道德本体的"中",这将是一个永远开放的哲学问题。

　　孔子的伦理思想从"依于仁",透过"礼",合于"义",而达成

"中"的这个体系,不但主导了两千多年的中国文化,并且也开始了中国人对道德哲学的思考。

三、"学"的内容及其意义

孔子自称"吾十有五而志于学"(《论语·为政》)。他不但是"学而不厌",并且把他所学的这套学问去"诲人不倦"(《论语·公冶长》*)。因此,他获得了"至圣先师"的崇敬。

当时会有私人讲学的兴趣,也是有其一定的时代背景的。孔子自己说:"君子谋道不谋食。耕也,馁在其中矣。学也,禄在其中矣。君子忧道不忧贫。"(《论语·宪问》**)从孔子这句话里面,我们可以知道,"学"是有机会取得"禄"的,且这"禄"比"耕"还要来得稳当,可以不"馁"。有人为了"禄"而学。因此,"学"就渐渐成了一种有社会需要的行业了。

有了这种"学"的社会需要,孔子的教"学"之业也应运而生。我们接着要问,孔子教"学"的内容是些什么?

孔子说:"小子何莫学乎《诗》?《诗》可以兴,可以观,可以群,可以怨。迩之事父,远之事君。多识于鸟兽草木之名。"(《论语·阳货》)孔子还认为诗的本质是纯洁而不邪的,故言"《诗》三百,一言以蔽之,曰:思无邪"(《论语·为政》)。

孔子还把诗与礼、乐、《书》(《书》指《尚书》,即古代的历史记

---

　* 原文如此,疑误。当为《论语·述而》。——编者

　** 原文如此,疑误。当为《论语·卫灵公》。——编者

载）及政并列：

(1)子曰："兴于《诗》，立于礼，成于乐。"(《论语·泰伯》)

(2)子所雅言，《诗》、《书》、执礼，皆雅言也。(《论语·述而》)

(3)子曰："诵《诗》三百，授之以政，不达。使于四方，不能专对，虽多亦奚以为。"(《论语·子路》)

从以上的材料看来，孔子教学的内容除了《诗》以外，尚有礼、乐、《书》和为政之道。但在这些科目中，礼、乐是要从"兴于《诗》"而"立"而"成"的。"授之以政"的条件也得是"诵《诗》三百"。

另外，在孔子的儿子伯鱼描述其受孔子之教的话中更可以看得出孔子对《诗》的重视，和《诗》是其授课的基本课程，而优先于其他课程的。伯鱼说："尝独立，鲤趋而过庭。曰：'学《诗》乎？'对曰：'未也。'(子曰：)'不学《诗》，无以言。'鲤退而学《诗》。他日，又独立，鲤趋而过庭。(子)曰：'学礼乎？'对曰：'未也。'(子曰：)'不学礼，无以立。'鲤退而学礼。"(《论语·季氏》)

孔子还有二次称赞其学生"始可与言《诗》"的记载：

(1)子贡曰："贫而无谄，富而无骄，何如？"子曰："可也。未若贫而乐，富而好礼者也。"子贡曰："《诗》云：如切如磋，如琢如磨。其斯之谓与。"子曰："赐也。始可与言《诗》已矣。告诸往而知来者。"(《论语·学而》)

(2)子夏问曰："巧笑倩兮，美目盼兮，素以为绚兮，何谓

也?"子曰"绘事后素。"(子夏)曰:"礼后乎?"子曰:"起予者商也,始可与言《诗》已矣。"(《论语·八佾》)

我们知道孔子认为"兴于《诗》,立于礼,成于乐",一切礼乐的基础是《诗》,因此教伯鱼先学《诗》而后礼。"贫而无谄,富而无骄"也只是一项基础而已,所以孔子说"可也";但是"未若贫而乐,富而好礼"。学《诗》是一项基础的学问,不能以此为限,因而需要由此基础更进一步地"如切如磋,如琢如磨"。这才是学《诗》的真正目的和意义。

在(2)中,也同样地说明这种学《诗》的意义。用"绘事"之"素"来比喻诗,以"绚"来比喻礼,而言"礼后"。"礼后"是后于《诗》,由于这一点,孔子认为"起予者商也"。

为什么孔子把《诗》当成一切学问的根本基础?要回答这个问题就必须了解到诗的性质。当时的诗多为民谣,为民众之心声。执政者为了要了解民众的心声,还经常有"采诗"之举,到各处去搜集民谣,探求民意。当然,后来这种"采诗"之举也渐渐变成歌功颂德的形式。根据孔子民本的立场,民众的心声(诗)是为政者所必须首先具有的学问,由诗去知道民众的困苦和愿望;具有这样对民众疾苦的了解才能进一步地去养民,去惠民。孔子教的是"禄在其中"的"学",也就是从事着政治人才的教育,因而他对这些政治人才以《诗》来作为第一步的教育,然后礼、乐、《书》等。

孔子虽然说过"生而知之者,上也。学而知之者,次也。困而学之者,又其次也。困而不学,民斯为下矣"(《论语·季氏》),但孔子并非强调"生而知之者",其所强调的实在是"学而知之者"和"困

而学之者"。因为他自称都说:"我非生而知之者,好古、敏以求之者也。"(《论语·述而》)因而,他一再地强调:

(1)"学而时习之,不亦说乎?"(《论语·学而》)

(2)"十室之邑必有忠信如丘焉,不如丘之好学也。"(《论语·公冶长》)

(3)"加我数年,五十以学,亦可以无大过矣。"(《论语·述而》)

由以上孔子对"学"的言论看来,孔子并不是强调"生而知之"的先验论者,而是强调后天学习的经验论者。"性相近也,习相远也"(《论语·阳货》),更是直截了当地认为人初生之资质是"相近"的,只是由于对文化的学习不同,而使得人有所不同。

孔子不但强调后天的学习,而且强调对外在事务的学习,而不仅仅是一种内在的主观反省的"思"。他说:"吾尝终日不食,终夜不寝,以思。无益,不如学。"(《论语·卫灵公》)不能去学习外在事务,一味地只作主观反省的"思",那也只是"闭门造车"的主观幻想而已。但是学习了外在客观的事务后,而不能经过主观的反省和批判,这样学习来的东西也不能成为真正的学问,而只不过是一大堆的资料而已。因此,孔子又说:"学而不思则罔,思而不学则殆。"(《论语·为政》)

由孔子论"学"和"思"来看,我们当可知道他认为此两者不可偏废。但在作为一个教育的过程来说,孔子显然认为"学"先于"思",就如同《诗》先于"礼"一样。孔子虽然主张"礼后",但

"《诗》"毕竟是"素"，而"礼"才是"绚"。同样的，"学"先于"思"，但"思"毕竟是"学"的更上一层楼。所以，孔子曾感叹过："已矣乎！吾未见能见其过而内自讼者也。"(《论语·公冶长》)"内自讼"当是一种主观反省的"思"。孔子称赞过颜渊说："吾与回言，终日不违，如愚。退而省其私，亦足以发。回也不愚。"(《论语·为政》)"吾与回言"当是孔子的"教"，也是颜渊的"学"，"省其私"正是自我反省的"思"，"学"后之"思"才是能有所发明的。因此，我们可以知道，孔子所主张者并非填鸭式的"学"，也非天马行空的"思"。而是一种以切实的对外在学习为基础，再做深刻反省的思想功夫的学问。这也就是孔子自称的"下学而上达"(《论语·宪问》)的一种为学的境界。

另外，孔子认为求学的对象并非固定，而是应该广博的，且从很小的地方都可求得我们的所学。他说：

(1)"敏于事而慎于言，就有道而正焉，可谓好学也已。"(《论语·学而》)

(2)"敏而好学，不耻下问，是以谓之文也。"(《论语·公冶长》)

(3)"三人行，必有我师焉。择其善者而从之，其不善者而改之。"(《论语·述而》)

孔子还把为学比喻成为山，他说："譬如为山，未成一篑，止，吾止也。譬如平地，虽覆一篑，进，吾往也。"(《论语·子罕》)"上达"是无止境的，"为山"也是无止境的，但是只要我们是在努力，虽然仅是"一篑"而已,但这就是"往"。由此,我们可知孔子并不认为"知也无涯"而望"知"却步;反之,却是主张无限地发挥人的潜力以臻完美。他的这种态度比起"吾生也有涯,而知也无涯。以有涯随无涯,殆已"(《庄子·养生主》)是积极的和进步的。

孔子的教学除了要求"默而识之"外,还着重启发的教育。他说过:"不愤不启,不悱不发。举一隅不以三隅反,则不复也。"(《论语·述而》)另外,他还说:"吾有知乎哉?无知也。有鄙夫问于我,空空如也。我叩其两端而竭焉。"(《论语·子罕》)由此,我们可知孔子教学的方法是有启发的一面。而这一面正类似于苏格拉底自称的"知识产婆",即"叩其两端而竭焉"。

孔子对学问的态度是严肃而客观的,因而他认为要破除主观的成见和固执,即"毋意,毋必,毋固,毋我"(同上)。并且,严肃地主张"知之为知之,不知为不知,是知也"(《论语·为政》)。掌有知识权力的学者不可以强不知以为知,以混淆天下的是非公理。

在知识为贵族独享的时代里,孔子最伟大的意义乃在于将知识的独享局面打破,而使之平民化。他曾说过"有教无类"(《论语·卫灵公》)和"自行束脩以上,吾未尝无诲焉"(《论语·述而》)。若我们考之孔门弟子的出身,亦大致如此,钱穆先生说:

> 孔子弟子多起微贱。颜子居陋巷,死有棺无椁。曾子耘瓜,其母亲织。闵子骞着芦衣,为父推车。仲弓父贱人。子贡货殖。子路食藜藿,负米,冠雄鸡,佩豭豚。有子为卒。原思

居穷阎,敝衣冠。樊迟请学稼圃。公冶长在缧绁。子张鲁之鄙家。虽不尽信,要之可见。[①]

　　孔子不但对"束脩以上"的学生教诲,而且对"鄙夫"有问,还都"叩其两端"。

　　孔子从"学"到"教"打破了贵族霸占知识的局面,也开创了以文化(学)为价值中心的中国文化。

四、结　语

　　从董仲舒罢黜百家、独崇儒术以后,孔子思想为二千多年来立国者的基本原则。间或有些私人著述的反对和怀疑,但时势所趋,孔子思想依然屹立如故。不过到了近代,西方文化挟洋枪大炮之势,排山倒海而来。大家才开始从怀疑、批评,终而喊出了"打倒孔家店"的口号。尤其一些具有帝国主义意识的西方学者,为了替他们帝国主义的罪行做掩饰,竟把由帝国主义所造成的中国之悲剧,说成了受孔子思想之僵化。而国人却在内忧外患的苦难压迫下,开始动摇了对中国文化的信心,在惊恐愤懑之余,未经深思居然接受了帝国主义的宣传;直接把近代中国的悲剧委之于受孔子思想的僵化,而间接地、不知不觉地为帝国主义掩饰其罪恶的面目。

　　孔子为"圣之时",其伟大之处在于其能"温故而知新",在于其有"虽覆一篑,进,吾往也"的进步精神。孔子至今已有 2500 多年,

------

　　[①]　钱穆:《先秦诸子系年》,香港大学 1956 年增订本,第 83 页。

时过境迁久矣。我们相信孔子复起也不可能承认他自己所有的言论是适合于今日中国的。不过,孔子思想的基本精神,他那反"聚敛"的为民请命、"泛爱众"的时代良心和"知之为知之,不知为不知"的求真态度,我们相信那是万古长青的。

我们不否认古代专制君主曾用肯定孔子思想的方式利用孔子,但是孔子还是孔子,他将永远屹立在每个中国文化传承者的心目中!

由于孔子被各种方式利用过。历来曾有人把孔子的思想神秘化、玄学化;也有人把孔子丑化、恶化,说是僵化中国文化的罪魁,是奴隶主的维护者。故笔者针对这些,一一把孔子思想作了一还原的工夫。"是山还他个山,是水还他个水",这当是每个学者最起码的学术道德。

今天我们中国人对孔子的崇敬,当是本着"饮水思源"之心。身为孔子之后的中国文化的传承者,我们更应当踏在孔子这巨人的肩膀上,再创中国文化的高峰。这才是我们这一代中国人更重要的责任。

(原载《中华文化复兴月刊》,1975 年 9 月)

先秦儒家伦范思想概述

以一文化而言,有些文化元素(culture elements)有其普遍的相关性,但诸元素的整合往往是松懈的。所以在同一文化中,往往有一些元素特别发达,相对而言,有一些是比较简陋的。[①] 用这个观点来看中国文化的义理层面(ideological level)[②],我们发现伦理规范是被特别强调的部分。伦理是比较偏向道德学和哲学的观念,从社会学或社会思想的层次来看这项事实,我们可称之为社会伦范(social dyad)。社会伦范所讨论的问题是:在一社会中,人与人之间的互动关系(interaction)[③],并且包括其所处的地位(status)和应扮演的角色(role)。

儒家对社会伦范的讨论,不但作了人在社会关系里的地位和角色的规定,而且还作了许多价值的评准。用儒家的术语来说地位和角色,即是一个人的名、分。儒家在这方面所建立的价值普遍地为以后的中国人所接受,深深地影响了中国文化的发展和中国人的行

---

① Ralph Linton, *The Tree of culture*, 1955, p. 56.

② 素罗金(P. Sorokin)把文化分成三个层次,即义理层面(ideological level)、行为层面(behavior level)、物质层面(material level)。见 *Social Philosophy of an Age of Crisis*, 1951。

③ Felix M. Keesing, *Culture Anthropology*, 1958, p. 178.

为模式(behavior pattern)。所以,赖德(Arthur Wright)说:"中国思
想史的研究是把钥匙,它领着我们去了解一些少为人知的时代、党
群和制度,及它们在中国文化的特色里所扮演的角色和意义。"[①]

对历史的研究,并不止于挖掘一些历史事实,而是用现代的观
念去了解过去的社会观念,再通过对过去的了解来了解现在。所
以,以历史写作而言,"所有的历史都是当代史"。卡尔(E. H.
Carr)说:"过去之所以能为我们所理解,是凭着有现在;现在之所
以能为我们充分理解,是凭着有过去。使人能了解过去的社会和
增加其对现在社会的掌握力,这是历史的二重功能。"[②]我认为对
思想史的探讨亦复如是,是为了解过去的思想和对现代人的思想、
观念与意识形态能有更进一步的理解。

一、伦范思想的起源与哲学

孔子是处在一个社会制度变迁的初期,目睹原有的社会秩序
(social order)被破坏。在这变迁中,旧有的社会体制渐渐解体,而
很清楚地看出一些文化失调(culture lag)的现象。至少在社会纵
面的流动(vertical mobility)上,有"臣弑君""子弑父"的情形;在横
面的流动(horizontal mobility)上,有各国的相互征伐、吞并和杀
戮。在这一个危机的时代里,他有济世救人的伟大胸襟和抱负,又
因有美好的传说的古代社会,而向后看地去构筑了他的"乌托邦"。

---

① Arthur F. Wright, *Studies in Chinese Thought*, 1953, p. 3.

② Edward H. Carr, *What is History?*, 1961, p. 69.

　　在他"乌托邦"的构想里,把理想化了的周初当成一个典型。因为周初之时,各种名分都有其规定,并且人与人之间的互动也都是按照一定规律去行事的。这种规律就是礼。"克己复礼"而天下归仁,仁是孔子心目中的全德,而他把礼当成达到仁的必要条件。所以他看见季氏僭越了天子之礼而舞八佾于庭,谓之"不可忍"。管仲"有反坫",他评之为"不知礼"。他不肯去告朔之羊是"爱其礼"。要有一个安定和谐的社会秩序,各种地位和角色便都要有清楚的界定。所以他强烈地要求恢复"君臣、父子"之礼。从这里出发,孔子作了许多思考和从事,这便呈现了他整个思想的主题——伦范思想。

　　孔子处在这么一个时代里,而以天纵之人自命来肩负力挽狂澜的责任。但自知这危机的造成"非一朝一夕之故,其所由来渐矣"。如今要改造这个社会,提出他的理想社会的蓝图,而需要以一套哲学为其基础。依胡适之见,孔子的哲学是《易》。而整部《易经》的主要观念有三项:

　　一、万物的变动不穷,都是由简易的变作繁颐的。

　　二、人类社会的种种器物制度礼俗,都有一套极简易的原起,这个原起便是"象"。人类的文明史,只是这些"法象"实现为制度文物的历史。

　　三、这种种"意象"变动作用时,有种种凶吉悔咎的趋向都可以有辞表示出来,使人动作皆有仪法标准,使人明知利害而不敢为非。①

---

　　①　胡适:《中国古代哲学史》,第86页。

　　由这种哲学,孔子言"象生而后有物",并以为一切的道德、礼俗,都是由"象"衍生出来的。社会秩序之所以大乱,乃是远离了象之故。要恢复其秩序,便要向"象"——物的原模——接近。什么是社会秩序的"象"呢?他很自然地想到周礼。由此,孔子在许多事务思考的态度上是参考古代的。虽然他有时也有些新的见解,但也得要"述而不作""托古改制"一番。因而这项复古和保守的基本态度,一直影响到后世儒者的人格上。

　　说到儒学的传递情形,从孔子以降到孟荀之间,儒家并未有大思想家的出现,而对当时的百家诸子却有相当大的冲击。荀子的学生韩非,他却能吸收儒家的思想而成为法家的集大成者,并成为中国古代非常杰出的思想家之一。古代儒家告终以后,从汉代开始儒家被独奉为一尊,而渐因教条化而僵硬。一直到宋代,才有一阵子新儒家出现的场面。这些已非本文的范围。从孔子到韩非,这 200 多年间出现的儒家据载有八派之多,其对孔子的学说各有偏重,而其中有许多已不可考。胡适曾作一表如下①:

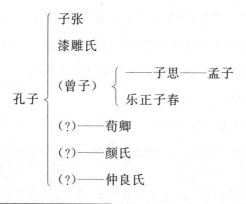

　　①　胡适:《中国古代哲学史》,第 120 页。

以先秦孔门的主要著作来分，我们可以作一表如下：

《论语》——《孝经》《大学》《中庸》$\left\{\begin{array}{l}《孟子》\\《荀子》\end{array}\right.$

其中《孝经》《大学》《中庸》三书出现时间次序和其作者都不太清楚，而本文是根据这个表来作取材和讨论的。

二、人性的争论

孔子对人性有其基本的看法，但未言及善恶的问题。他认为"性相近也，习相远也"，而人性的善恶要靠以后的习来决定的。"习"是一种社会化（socialization）的过程，社会化的结果可以使人为善。并且对于一项善的价值仅是知道是不够的，还要进一步内化（internalized）而成为我们的超自我（super-ego），这个程序他称之为"知之者，不如好之者；好之者，不如乐之者"。而社会化的项目就是礼乐。

孔门弟子作《中庸》尚未言及性之善恶，但已有性善的倾向。《中庸》把性看成"天命"，但其天命并非自然之天。故曰："天命之谓性，率性之谓道，修道之谓教。""诚者，天之道也。诚之者，人之道也。"由此而将诚看成了人性的一部分，并把诚意当成修身的起始。率诚"性"以行道，这已有孟子"求其放心而已"的端倪。

孟子是主张性善之说的，他说："乃若其情，则可以为善矣。乃所谓善也。……恻隐之心，人皆有之。羞恶之心，人皆有之。恭敬之心，人皆有之。是非之心，人皆有之。……仁义礼智非由外铄我也，我固有之也。"

　　由此我们可以看出,《中庸》以诚为性的本体,而孟子更进一步确定诚为善,而举出性善之说。[1] 并且他以赤子入井而观者有恻隐之心,来证明善之四端是先验的(prior)存在于人性中的。孟子之意乃是:人若无善之端,善是不能存有的。因此,他推断善端乃在人性之中。他又推广而言:"人皆有不忍人之心;先王有不忍人之心,斯有不忍人之政。"由性善的观念衍生,他得到了仁政必然成立的形上学的根据。并且由性善的假定,衍生出他尊重人民的思想,而有"民为贵,社稷次之,君为轻"的说法。

　　荀子对人性的说法恰巧与孟子相反。《性恶》篇上说:"人之性恶,其善者伪也。""性"与"伪"的意义,照荀子本人的解释是:"不可学、不可事而在人者,谓之性。可学而能、可事而成之在人者谓之伪。"他言性恶的根据是:"顺人之性,顺人之情,必出于争夺,合于犯分乱理,而归于暴。是故必有师法之化,礼义之道,然后出于辞让,合于文理,而归于治。用此观之,然则人性之恶明矣。其善者伪也。"

　　荀子主性恶并非言人不可以为善,而是说善是由学习和抑制私欲而来的。故荀子重礼,并且认为礼的内化可以使人"不反其始"。这一点与孔子的"乐之者"而后"七十而不逾矩"有相似的地方。并且荀子言,只有人才有为善之才具。

　　孟、荀二家虽倡言性之善恶,并对于善恶起源均专用心思考,然对人性的考察也仅持一面。性善说言人之为恶是因善端之未能扩充,我们把"善""恶"二变数对调一下,不正是荀子所称的,人之

————————

[1]　蔡元培:《中国伦理学史》,第 20 页。

为善乃是人之恶性被抑制之故吗？孟子言"若夫不为善，非才之罪也"，这岂不蕴含了人本来有为善之才的意思吗？"才"经过礼的教化而能为善，这与荀子的说法又何其近也。所以孟、荀二家在说辞上虽各执一词，但其理论和假设均未能完善。如果依生物演化论与现代心理学的观点来看性之善恶，我们会知道：反社会（恶）的冲动是起于人类动物的遗传性，而社会（善）的冲动是社会有机体趋向一致的特有人性。[①] 以孟、荀二人言，实均欲去除人反社会的冲动，而发扬有社会冲动的特有人性。之所以有性善、性恶之争，实乃软心肠（tender mind）和硬心肠（tough mind）的气质之别。[②] 基于对人性善恶不同的假定上，孟、荀二人对伦范思想有不同的特色。

三、礼的意义及功能

孔子崇周礼，但除偶尔提及外，并未对周礼有特别的陈述和解释。并且多注重在陈述礼的功能，而未言及礼的起源问题。《论语》中言及礼之处可举几则：

> 恭而无礼，则劳。慎而无礼，则葸。勇而无礼，则乱。直而无礼，则绞。（《泰伯》）
> 克己复礼为仁。一日克己复礼，天下归仁焉。（《颜渊》）
> 天下有道，则礼乐征伐自天子出。天下无道，则礼乐征伐

---

① Joseph Needham, *Science and Civilization in China*, Vol. II : *History of Scientific Thought*, 1956, p. 19.

② 冯友兰：《中国哲学史》，第 352 页。

自诸侯出。(《季氏》)

　　礼与其奢也,宁俭。丧与其易也,宁戚。(《八佾》)

　　礼之用,和为贵,先王之道,斯为美。(《学而》)

　　由此我们可以推断孔子心目中的礼,至少有四重意义:(1)礼乃是当时封建的典章文物和社会制度。(2)礼乃是为人的社会技术(social skill)。[①] (3)由于他不忍去告朔之羊,而言爱其礼来看,礼又是祭祀时的仪式。(4)礼乃是"礼俗社会"[②]或通体社会(Gemeinsclaft)维系有机凝集(organic solidarity)的规范(norm)。

　　在礼俗社会里,人与人之间的互动关系,孔子着重非形式结构的(informal structure)。所以孔子在言及礼的时候,着重在行礼的精神,而非礼的形式和排场,否则礼的意义便失去了。他说:"人而不仁如礼何?""宁俭""宁戚"的意义也都在这里。

　　子夏问曰:"巧笑倩兮,美目盼兮,素以为绚兮何谓也?"子曰:"绘事后素。"曰:"礼后乎?"子曰:"起予者商也,始可与言《诗》已矣。"(《论语·八佾》)

　　君子义以为质,礼以行之,孙以出之,信以成之。(《论语·卫灵公》)

　　由这二段话我们可以看出:人必有真意方可行礼,就如美女有

---

① 费孝通:《乡土重建》,第 10 页。作者以为"洒扫应对乃是社会技术"。
② 费孝通:《乡土中国》,第 5 页。作者认为中国的农村,用中国话来讲是"礼俗社会",并且这个"礼俗社会"在往"法理社会"的形态转变。

"巧笑"，有"美目"才能打扮得漂亮。君子的"巧笑""美目"就是义，这样子才能"礼以行之"，否则礼只是一具空躯壳而已！

礼还可以应用到政治结构中。在君臣的关系上来讲，君使臣以礼，臣侍君以忠。以统治者与被统治者的关系来言，"上好礼，则民莫敢不敬。上好义，则民莫敢不服。上好信，则民莫敢不用情"。并且言："君子之德风，小人之德草，草上之风必偃。"①（狭义的）礼、义、信都是维持（广义的）礼的德目。这个意义的礼再讲得具体一点，就是维持一定关系的律法。当道德意义的礼不足以禁暴的时候，我们在礼上加诸强制的力量，这便成了法。

孔子以后，《中庸》有性善的倾向而特意着重诚。诚乃是"天之道"，天自然是合礼的，人能诚，礼庶几矣。其行为的范围仍是"君臣也，父子也，夫妇也，昆弟也，朋友之交也"。孔门弟子尤其强调"父子也"这层关系，因此而有《孝经》的成功。

孟子较着重礼的相对性。他说："君之视臣如草芥，则臣视君如寇仇。"孟子主性善，所以他提倡养性，以自律的工夫来培养仁义之心，以仁义之心来行礼。并且提倡教化之功，有了教化才可以"皆所以明人伦也。人伦明于上，小民视于下"。除此之外，他颇重养民，认为人民若衣食不足而能言礼者少，能丰衣足食则礼行起来便容易。故在《孟子》一书中，言农事养民之处非常多。由这点来视孟子，不能不说他比孔子要更进一步了。

从孔子到荀子，封建制度的崩溃愈烈，而有专制的雏形，在荀子对礼的思考中，他已透露了这个消息。从孔子的"礼"变成韩非

---

①　萧公权:《中国政治思想史》上册，第62页。

的"法",荀子——韩非的老师——正是这一个转变的中间人。荀子论礼的起源:

> 礼者起于何也?曰:人生而有欲,欲而不得,则不能无求。求而无度量分界,则不能不争。争则乱,乱则穷。先王恶其乱也,故制礼义以分之,以养人之欲,给人之求,使欲不必穷乎物,物不必屈于欲。两者相持而长,是礼之所起也。(《荀子·礼论》)

这是何等透彻的说法!礼乃是为了维系社会秩序的不乱,要社会秩序不乱,则要"制礼义以分之",使人各有其所扮演的角色,而不可超出范围。从有欲而到争,从争而到乱,这里面是含有性恶的预设。

"人之性恶,其善者伪也。"为了要使人为善,荀子不能不重"伪"(人为者),而礼乃为人所制作为善者。所以荀子重礼而欲人为善,我们若说孟子性善的伦理说是重动机,则荀子的伦理说当为效果说。荀子论礼要人节欲,但非绝欲,所以他说:"欲不必穷乎物,物不必屈于欲。"为什么要重礼,荀子说得很清楚:

> 凡用血气志意知虑,由礼则治通,不由礼则悖乱。食饮衣服居处动静,由礼则知节,不由礼则触陷生疾。容貌态度趋行,由礼则雅,不由礼则夷固僻违,庸众而野。故人无礼则不生,事无礼则不成,国无礼则不宁。(《荀子·修身》)
>
> 故人生不能无群,群而无分则争,争则乱,乱则离,离则弱,弱则不能胜物。故宫室不可得而居。不可少顷无礼义之

谓也。(《荀子·王制》)

　　孔子要维持社会的道德秩序(moral order)故重礼,但礼会行不通的,并且也"不足以禁暴"。这是孔子道不行而要乘桴浮于海的原因。而荀子为了要国宁,为了不乱、不弱、不争,他提出了他的主张,他说,"故明君临之以埶,道之以道,申之以命,章之以论,禁之以刑。故民之化道也如神"。天下之所以乱,乃是圣人没了,"君子无埶以临之,无刑以禁之"。这种"申之以命""禁之以刑"的"礼"不正是法吗? 所以到了他的学生韩非、李斯之辈,就不再打礼的招牌,而老老实实地鼓吹他们的"法"治。

　　对于非礼之人及事务既需"申之以命""禁之以刑",而谁又是这"执礼"的人呢? 荀子不得不把这个权力交给了君王。乃是因为"无君以制臣,无上以制下。天下害生纵欲,欲恶同,物欲多而物寡,寡则必争矣"。所以在这种情形之下,"人道莫不有辨,辨莫大于分,分莫大于礼,礼莫大于圣王"。这也就是说,辨由分而来,分由礼而来,礼是由圣王而来的,由此礼义当是由先王所制定的。为了确定君尊的地位,他说:"儒家法先王,隆礼义,谨乎臣子而致贵其上者也。"(《荀子·儒效》)"君者国之隆也,父者家之隆也,隆一而治,二而乱。"(《荀子·致士》)为了强制礼的实行,荀子不得不赋予国君以绝对"执礼"的权力了。

　　荀子论礼的最后目的是在于养民,即其所言的"所用以礼,裕民以致",他认为裕民之政策在于使物质无限的增加,但欲不可无限地放纵而需要节制。此乃是当时的技术不发达,而处在"匮乏经济"(economy of scarcity)的情形之下,所以要控制自己的欲望来应付有限的资源。① 但富国之道,不在于减低欲望,而在于提高供给。到了韩非便干脆言由于需供的不足而产生礼的不能行,所以说:"人民众而货财寡,事力劳而供养薄,故民争,虽倍赏累罚而不免于乱。"(《韩非子·五蠹》)所以荀子以为圣人制礼,乃是物以给欲。但欲望是生产之动力,虽节之以礼,但要适可而止,否则生产之动力消失,社会愈陷入穷困,礼更难行也。②

从孔子到荀子对礼的思想发展中,我们可以看出孔子的礼是为了道德秩序而设的;而荀子的礼已迹近为技术秩序(technique order)而设的;但在西方文化尚未进入的中国传统社会里,因科学和技术的不发达,人口的流动频率一直没有太大的变化,城市化的趋向也不见太激烈。一般的人民是紧贴着土地而生活的,落叶归根是中国人生活的基本信念之一。"天理、人情、国法"是中国人行为的规准。我们不能说中国人没有法的观念,但要在"天理、人情"穷尽的时候,他们才会考虑到国法。其实源于"天理、人情"的法,也就是"自然法"。故"必也,使无讼乎"是儒家政治的理念之一。

四、伦范的德目

儒家思想是想要落实到实践的工夫上的,所以就不能不提出一些实践的德目和他们认为维持其理想社会的行为标准。其中有《左传》所列示的六顺:君义、臣行、父慈、子孝、兄爱、弟敬。有《礼

---

① 费孝通:《乡土重建》,第11页。
② 萧公权:《中国政治思想史》上册,第100页。

运》所提出的十义:父慈、子孝、兄良、弟娣、夫义、妇听、长惠、幼顺、君仁、臣忠。孟子也有五伦之说:父子有亲、君臣有义、夫妇有别、长幼有序、朋友有信。《大学》上也说:"为人君止于仁,为人臣止于敬,为人子止于孝,为人父止于慈,与国人交止于信。"

仁:《论语》中言仁之处甚多,依冯友兰之说:"仁者,即人之性情之真的及合礼的流露,而即本同情心以推己及人者也。"[1]仁是儒家认为一个善人的基本条件,所以言"人而不仁如礼何,人而不仁如乐何"。不仁的人是根本不能和他谈礼的! 也不能使他接受乐的陶冶。

《论语》中论仁之处有:

　　苟志于仁,无恶矣。

　　刚毅木讷近仁。

　　樊迟问仁,子曰:"爱人。"

　　克己复礼为仁。一日克己复礼,天下归仁焉。

　　樊迟问仁,子曰:"居处恭,执事敬,与人忠。"

　　子贡曰:"如有博施于民而能济众,何如? 可谓仁乎?"子曰:"何事于仁,必也圣乎。"

　　仲弓问仁,子曰:"出门如见大宾,使民如承大祭。己所不欲,勿施于人。在邦无怨,在家无怨。"

---

① 　冯友兰:《中国哲学史》,第 97 页。

　　蔡元培谓儒家之仁为得礼,他说:"孔子理想中之完人,谓之圣人,圣人之道德,自其德之方面言之曰仁,自其行之方面言之曰孝,自其方法之方面言之曰忠恕。"[1]如此,我们便可了解"与人忠"为仁,孟子的"未有仁者而遗其亲",博施于民不但为仁,且必也圣乎。由以上来看,孔子论仁要先修养合乎礼的仁心,而后有仁行。也就是说,仁而能内化成一个强度极大的超自我。这样,行为便能"不逾矩"。到了孟、荀,便多把仁应用到政治的实施上,王霸之别,便是他们以仁作标准去作当时的政治评断。

　　忠恕:从荀子以后,儒家已有君权绝对的理论。而孔子之道又是以忠恕一以贯之的,所以中国历来忠的价值是和孝一样的被强调,但在《论语》中我们并找不到忠的确切意义。《论语》中又是如此地提到忠:"为人谋而不忠乎?"(《学而》)"与人忠"(《子路》),"臣事君以忠"(《八佾》),"孝慈,则忠"(《为政》),"忠焉,能勿诲乎?"(《宪问》)。从这些语辞里,我们只能判断忠是朋友、君臣、父子之间的行为德行。后人把孔子的忠解说为"尽己之心",这恐怕只是孔子的一面。

　　恕的意义,孔子说过:"其恕乎!己所不欲,勿施于人。"《中庸》有言:"忠恕违道不远。施诸己而不愿,亦勿施诸人。"虽言忠恕,实则仅言恕而已。胡适把恕解说成"推",并把忠推广而有名学的意义。[2] 孔子的真义如何,现在已不得而知,但自孔子以后的儒家,却把忠恕只当成人生哲学的意义倒是真的。

---

① 　蔡元培:《中国伦理学史》,第 14 页。
② 　胡适:《中国古代哲学史》,第 105 页。

诚：孔子认为行礼、为仁必须基于直，言"人之生也直"，并耻"巧言令色足恭"之徒，乡愿更是"德之贼也"。

《大学》尤重正心诚意的自我修养的工夫，"所谓诚其意者，毋自欺也"。又言："心诚求之，虽不中，亦不远矣。"但是"心不在焉，视而不见，听而不闻，食而不知其味"。《大学》把诚当作为仁行善的动力（dynamic），故言："诚于中，形于外。"

《中庸》更有把诚当成事物本质一元论的倾向，把"诚者"当成天道，把"诚之者"当成人之道。并且言诚者乃"物之终始，不诚无物""所以成物"。以个人的修养而言，《中庸》以为至诚之人才可以尽其人之性，因而也能尽物之性，故"可赞天地之化育""与天地参矣"。

荀子论诚谓："善之为道者，不诚则不独，不独则不形，不形则虽作于心，见于色，出于言，民犹若未从也。"即是说，善若无诚则善不能成立，虽然作出一些样子来，但人民是不会心悦诚服的。

孝：在"百善孝为先"的中国文化里，只有在"忠孝难两全"的时候，孝才能勉强地放弃。而且还是因为"战陈无勇非孝也"，所谓"移孝作忠"。以致中国历来还有少数的豪杰之士进而"大义灭亲"。

孔子言孝，是着重在精神而非能养。他说：

今之孝者，是谓能养，至于犬马，皆能有养。不敬何以别乎？

事父母几谏，见志不从，又敬不违，劳而不怨。

到了《孝经》，它对中国文化唯一的贡献就是使孝的价值特别增强,把子女在家庭中的个性,因孝而抹煞得干干净净,到了二十四孝的出现,孝更成了不合理的宗教。儒家的孝道,曾子说得最为透彻。

"孝有三,大者尊亲,其次弗辱,其次能养。"孝的行为要"立身行道,扬名于后世,以显父母",还要"先意承志,谕父母之道"。如何要人行孝呢?《孝经》说:"人之行莫大于孝,孝莫大于严父,严父莫大于配天。"为了要使父母"弗辱",为人子的便要"身体发肤,受之父母,不敢毁伤"。"父母全而生之,子全而归之。"曾子说:"身也者,父母之遗体也,行父母之遗体,敢不敬乎? 居处不庄,非孝也,事君不忠,非孝也,莅官不敬,非孝也,朋友不信,非孝也,战陈无勇,非孝也。五者不遂,灾及其亲。敢不孝乎?"曾子本人到死的时候,还要叫子弟"启予足"验明正身一番,以证明不敢毁伤父母之遗体。

到了后人,只抓到曾子最次的能养之孝,而生出许多的繁文缛节来和许多对为人子的不合理的要求。

孔子所言的伦范,包括君臣、父子、夫妇、朋友,而孔门子弟短见得只能看到最近最亲的父子这一层关系上,而在这上面大做文章。《孝经》上说:"父子之道,天性也。"而要把人局限在这最原始的天性上,故言:"不爱其亲,而爱他人者,谓之悖德,不敬其亲,而敬他人者,谓之悖礼。"又把"忠""信""勇"诸德全归到孝的项目下,这是一个很值得重视的观念转变。由于极度强调孝的价值,《孝经》不得不把为人子的价值完全抹煞,为人子者唯一的价值是因"父母的儿子"而存在的,这种泛孝的伦理观念,在以后的中国社会发生了很大的影响,也产生了很大的流弊。

　　义:从孔子开始,儒家便罕言"利",孟子虽重义轻利,但对义利之辨并不详细,在《梁惠王》篇里,孟子以义驳梁惠王重利之言,谓"王好利,而上下交征利",以致国乱而天下不宁。儒家的反功利并非不重功利,而是反私功私利,而欲求更大更广之功利。所以"博施于民而能济众"谓之圣。并且孟子驳梁惠王之言利,也是想以另一较高层次的功利来说服他。孟子主性善,重动机,故而虽为有义能引更大更深远的功利之意,但不愿言明,而认为这是以善动机行为的副产品而已。

五、名分界定

儒家的兴起,是为了力挽"君不君,臣不臣,父不父,子不子"的时代危机。其正名主义,更是要恢复原有的名分。于是儒家界定了一些角色的内容,更要处在各种地位的人,严格地谨守其扮演的角色。据孔子所言,正名的原因是"名不正,则言不顺;言不顺,则事不成;事不成,则礼乐不兴;礼乐不兴,则刑罚不中;刑罚不中,则民无所措手足"。并且言"不在其位,不谋其政"。这也就是说,不是居于那种政治地位的人,不必去参与,因为那不是其所扮演的角色。到了荀子言正名,已重名学的意义,而少伦理的意义,并且儒家对社会结构的观点是主张阶级和分工的,如言有治人与治于人的阶级,又言:"有大人之事,有小人之事。"在这么一个社会观里,他们对各种地位的人有各种不同的角色认同。

君子:在《论语》中,或称君子,或士,可以说是一般品格高尚之人。其所论之处有:"君子疾没世而名不称焉""君子固穷""士任重而道远""文质彬彬然后君子"。在孔子的思想中,君子是当时社会中的精干分子,也是复礼的基本人才。所以孔子论君子之处甚多,孔子对他们的期望也甚多。

君子有三道:仁者不忧,知者不惑,勇者不惧。

君子有三畏:畏天命,畏大人,畏圣人之言。

君子有三戒:少之时,戒之在色;壮之时,戒之在斗;老之时,戒之在得。

君子有九思:视思明,听思聪,色思温,貌思恭,言思忠,事思敬,疑思问,忿思难,见得思义。

君子要"讷于言而敏于行"。

子路问君子的时候,孔子说"修己以敬",然后"修己以安人",最高的境界乃是"修己以安百姓"。这些君子实为孔子所寄望的政治人才,他们也确实在往后的中国官僚制度(Bureaucracy)扮演了很重要的角色。

孟子以大丈夫代孔子所采之君子。他论大丈夫需以浩然之气为本,严格地遵守取与出处之礼。得志则泽加于民,不得志则独行其道。大丈夫得在任何艰难困苦之境而不能移其志,故得"富贵不能淫,贫贱不能移,威武不能屈"。

君臣:孔子言"君君、臣臣"只是说君有君的职分,臣有臣的职分而已。《大学》言君臣是"为人君止于仁,为人臣止于敬",《左传》言"君义臣行",《礼运》言"君仁、臣忠"。

孟子论君臣的关系甚为详细,并且是采相对的说法,他说:"君之视臣如手足,则臣视君如腹心。君之视臣如犬马,则臣视君如国人。君之视臣如草芥,则臣视君如寇仇。"并且,为君的人必须要"谏行言听,膏泽下于民"。其臣子有故而去,当君的应当"使人导之出疆，又先其所往"。孟子并不主张君王的地位是绝对的，而是只承认能完满其君王角色的君主，所以他言"望之不似人君"，并且在《梁惠王》篇中，暗示齐宣王，搞得"四境之内不治"的国君，是应该去职的。对于那些暴虐的君王，他是主张推翻的，他说："闻诛一夫纣矣，未闻弒君也。"说得实际一点，孟子所谓真正的君王，乃是要"能养人"。

荀子论君王之道甚详，他认为君王应当"取人之道，参之以礼，用人之道，禁之以等"。为人主者得要"以良人为能""论德使人而良施之"，使得"七大夫分职而听，建国诸侯之君，分土而守"。然后"天子共己而已"。这已经有了道家无为而治的君主论的色彩。荀子虽言尊君，甚至赋予国君压制言论的权力，但他又说："天之生民，非为君也。天之立君，以为民也。"由贵民之义而尊君，荀子之君实一握有绝对权力的智者德君而为人民制礼乐、定名分的人。

父子：儒家言孝，一般而言是父慈子孝，孟子言"父子有亲"，整部《孝经》也只言为子之方，而未提为父之道。儒家对父亲的要求为"慈"和"亲"大概不会错。为人子的要能孝行，孝的内容已如前述。在日常生活方面："子事父母，鸡初鸣，咸盥、漱栉、縰、笄、总，拂髦、冠、緌、缨、端、韠、绅，搢笏。"做完了这许多噜苏事之后，还要"以适父母舅姑之所。及所，下气怡声，问衣燠寒，疾痛苛痒，而敬抑搔之"。

六、影响

中国传统的社会行父权主义（patermalism），而儒家的基本态度又是尊古。因此，在儒家礼教可陶冶出来的儒者，据赖德所作的儒者人格的分析有 13 项①：

　　①服从权威——父母或长上；

　　②服从礼法；

　　③尊敬过去和历史；

　　④好学，尤其好学正统的经典；

　　⑤循例重俗；

　　⑥君子不器；

　　⑦主张逐渐地改革；

　　⑧中庸之道；

　　⑨君子不争；

　　⑩任重以致远；

　　⑪自重与自尊；

　　⑫当仁不让，不妄自菲薄；

　　⑬待人接物，中规中矩。

　　在这 13 项人格分析里，我们可以看出中国人所受儒家伦范思想之深之巨。这 13 项的人格分析，"君子不争"可能有道家的成分外，其他的几乎是直接受先秦儒家的提倡而来的。还有在其他的思想观念方面，儒家也几乎具有同样的影响力。其影响之所以这

---

① Arthur F. Wright, *Confucian Personalities*, p. 8. 此处中译是采许倬云之译，他把第六项和第九项合为一项而译成"君子不争"，见《思与言》第 2 卷第 5 期，第 21 页。

么大,除了社会、政治的因素之外,"五四"时代的反儒诸先锋所谓的"礼教"和李约瑟所称"孔子主义似一宗教"(Confucianism as a "religion")也是一颇令人重视的说法。李约瑟在叙述儒家思想完了之后说,儒家思想对科学的发展并无贡献,而形成了这么一个没有神学家的"宗教"。① 在儒家泛伦理主义所笼罩下的中国文化,一直导不出科学来,这也当是受儒家思想甚巨的一项影响。

荀子的君权绝对之说,为后世的专制皇帝所充分利用,而略去了其"立君以为民"的本义。"民为贵"之说,也只剩下国君安民以巩固其政权的手段而已。本来儒家所言之忠是一项相对的道德,但因为孝的极度强调,而把"父子,天性也"的意象套到君臣的关系上,因而在秦汉以后的专制时代致使忠孝都变成了"君要臣死,臣不得不死;父要子亡,子不得不亡"的绝对道德(absolute morality)。因此中国以后虽有"民本"的思想,但一直未能出现"民权"的思想。之所以如此,实乃因文化社会之结构不同于近世之欧洲之故。

七、结语

儒家的伦范思想只是儒家社会思想的主要部分,由于儒家对人事和伦理方面的强调,导致以后中国的知识分子在这方面下了许多思考的工夫,并且也几乎专在这方面下工夫。甚至因而丧失了中国文化对科学与技术发展的兴趣。我们没有理由来骄傲这项

---

① Joseph Needham, *Science and Civilization in China*, Vol. II: *History of Scientific Thought*, p. 32.

突出的文化元素而忘了我们其他方面的简陋和不发达。但如果中国历来知识分子的心血不是白费的话,我们得想法发掘这些"文化遗产"里的现代的意义。这一项工作便要靠具有现代知识——尤其是社会科学家——的现代知识分子重新去发掘和估价。并且这项工作由我们中国人做也许比较方便,由此,我们可能找到中国文化今后发展的道路和设计一个新的中国文化的灵感。这些话并不意味着复古,因为任何一个理性的知识分子均能了解到一个古文化的复现是不可能的。最后,我想到一段中国人类学家费孝通在英国经济学院的演讲词来结束本文,他说:

　　在欧洲曾有过一次文艺复兴,为这现代文化开了一扇大门,我不敢否认世界文化史中可能再有一次文艺复兴。这一次文艺复兴也许将以人事科学为主题,中国和其他东方国家传统可能成为复兴的底子。我不必在这方面多作猜测,在我们中国立场上讲,我们只有承认现在有的弱点,积极地接受西洋文化的成就,但我们也应当明了怎样去利用现代技术和怎样同时建立一个和现代技术相配的社会结构是两个不能分的问题。若是我们还想骄傲自己历史地位,只有在这当前人类共同的课题上表现出我们的贡献来。

(原载《出版月刊》,1967 年 6 月 1 日)

先秦儒家社会哲学之研究

前　言

近代西方学者往往认为中国传统没有产生哲学,这种错觉乃是因为对中国哲学所表现的方式没有认识之故。东西哲学家其所思考的对象及所表现的方式有所不同,若硬要以西方哲学所表达之方式为标准才能称为"哲学",此虽摒弃中国哲学于西方所谓的"哲学"之外,但却无损于中国哲学之存在价值。

尤其儒家的社会哲学,在西方感性文化(sensate culture)遭遇危机的今日,其价值的彰显正有待我们去发掘和研究,或可提供现代人类一个新的思想境界与价值观点。

值现代社会哲学和社会科学哲学正在从事敲开人类对其社会了解的大门之际,以人事为主的东方儒家的哲学当可贡献其哲学的智慧于全人类。

自曼汗(Karl Mannheim)开拓知识社会学的领域后,我们更能将以往哲学家的思想落实在其历史社会的状况(historical-social situation)中做研究。这知识社会学的方法,无疑地要比对以往哲学家作一种揣测性的研究更有其经验和事实的根据。然而知识社会学的方法并不能绝对肯定哲学家的思想完全受其"历史社会的境遇"所决定。聂哥（Ernest Nagel）就不同意知识社会学家一些过分强调的观点，而要将"不论在任何环境中，一命题之发生与其真假完全无关"之说否定。本文所采之立场乃是哲学家之思想与"历史社会状况"为相互影响之观点。

另外，为求将儒家社会哲学作一科学和哲学的了解，本文采取了若干现代社会科学的观念和方法。这种研究的方法是一种尝试，希冀能将儒家社会哲学纳入现代社会科学和社会科学哲学的系统中而能求所理解。

本文的中心论旨是在阐发儒家哲学中的"人文主义""民本思想""社会秩序"，并且认为儒家哲学思想是一种危机时代的社会哲学。危机时代乃是意指着，人们对其所处时代之社会文化之环境发生了实际上和意识上不能适应（adaptation）的情形。儒家所追求之物质生活和精神生活的平衡，以及人与人之间的和谐，这些智慧正是我们这时代所迫切需要的。

最后有一点要交代的是，在翻阅儒家的典籍时，发现很难能把各家的言论予以区别，甚至有可能的改窜和伪作在内。但我们不能因无法分辨其改窜和伪作而将其价值一笔勾销。故在写作的秩序安排上是以书为主的，而不是以人为主的。在论述的次序上是孔子、孟子、荀子、《大学》、《中庸》和《礼记》其他诸篇的安排。之所以如此安排乃是因为孔子、孟子、荀子是比较明显而重要的哲学家。

一、导论

当我们仔细检视人类文化中的思想时,依其所思考的对象来看,大致可以分成三类,即人与自然的关系,人与超自然的关系及人与人的关系的思考。在各种文化中,每一个时期这三类关系的思考经常是并行的,但是在某些文化或某些时期却只有某一种或两种关系比较受重视,在思想上占着特殊重要的地位。其思想的深度和智慧也要比对其他种关系的思考来得周密和成熟。

近代有些西方人认为传统中国没有哲学的发生,这实为不了解中国哲学之论。早在《论语》中,中国哲学家孔子就说过"吾道一以贯之"(《论语·里仁》),这正是一个哲学家对于普遍有效之知识追求的自觉。虽然中国哲学之方向,表达之方式与西方哲学有异,①不过又有何人可以西方哲学之形式与方向作为世界哲学之标准?

以中国文化而论,虽然在 16 世纪以前,我们的技术可能超乎西方文化之上,但在以儒家思想占优势的中国文化里,最具深度思考的却是人与人的关系,而非人与自然的关系。在被视为中国文化典范的《论语》一书中,共有 492 节,12700 字,所有关于自然现象的言论都是用来支持其对人事、社会或政治问题的论证,而没有任何一种自然现象被用来作为研究对象的。《论语》中言"学","学"共有六种对象,如"学文""学干禄""学《易》""学《诗》""学礼""学道",而"文"

---

① 成中英先生认为西方学者误解中国传统没有哲学,乃是因为"对中国传统哲学及其表现方式没有正确的认识"。请参见氏著:《当代中国哲学之发展及其对世界的意义》,《东方杂志》第 1 卷第 5 期(1967 年 11 月)。

"干禄""《易》""《诗》""礼""道"等,都是用来了解文化、政治、社会、历史和制度的学问。其言"知"也都限于"人事"的范围,《论语》中共有十八种"知",即"知人""人知""知十世""知百世""知禘之说""知礼""知乐""知父母之年""知所以裁之""知过""知生""知贤才""知德""知道之不行""知量""知命""知言""知天命"等。即使是"天命",亦是与人事息息相关之"天命",而非物理性质的"天命"。

相对于"自然知识"而言,我们可以接受"规范知识"这个概念。[①] 透过此一概念,我们可以了解中国文化里的圣人——孔子,他所传授的和所提倡的,正是这种"规范知识"。在《论语》中有这么一段记载:

> 樊迟请学稼。曰:"吾不如老农。"请学为圃。曰:"吾不如老圃。"樊迟出。子曰:"小人哉! 樊须也。上好礼,则民莫敢不敬。上好义,则民莫敢不服。上好信,则民莫敢不用情。夫如是,则四方之民,襁负其子而至矣。焉用稼。"(《论语·子路》)

"稼"与"圃"是牵涉到人与自然关系的事物,而"礼""义""信"却完全是人事与规范的事物。《中国科学技术史》的作者李约瑟(Joseph Needham)在该书第二册《科学思想史》中开头就说儒家"对科学的贡献几乎全部是否定的"[②],李约瑟举出了孔子"天"的观念,[③]

---

① 此处所言"自然知识"乃是对于自然事务之了解。"规范知识"乃是对人事规范(norm)的了解。

② Joseph Needham,*Science and Civilization in China*,Vol. Ⅱ:*History of Scientific Thought*,1956,p. 1.

③ 同上书,第12页。

但在孔子的哲学中，"天"是一个与人事相关的"天"，而非纯粹物理的"天"。同样的，他对超自然的事业也不予重视，因此我们可以在《论语》中找到"子不语怪、力、乱、神"，"敬鬼神而远之"。他之所以祭祀，乃是因为要维持传统的"礼"，而这个"礼"对他而言，显然是社会意义重于宗教意义的。

韦伯(Max Weber)曾经做过一个儒家与近代的新教的比较，从以下的对照表①中，可以看出儒家比近代的新教如何更不具有"神"的色彩。

	儒家	清教
一	信仰非个人的宇宙秩序，而容忍迷信。	信仰超现世的神，而拒绝迷信。
二	适应世界，去维持天地的和谐，有秩序的观念。	控制世界，不断地探求神以为的美德，有进步改变的观念。
三	为了尊荣和自我完美的警惕而自我控制。	为了控制人的邪恶和遵照神的意志而自我控制。
四	预言的缺乏传统与神圣性有关，人可以避免精神上的报复，并且行为正当是可以为善的。	预言传统和世界所表现的邪恶，人无法以其努力达到尽善之地。
五	家族的同情感即为治理人际关系的原则。	所有人际关系都次于对神的侍奉。
六	亲属关系是商业交易、自动组合以及法律和公共行政的基础。	理性的律则和相互同意是商业交易、自动组合以及法律与公共行政的基础。
七	不信任家族以外的所有人。	信任所有的"主内兄弟"。
八	财富是尊荣和自我完美的基础。	财富是有德者的诱惑和非分之物。

虽然韦伯对儒家的知识是有问题的，例如第七项就在儒家的

---

① Reihard Bendix and Max Weber, *An Intellectual Portrait*, 1962, pp. 140 – 141.

典籍里遍寻不获,但是由此一对照,我们很容易知道儒家着重在人事社会的关系,而清教还是偏向人与超自然或神的关系上。即使是孔子之后,正统的中国儒家从来没有神学的特殊著作出现过。故熊十力谓:"遂令人道天道融合为一。不可于人之外觅天也。"此乃"完全脱去宗教尽净"的哲学精神,实孔子对中国文化最大的贡献。[①]

孔子之所以对自然和超自然的事物忽视,并不能表示他对自然和超自然事物思考的无能,而是当时的"天下"发生了史所未有的政治、文化、社会的大危机——至少孔子的意识是如此。因此,他把终身的生命和全部的智慧投注在这个问题的思考上。他提出了中国哲学的问题——一个社会哲学的问题,因而儒家也成了社会哲学的源头活水。

思想的产生和发展,尤其是社会思想,与社会背景有密切的关系。因为思想主体的"人"就是活生生地存在于社会之中的。但是,我们也不以为社会及社会的变迁可以完全地决定思想。思想和社会的关系,至少可以分为三部分来讨论。一是社会影响了思想。如孔子主张士人干禄的观念,实乃因为当时的士人并非生产者,而社会上又养不起一批为学术而学术的人,故"学而优则仕"是士人一个合理的出路。二是社会与思想不甚相关。如一些形上学和数学的思想,其可以与以前的哲学家发生思想上的关系,但不一定与现实的社会发生关系。三是思想影响了社会。如儒家的社会哲学,对以后中国的社会形态有明显的影响。而与社会发生关系的思想,又有三种可能:一是对现有社会的认可;一是对现有社会

---

① 熊十力:《原儒》,第13页。

的反对;另外一种可以与现有社会不发生认可和反对关系的。这些社会与思想的关系可图示如下:

```
            ╱ 认可
社会──→思想 ─ 反对
            ╲ 中立
            ╱ 认可
社会……思想 ─ 反对
            ╲ 中立
            ╱ 认可
社会←──思想 ─ 反对
            ╲ 中立
```

本文的讨论乃是以社会与思想之关系,作一比较的研究。

二、知识社会学的讨论

从曼汗正式提出知识社会学(sociology of knowledge)之后,使我们憬悟到思想之发生与其所处之社会、历史、文化的背景是有种种之关联性。对哲学家思想之研究,也当可以由揣摸的领域而扩展到一个客观具体的境界。尤其是有关社会问题之哲学思考,其与社会、历史文化之关联性,更比其他之哲学思考为甚。一种经验基础之社会哲学的思考,与哲学家之经验观察息息相关。

曼汗认为知识社会学是知识之社会决定的纯经验层面之研究,"知识的社会决定"(the social determination of knowledge)用一较广泛的名词言即"知识的社会决定"(existential determination of knowledge)。以"理论因素"(theoretical factors)与"存在因素"(existential factors)对比而言,决定思想知识的乃是存在因素。真正决定思想知识的乃是我们的经验和观察,以及由此而延展为"主观的透视"(perspective of the subject)。① 社会过程是影响知识过程的,我们对许多思想和知识不能有正确的了解,乃是因为没有把社会对人类思想的牵连考虑进去。所以曼汗说:

> 当我们了解社会背景出现,而且体认其变成一种对知识是看不见的重要力量,我们就认为思想和观念,不是大天才孤立灵感思想的结果。甚至我们强调天才见识的完成,无疑的是个人集了整个历史经验之大成,但这要无条件地假设"群体心灵"(group mind)的存在。②

并且他认为除了现在的历史社会背景及思想观念对知识思想有重大的决定性影响外,还有一种称为时代精神(zeitgeist)的因素对知识思想有莫大的影响力。③ 这"时代精神"乃是同一时代许多人对现实时代所具有的一种透视的思想(perspective thought)。因此,我们可以检视同一时代的时代作品而有许多相同的想望,具有此一"时代精神"的哲学家有不同哲学发展的深度和内容。而这许多不同深度和内容的哲学作品,我们若作其概念的分析则往往

---

① Karl Mannheim, *Ideology and Utopia*, translated by L. Wirth and E. Shils, pp. 267-268.

② 同上书,第 269 页。

③ 同上书,第 274 页。

是具有同一"时代精神"意义的。因此,曼汗说出了"在一切的环境下,一个命题的创设与其真理无干"[①]。

　　曼汗过分强调"时代精神"对思想知识影响的绝对力量,而忽略了思想家可能的创造力和其对"时代精神"因反省而有的超越的能力。即使我们承认大天才的思想和观念是一集大成的结果。那么我们要问"集大成"是否也是一种创造性的过程? 如果答案是"是"的话,那么这种"集大成"显然是脱离了其"时代精神"的绝对影响之范围。即使"一个命题的创设与其真理无干",但也非为其"时代精神"和"群体心灵"所绝对决定。如果其答案是"否"的话,那么我们要问,在这现有的"时代精神"和"群体心灵"中所无的"集大成"又是如何产生的? 如果说这"集大成"只是"时代精神"和"群体心灵"进一步的拓展,那么我们至少得承认社会观的改变和修正是可能包括在这进一步的拓展之内的。即使我们承认在下文中聂哥所驳斥的"社会观必然关乎人类行为之认定的内容与正当说",但因社会观的改变或修正又是可能的,那么我们至少得承认改变或修正后的社会观有"客观有效"之可能。准此,"在一切环境下,一个命题的创设与真理无干"之命题,便丧失了其以社会观来限制思想家和研究者追求"客观有效"之意义。

　　因此,我们虽然同意曼汗知识社会学的基本观念,即承认其思想知识与社会文化历史之相关性,但却不能苟同其"在任何环境下,一命题的创设与真理无干"的过激之论。聂哥也认为这一观点

---

① Karl Mannheim, *Ideology and Utopia*, p. 292.

是有问题的。他说:"知识社会学者有时还辩称,人类行为研究者的社会观不只对致知有因果影响,而且逻辑地影响到有效标准和陈述意义。因此'在一切环境下,一个命题的创设与其真理无干'之说,必须予以否定。"①

"社会观必然影响关乎人类行为之认定的内容与正当说,在逻辑上的地位也是有问题的。这是不是说,此说只对于那些属于某一社会地位的人有效、有意义?果尔其有效性便作了狭隘的自我限制。社会观不同的人就不能对其有得当的了解,做得当的评价,因而它必然被绝大多数社会问题研究者当作不相干的意见而置之不顾。或者此一主张实独立于上述认定之外,以致其意义与真假在逻辑上并不取决于作认定人之社会身份?如果这样,那么我们至少有一个关乎人类行为的论断是'客观有效'的;既有了一个'客观有效'的论断,显然就没有理由说,再不可能有第二个'客观有效'的论断。"②

曼汗的知识社会学乃是要建立一个对知识思想研究之经验科学的方法。曼汗肯定了对知识思想的社会科学研究方法,何况对历史、社会行为之研究。虽然聂哥不承认"社会观必然影响关乎人类行为之认定的内容与正当说",但我们却无法否定一社会观对社会研究者或考察者可能的影响。甚且现存的社会文化及思想观念对一思想家或研究者都具有其相关的层面。

据索罗金(P. A. Sorokin)教授的研究,文化类型与思想方式

---

①　Patrick Gardiner(ed.), *Theories of History*, 1959, p. 380.

②　同上书,第 381 页。

有密切之关系。素氏把文化类型分成三种"上层体系"(super sys-tem),即观念文化(ideational culture)、理想文化(idealistic cul-ture)和感性文化(sensate culture)。各种文化类型对其最高真理的信仰也不同。

(1)观念文化的信仰的真理:真理是超感觉的、超理性的,感觉的和经验的现象仅为不可见的实体之可见的标帜而已。神学为最高的研究。纯粹逻辑的推理及感官证据,只有在与神示不相违背时才被承认。

(2)理想文化的理性的真理:真理分为超感觉的和感觉经验两部分,感觉经验未被忽视,但也不是最高的真理。感觉经验与超感觉的真理被纳入同一知识体系之中。着重逻辑推理,而视逻辑推理为达到真理的途径。

(3)感性文化的感官真理:真理世界即感觉知觉的世界,凡一切不能简化为感觉形式之事物,其非物质的部分,即被认为是不相干的、次要的、不可知的而被忽视。达到真理之途主要是凭借感官的证据。[1]

素罗金列出在历史上,不同"上层体系"之时期,其哲学作品之不同。例如在公元前 500 至前 400 年,在 120 种哲学作品中,我们发现属于经验主义的有 23 件,理性主义的有 61 件,怀疑主义的有 36 件。这段时期正是希腊"理想文化"占优势的高峰时期,出现了苏格拉底和柏拉图二位不朽的哲学家。究竟是希腊文化成就了苏、柏二氏,还是苏、柏二氏成就了希腊文化,这个问题我们不拟作讨论,然至少我们认为这是一个相互影响的现象。素罗金在其巨

---

[1]　Pitirim A. Sorokin, *Social and Cultural Dynamics* (Abridged), 1957, pp. 228-229.

著《社会文化动力学》(*Social and Cultural Dynamics*)一书中,把
2500 年的哲学作品分别作研究,而列出了这么一个表来①:

时期	经验主义		理性主义		神秘主义		批评主义		怀疑主义		神启主义		总结	
	数量	百分比	数量	百分比	数量	百分比	数量	百分比	数量	百分比	数量	百分比	数量	百分比
600B. C. — 500B. C.	6	19.4	25	80.6	0	0	0	0	0	0	0	0	31	100
500B. C. — 400B. C.	23	19.2	61	50.8	0	0	0	0	36	30.0	0	0	120	100
400B. C. — 300B. C.	31	14.6	89	42.0	17	8.0	0	0	54	25.4	21	10.0	212	100
300B. C. — 200B. C.	34	21.7	34	21.7	1	0.6	0	0	28	17.8	60	30.2	157	100
200B. C. — 100B. C.	11	19.6	16	28.6	1	1.8	0	0	12	21.4	16	28.6	56	100
100B. C. —0	26	24.3	26	24.3	7	6.5	0	0	7	6.5	41	38.4	107	100
0—100A. D.	2	7.3	13	14.6	27	30.3	0	0	0	0	47	52.8	89	100
100—200	13	6.7	45	23.0	90	46.0	0	0	16	8.0	32	16.3	196	100
200—300	33	24.3	17	12.8	76	57.1	0	0	6	4.5	1	0.8	133	100
300—400	19	15.2	48	34.4	63	50.4	0	0	0	0	0	0	125	100
400—500	11	11.7	42	44.7	41	43.6	0	0	0	0	0	0	94	100
500—600	1	1.6	45	72.6	16	52.8	0	0	0	0	0	0	62	100
600—700	0	0	13	65.0	7	35.0	0	0	0	0	0	0	20	100
700—800	0	0	13	100	0	0	0	0	0	0	0	0	13	100
800—900	0	0	21	67.7	10	32.3	0	0	0	0	0	0	31	100
900—1000	0	0	8	75.0	2	25.0	0	0	0	0	0	0	8	100
1000—1100	8	7.7	17	43.6	11	28.2	0	0	0	0	8.5	20.5	39	100
1100—1200	18	14.3	38	41.8	37	40.7	0	0	0	0	8	3.2	91	100
1200—1300	21	12.8	117	71.4	26	15.8	0	0	0	0	0	0	164	100
1300—1400	28	17.2	83	51.3	40	24.7	0	0	7	4.3	4	2.5	162	100
1400—1500	3	7.2	15	35.7	20	47.6	0	0	0	0	4	9.5	42	100
1500—1600	24	15.8	44	29.0	51	33.6	0	0	21	13.8	12	7.8	152	100
1600—1700	132	29.6	179	40.1	104	23.3	0	0	21	4.7	10	2.3	446	100
1700—1800	260	37.5	212	30.6	131	13.9	41	6.0	29	4.0	20	3.0	693	100
1800—1900	644	42.6	320	21.2	261	17.2	156	10.3	42	2.8	90	6.0	1513	100
1900—1920	439	53.0	107	12.9	101	12.2	121	14.6	36	4.4	24	2.9	828	100

---

① Pitirim A. Sorokin, *Social and Cultural Dynamics* (Abridged),1957,p. 241.

　　从这个表来看,我们知道近代经验主义的逐渐占优势,相对的理性主义渐渐没落。但是在经验主义的"时代精神"里,我们仍然可以发现有理性主义等的哲学作品。1920 年以后,虽然我们没有确实的统计数目,但科学的发展是可以相对助长经验主义发展的。在素罗金的文化哲学体系中,哲学上的经验主义只是文化中的一个层面而已,即其所谓的义理层面(ideological level),另外相关的有行为层面(behavioral level)和物质层面(material level)。经验主义是感性文化的意理层面。根据素罗金,文化、社会、人格又是一体的。经验主义的哲学家、科学工业的现代文明、现代社会结构乃构成了西方 400 年以来感性文化的辉煌文明。

　　聂哥认为研究者不是一定不能"客观有效"地了解人类的历史社会。但再往上到"上层体系"的层面看,一个研究者若完全没有历史社会知识的概念而能去了解历史社会的现象,似乎是不可思议的事。我们要强调的是一个人在群体中的存在,不仅是一个生理人、社会人,并且还是一个知识人和思想人。即使哲学家极高度之抽象思考,若我们有足够的资料和知识,在理论上当可作充分之了解与研究,非仅是生理的和心理的,并且是历史、社会和文化的,也就是曼汗所言的"存在因素"之分析。

　　一种知识社会背景之形成,大致可分三部分来说。一是历史知识之现实存在,也就是说哲学家之思想当受其以前或同时存在的一些知识和思想之影响,其中虽不一定有明显承袭的关系,但在哲学史上,我们可以发现有思想的内在关联性(inner connection),而不是一无凭恃的单一思想观念的存在。其二是现存之社会文化现象,社会文化现象之存在与变迁会影响哲学家之思想的构造,如达尔文之演化论，穆勒（J. S. Mill）之《自由论》*，亚当·史密斯（Adam Smith）之《国富论》，其意识形态（ideology）均可在当时英国资本主义社会和帝国主义之政治中发现有其吻合之处。而近代西方哲学家如史宾格勒（Oswald Spengler）、汤恩比（A. Toynbee）、素罗金等所主张的西方文化危机论又岂与两次世界大战，目睹西方文明因战争而可能毁灭无关乎？其三，思想家本身所处之社会阶级、社会地位与其哲学思想之关联，其人生观、社会观、世界观之形成与其所处之社会地位有其关联性，如柏拉图之《共和国》，马克思之《资本论》，孔子的"民可使由之，不可使知之"，孟子的"劳心者"与"劳力者"之分。

以上三种形成知识社会背景之因素，对哲学家而言乃意识形态之构成也，或以素罗金之言而语之为"上层体系"。此意识形态或"上层体系"能冲击一哲学家之思想，然并不一定能使当代所有的哲学家之哲学均受此意识形态之限制。一哲学家之思想为哲学家的内在决定者。以一个人对人类而言，诚然有其人类的普同性、同一文化的相同性、同一社会的相同性，但仍然存在着个人的殊样性。当一哲学家所作之非社会事务思考时，可能与现有之知识观念思想有关，然却不能肯定其与社会历史之现象及其所处之社会地位有必然的因果关系。

一个哲学家思想之发展，常常与其个人特殊内在的理性与认知有关，因此知识社会学更着重对一哲学家的设身处地地了解。就从实际的事例而言，我们也往往可以发现具有同一"时代精神"

---

*　即《论自由》。——编者

和历史社会背景的哲学家,其哲学的内容有所不同,一些持决定论立场的知识社会学家又如何来解说这事实上所发生的难题? 据弗洛姆(Erich Fromm)的研究,他说:"如果决定论者是相信因果决定的不可更改性,则佛洛依德和马克思都不是决定论者。"而我们也不能不承认佛洛依德和马克思对现代知识社会学的重大影响,弗洛姆认为:

> 这两个人——如斯宾诺莎,而马克思相当受他的影响——都既是决定论者又是非决定论者,或者说既非决定论者又非非决定论者。他们两个都认为人被因果律所决定,但由认知和正确的行为,他可以开创和扩充他的自由领域,去获取可能的自由,并将自由从必然的锁链上解脱,乃是人的任务。①

身为知识社会学建树者之一的素罗金教授,也提出了"决定论和非决定论的内在自我决定论"(immanent self-determinism as synthesis of determinism and indeterminism),自我决定论在形式上虽是一种决定论,但在实质上与自由无异。它乃是一种决定论与非决定论的综合。并且他认为此种决定,乃是为自身潜能(po-tentialities)所决定,为自身潜能所决定即"自我决定"。② 这也就是承认人"可以开创和扩充他的自由领域",弗洛姆所提出的是"认知和正确的行为",而素罗金却用了一个传统"潜能"的概念。

---

① Erich Fromm,*The heart of Man*,孟祥森译,第 152 页。

② Pitirim A. Sorokin,*Social and Cultural Pynamics*(Abridged),p. 641.

由此，我们可以更明确地说，知识社会学的研究，乃是一种知识思想与历史社会之比较研究。从这个比较研究的方法中，我们希望能确实把握先秦儒家社会哲学之意义，还先秦儒家一个真面目，当是重建中国哲学的课题之一。

三、西周以来的社会背景

周人征服了殷以后，成了中国古代史舞台上的主角。其所行的制度，根据王国维在《殷周制度论》中所述：

> 周人制度……一曰立子立嫡，由是而生宗法之制及丧服之制，并且由是而生封建子弟之制，君天子臣诸侯之制。二曰庙数之制。三曰同姓不婚之制。此数者皆周之所以纲纪天下。[1]
>
> 当商之末而周之文武亦王，盖诸侯之于天子，犹后世诸侯之于盟主，未有君臣之分也。周初亦然，于《牧誓》《大诰》，皆称诸侯曰"友邦君"，是君臣之分亦未定也。逮克殷践奄，灭国数十，而新建之国皆其功臣昆弟甥舅，而鲁卫晋齐四国，又是以王室至亲为东方大藩。夏殷以来，古国方之蔑矣，由是天子之尊，非复诸侯之长，而为诸侯之君。[2]

周是中国古代第一个有"君"的朝代，其擅有"君"这个政治地

---

①　王国维：《定本观堂集林》，第453—454页。

②　同上书，第466—467页。

位后，又要使其家族"子子孙孙世享殷民"，因而有彻底的家天下的封建制度产生。在政治上的封建制度是基于其家族的宗法制度的。那让我们再看王国维所述的宗法制度：

周人嫡庶之制本为天子诸侯继统法而设。①

周初宗法，虽不可考，其见于七十子后学所述者则《丧服小记》曰："别子为祖，继别为宗，继祢为小宗，有五世而迁之宗其继高祖者也。故祖迁于上，宗易于下，敬宗所以尊祖祢也。"②

是故天子诸侯虽然无大宗之名，而有大宗之实。《笃公刘》之诗曰，食之饮之，君之尊之。《传》曰，为之君为之大宗也。《板》之诗曰，大宗维翰。《传》曰，王者天下之大宗。又曰，宗子维城。《笺》曰，王者之嫡子，谓之宗子。③

殷末就开始有建邦之事，而封、邦为同一字。"封"在殷周之际，是用树木划分疆界的意思。周人的"国"是开始于太王、王季，直至文王而进入文明阶段，到了武王才有大成就。周灭殷以后，行封建，乃是把殷民赐给子弟功臣，曰"锡人"，让他们把这些战俘带到他们所受之"封"内，因之而称"受民受疆土"。这些战俘便成了以耕作来奉养他们的劳动力，并且用这种方法来看守监视他们，以防他们反叛。当时的"国"乃是贵族栖居之所，而渐渐演变成了城市。因之，我们可以说，周开始了中国的城市文明。而在"国"以外

① 王国维：《定本观堂集林》，第 458 页。
② 同上书，第 458—459 页。
③ 同上书，第 461—462 页。

的人,便称之"野人"或"稿夫"。①

由"国"而城市,这整个文化社会开始了新的一页。城市已有社会经济的活动,它不仅是贵族的家族所居之地,并且也开始容纳一些不从事耕作的自由民。

再由于家族的繁衍,许多非大宗的贵族不能再"受民受疆土",虽然他们还是贵族,但实际上和平民差不多了,不过他们仍然居住在"国"里。

城市社会的发展、商业的经营,人口便有了流动性。还有那些虚有其名的贵族,他们在自己的"国"内谋不到发展的出路,便也开始不安分起来,而到处求爵求封。各"国"为求其经营和发展,便有了竞争,其用人也不能严格遵守宗法的标准,除了起用低级的贵族外,已有了向庶人中求才的趋向。②

以"国"的小社会而言,渐渐开始复杂起来。以周天子的天下而言,诸侯之间的血缘关系已没有当初那么密切。为了自己利益的攫取和权力的扩张,他们之间不免就开始有了冲突,甚至于兵戎相见也在所不惜。还有嫡子、庶子、大宗、小宗之间的争权夺位。周初的制度已不再能有效地来规范这么复杂的天下了。为周代制礼作乐的周公,也仅是孔子梦中的周公而已。

"国"内的政争,"国"外的战争,也渐使得老百姓吃不消了。老百姓深受其苦之余,而开始怀疑统治者和平民之间的不平等。

社会发生了这样的危机,老百姓便有了呻吟,在田野里,在烈

---

① 侯外庐:《中国思想通史》卷一,第 299 页。

② 此处乃言开了"布衣卿相"的局面,参见陈登原:《中国文化史》,第六章《平民活动之开展》。

日下,他们相互唱出了生活的哀歌,从《诗经》上我们看到了如下的记载:

1. 关于一般社会性

昊天疾畏,天笃降丧。瘨我饥馑,民卒流亡。我居圉卒荒。(《召旻》)

天生烝民,其命非湛。靡不有初,鲜克有终!(《荡》)

无罪无辜,乱如此惝。昊天已威,予慎无罪。昊天泰抚,予慎无辜。(《小雅·巧言》)

国虽靡止,或圣或否,民虽靡膴,或哲或谋,或肃或艾。如彼泉流,无沦胥以败。(《小雅·小旻》)

2. 关于政治

相彼投兔,尚或先之。行有死人,尚或墐之。君子秉心,维其忍之!心之忧矣,涕既陨之。(《小雅·小弁》)

昊天不佣,降此鞠讻。昊天不惠,降此大戾。君子如届,俾民心阕,君子如夷,恶怒是违。不吊昊天,乱靡有定,式月斯生,俾民不宁。忧心如酲,谁秉国成,不自为政,卒劳百姓。(《小雅·节南山》)

君子屡盟,乱是用长。君子信盗,乱是用暴。(《巧言》)

3. 关于战争

昔我往矣,杨柳依依。今我来思,雨雪霏霏。行道迟迟,载渴载饥。我心伤悲,莫知我哀。(《小雅·采薇》)

何草不黄？何日不行？何人不将？经营四方。何草不
玄？何人不矜？哀我征夫，独为匪民！匪兕匪虎，率彼旷野。
哀我征夫，朝夕不暇。(《唐风·鸨羽》*)

除此之外，在"瘨我饥馑，民卒流亡"而渴望着"民亦劳止，汔可
小康"。在周初的颂是"绥万邦，屡丰年"，曾几何时变雅中却叹着
"日月告凶，不用其行"。

儒家是讲修养自己而济世之学问，故孔子训其子伯鱼就有
"不学《诗》，无以言"(《论语·季氏》)的话，近儒熊十力也说："古
诗皆采自民间歌谣。上世劳动之民，生息于天子诸侯大夫累级统
治下。……而民有休戚苦乐种种不同之感。情思动于中，讴吟出
诸口。此诗之来由也。故不学诗，则不悉天下最大多数劳动民众
之疾苦。何以图治。"①所以我们可知诗形成的时代社会背景，及
诗所表现的时代危机意识，均深深地影响了儒家社会哲学，并且儒
家也有意识地接受了此项影响。

在这样的危机社会里，在有着这样危机意识的背景下，酝酿了
东方特色的危机时代的社会哲学。而东方儒家学派的开创者孔
子，便在这种环境中诞生于山东曲阜，时当鲁宣公二十二年。

四、儒家的兴起及其问题

在讨论这个问题以前，我们必须把"儒"与"儒家"二个名词予

---

* 原文如此，疑误。当为《小雅·何草不黄》。——编者

① 熊十力:《原儒》，第23页。

以区别。我们通常说的"儒家"乃是春秋战国的一个学派,后世的儒家则是指读春秋战国儒家的书,信仰他们的价值,研究他们的学问的读书人,我们可以说"儒家"是孔子所创的,但我们不能说"儒"也是孔子所发明的。

民国以来的学者,大都承认"儒"是一个职业阶级。傅斯年认为"儒家者流,出于教书匠"。钱穆以为"儒为术士,即通习六艺之士"。冯友兰以为"儒本是预备为人所用之一种人"。但这里所谓的"儒"却是在春秋时代,我们能在记载上所见到的"儒"的情形。但"儒"的原始起源是什么? 由于直接资料的缺乏,学者们的意见也莫衷一是。胡适认为"最初的儒者都是殷人,都是殷的遗民"。傅斯年亦以为"孔子儒家与殷商有密切之关系"。但经冯友兰的批驳后,胡、傅二氏的论点也就只能存疑。①

史载"周礼尽在鲁",而邹鲁地方也出现了一批讲诗书礼乐儒术的"搢绅先生"。这批"搢绅先生"是"沦于奴虏,散在民间"的殷民(胡适主张),还是"贵族政治崩溃以后,以前在官的专家,失其世职散在民间,或有知识的贵族,因落魄而靠其知识生活"(冯友兰主张)②,我们现在没有足够的资料可以断定。但我们可以知道,周东迁以后,由于对外与对内的战争,以及公子与富子争夺,宗法封建制度的溃坏,西周的礼已渐与当时实际的生活脱节了。因战争而迁徙,许多典章文物均可能散失了。但贵族们还得要维持这种虚有其表的"礼"或排场。因此,"礼"形式化而成了贵族们交际礼

---

① 冯友兰:《中国哲学史补》,第 24—32 页。
② 同上书,第 28 页。

貌的仪式和冠婚丧祭的典节。这又不是平常人能够做得了的,因此"搢绅先生"们便成了专门为贵族行"礼"的司仪或顾问。[①] 因为他们懂"礼",懂得背诵古训。既然懂"礼"可以使之成为生存的职业,便会有人学"礼"。这一个集团的留存,我们可以相信他们是师徒相传的。

孔子是否是"搢绅先生"中人,不可考。但他生长在鲁,受到搢绅先生们的影响是可想见的。而他后来据之以开创学派的礼乐等知识,也是"搢绅先生"们赖以生存的工具。以礼授人,孔子比所有搢绅先生都幸运,他因而成了中国文化里的"至圣先师"。"礼"到孔子手里已不再仅是为贵族们讲排场、行冠婚丧祭的仪式而已,更进一步变成了孔子干禄的工具。孔子干禄的目的是要掌有政治权力;掌有政治权力,方能将其"仁"的理想化为实际的道德现实。"礼"的意义也被孔子拓深而有了更进一层的哲学和社会意义,并且他以此工具授人以干禄和启发人为政的道德意识。"搢绅先生"中是否有人因司仪当得好而被贵族提拔为官的,我们不知道,但经孔子这样一来,"儒"也不仅只是司仪,而成了冯友兰所谓"预备为人所用的一种人"[②]了。

周为了维护其族人的利益,使其"子子孙孙世享殷民"而订立了封建。孔子所率领的儒,在基本上是一个干禄的阶级,而不是革命团体。因此,他们的政治态度是一种温和的改良主义。他们所欲干禄的对象就是当时的诸侯。当时的诸侯乃是封建制度下的既

---

① 陈登原:《中国文化史》,第 123 页。
② 冯友兰:《中国哲学史补》,第 24 页。

得权益阶级。否定了这些诸侯,他们的干禄就被否定了,因此孔子不得不在形式上为维护诸侯的利益而发言。他认为诸侯利益的最大保障乃是封建制度,和周初所定的"礼"。

可是时代不同了,周初的"礼"已不能使孔子施展其"治国平天下"的大志。因此,他只有以教书终其一生。

一个人如不能超越其自身的利害关系和其所处的环境而思考的话,他便不能被称之为伟大的思想家。孔子虽然干禄心切,但他在本质上仍是一个能超越自我的理想主义者。他之所以为东方人所普遍崇敬,并不是他的学礼以干禄,而是他提出了一个普遍的人和社会的价值理想。

他要人"务民之义,敬鬼神而远之"(《论语·雍也》),他自己也不谈"怪力乱神"(《论语·述而》),而要人从宗教的束缚中解放出来,恢复人本来的面目,肯定人自己的价值,故孟子引申他的意思,而言:"祸福无不自己求之者,《诗》云:'永言配命,自求多福。'太甲曰:'天作孽犹可违,自作孽不可活。'"(《孟子·公孙丑上》)荀子更言:"天行有常,不为尧存,不为桀亡。应之以治则吉,应之以乱则凶。"(《荀子·天论》)在《礼记》中说到祭祀也只是"致鬼神,以尊上也"(《礼记·祭义》),尊上乃是社会人文意义已非宗教意义了。儒家虽然讲祭祀和鬼神,但这都是一种仪式和手段,其目的乃是透过这仪式以致诚,而人由诚而去行事处世,掌握自己的命运。这乃是东方最早的人文主义。

孔子虽为贵族们维护"礼",但他认为在政治上能惠民才是统治阶级最好的保障,为政者的责任就是养民。所以,他认为"博施于民而能济众"(《论语·雍也》)是圣人的事业。孟子进一步主张为政者当"人溺己溺,人饥己饥"(《孟子·离娄下》),并抱着"民为贵,社稷次之,君为轻"(《孟子·尽心下》)的态度去处理政务。荀子也明白地表示:"王者之法:等赋,政事,财万物,所以养万民也。"(《荀子·王制》)《礼记》中言:"无旷土,无游民,食节事时,民咸安其居,乐事劝功,尊君亲上,然后兴学。"(《礼记·王制》)不但要求统治者使老百姓住得好、吃得饱,并且要对老百姓有教育的实施。本来是为了"世享殷民"的周之诸侯,在儒家的眼里,他们只是一批得尽"养民"义务的公仆而已。这就是儒家的民本主义。虽然这是他们为保护诸侯的统治权和利益而发的,但他们却主张诸侯们的统治权必须要基于广大人民的基础上。

　　人是不能被隔离而孤立的,人是整个宇宙中的一部分,是要"与天地参"的。人的本身更是要"群"才能生存的。群就是社会。因之,要承认人的存在,就必须要先肯定社会的存在。社会要能存在,必须要有规范和秩序,虽然孔子曾有过"乘桴浮于海"的感叹,但毕竟他认为"鸟兽不可与同群"(《论语·微子》),他对于群的努力就是主张克服私欲而复"礼"。孟子认为老百姓的群就是"出入相友,守望相助,疾病相扶持"(《孟子·滕文公上》),因而他主张恢复井田制。对统治阶级,他认为要去利,而言仁义;否则,便会人相争而破坏群。荀子也认为"人生不能无群,群而无分则争"(《荀子·富国》)。而"分"呢?必须要"义以分则和"(《荀子·王制》)。而整本《礼记》更都是在讲人与人的相处,人与人相处的"礼",不但要老百姓互处相爱,并且要上下阶级的和谐,所以言"教民相爱,上下用情,礼之至也"。

　　"人文主义""民本思想""社会秩序",这三项价值是所有的先秦儒家所共同肯定的,他们所有的言论思想,几乎都围绕在这三个主题上面。前述三项价值在儒家的哲学系统中并不是分离的,而是一整体的联结。儒家的基本态度是"透悟真理非身外之物,而努力实现之",并且儒家对一切学问均"归本尽性至命"①,而融合到哲学家自身的生命中以求实现之。这种生命深处所透露出来的哲学精神,一语括之即是人文主义。其表现在伦理宗教层面的是"人文主义",在政治层面的是"民本思想",在社会层面的是"社会秩序"。

我们所言的"人文主义"乃是根据弗洛姆,他说:"人文主义者相信人性的整体和对人类的前途具有信心,而他们绝不是狂热的。"并且他认为人文主义者必须具有下列二个条件:(1)充分展现其对人类普遍关怀的潜在性。(2)对政治现实,尤其是意识形态,采取批评的态度。② 由此我们也可以说,人文主义者相信人自身的理性,并且相信人是可以凭其理性的信仰而可自我解救的。从这样来看,先秦儒家乃是伟大的人文主义哲学。

五、人性的基本假定

"人性"的问题是对每个时代都开放的问题。而"人性"究竟是什么? 包括了哪些项目? 孔子并没有明显地说出来。他只说过:"性相近也,习相远也。"(《论语·阳货》)在《论语》中,还有一处提

---

① 熊十力:《原儒》,第 33 页。

② Erich Froom(ed.),*Socialist Humanism*,1965,Introduction.

到"性",就是子贡所说的"夫子之文章可得而闻也;夫子之言性与天道,不可得而闻也"(《论语·公冶长》)。

"性相近也,习相远也"是什么意义?用现代社会科学的术语来翻译孔子这句话,当可译为:"人有普同人性,故其自然本质都是相近的。只是因为其文化和社会的不同,而使之有所差别。"

20世纪人类学大师克拉孔(Clyde Kluckhohn)提出过"普同人性"(common humanity)和"分殊文化"(diverse culture)的观念,他说:"种种恒相(constants)大概反映出普同的人性,而种种变式(variants)便绘画出文化的分殊。文化的恒相起于人种的生物性,亦起于人生状况之共相所要求的种种必需。如物理环境的通具性,如婴孩之不能自存,如家庭生活等等即为人生状况之共相。"至于文化分殊方面他则认为:"文化的某些方面和人性所由表现的某些特殊形式,系历史偶然的结果。其余的则多由堪称普有的种种动因所造成。"[①]克拉孔的话正好给孔子"性相近也,习相远也"作了最好的注解。虽然孔子诚如李约瑟所说的,对(自然)科学没有贡献,但在他的社会哲学中却有不少社会科学的假设。

孟子和荀子分别主张"性善"和"性恶",因此,我们不免要问:孔子所言的性是善抑恶?若以"性相近也,习相远也"这句话来考究,虽然我们可以肯定地说孔子没有主张"性恶"的意思,但我们也实在看不出他有主张"性善"的倾向。不过,后代的儒家除了荀子以外,大都是"性善"论者倒也是真的。

---

① 《普同的人性和分殊的文化》,陈伯庄译,《现代学术季刊》第2卷第1期,第8—9页。

　　如果我们以孔子的社会背景来看,当时有与平民差不多的没落贵族,城市里也有自由民的存在,甚至诸侯有时还要借重他们。孔子本人宣称"有教无类"(《论语·卫灵公》),其三千弟子中也不乏前往求教的平民。这些平民出身的弟子,在资质上并不一定就比贵族差。有了这样的生活体验,因此,孔子要把"礼不下庶人"的"礼"拿来使老百姓"齐之以礼"(《论语·为政》)。老百姓既然也可以"齐之以礼",那么老百姓在本质上又与贵族有何差别? 只不过是他们的所习和出身不同的分殊而已。我们有理由说"性相近也,习相远也"实是孔子的人性普同论,而不一定谈得上什么善恶的问题。

　　至于"夫子之言性与天道,不可得而闻也"中的"性"据徐复观在《中国人性论史·先秦篇》所述,乃是一种经由道德实践中体验出来的生命,即"在血气心知的具体的性里面,体认出它有超越血气心知的性质"①。

　　孔子以为人性平等,而言"性相近也,习相远也"。孟子更进一步,不但我们目前的人性都是一样的,并且传说中的尧舜的人性都是和我们一样的,"尧舜与人同耳"(《孟子·离娄下》),所以"人皆可以为尧舜"(《孟子·告子下》)。尧舜之所以能成尧舜,其"性"非善,焉能成"尧舜"的圣人之行。

　　孟子所言的"性"与一般的不同,他说:

　　　　口之于味也,目之于色也,耳之于声也,鼻之于臭也,四肢之于安佚也,"性"也。有命焉,君子不谓性也。仁之于父子

---

　　① 徐复观:《中国人性论史·先秦篇》,第88页。

也，义之于君臣也，礼之于宾主也，智之于贤者也，圣人之于天

道也，命也，有性焉，君子不谓命也。(《孟子·尽心下》)

在这段话里，孟子乃是以为能由自身作主者为性，不能由自身
做主的称之为命。味声色臭的是否能感觉，不是人自身能把握得
了的，而是一种生理的直接反应，所以孟子认为不当称之为"性"，
而仁义礼智是自身可以把握得了，才当称之为"性"。[①]
孟子把仁义礼智称之为"性"，便提出了一下的论证：

孟子曰："人皆有不忍人之心……今人乍见孺子将入于井，
皆有怵惕恻隐之心。非所以内交于孺子之父母也。非所以要
誉于乡党朋友也。非恶其声而然也。……恻隐之心，仁之端
也；善恶之心，义之端也；辞让之心，礼之端也；是非之心，智之
端也。人之有是四端，犹其有四体也。"(《孟子·公孙丑上》)

有了这四端，人的道德善行只要向内求便可以了。并且将此
项四端扩大，扩得像尧舜一样大就是尧舜了。有人这四端的善性，
人还是会为恶的。这乃是因为"耳目之官不思，不思而蔽于物"，因
此孟子以为"养心"(意同性)最好的方法是寡欲(《孟子·尽心
下》)。另外一个原因是社会环境使人作恶，最明显的例证就是"凶
岁子弟多暴"(《孟子·告子上》)，因此要使人民不作恶，就要政府
行仁政。从人文主义的观点来看，孟子肯定性善，乃是肯定人本身

[①]   徐复观：《中国人性论史·先秦篇》，第173—174页。

的价值。荀子的"化性起伪"乃是承认人性的可救济性。

荀子的"性恶论"其实并不与孟子的"性善论"冲突,而只是对"性"的定义不同,但孟荀之"性善""性恶"之争竟成了几千年来中国思想史上纠缠不清的问题。

　　　　人之性恶,其善者伪也。(《荀子·性恶》)

荀子对"性"的界定是"凡性者,天之就也。不可学,不可事"(同上)。"生之所以然者,谓之性"(《荀子·正名》),而"伪"呢?他把"伪"界定成"可学而能可事,而成之在人者,谓之伪也"(《荀子·性恶》)。由此看来,荀子的"性"正相当于孟子的"命",荀子的"伪"相当于孟子的"性"。

荀子的定义如是,而言"其善者伪也"倒是很合乎现代社会科学的意义。现代社会科学家大致都公认为,文化乃是人为的事物、行为模式和价值。人类学家克娄伯(A. L. Kroeber)为义化下定义言:"这一大批学习、传递来的动作、反应、习惯、技术、思想和价值,以及他们所引起来的行为——就是文化之由以构成的。"[1]从一块被琢磨过的石头——石斧——到人类何去何从的价值理想,都是属于文化的范畴之内。"善"是文化中的价值,其构成当是文化意义的,而非自然意义的。

在荀子这样清楚的定义下,他对"人之性恶,其善者伪也"的论

---

[1]　A. L. Kroeber and Kluckhohn, *Culture : A Critical Review of Concepts and Definitions*, 1952, p. 44.

证,却是颇有力的。

> 今人之性,生而有好利焉,顺是,故争夺生而辞让亡焉。生而有疾恶焉,顺是,故残贼生而忠信亡焉。生而有耳目之欲,有好声色焉,顺是,故淫乱生而礼义文理亡焉。……故必将有师法之化,礼义之道,然后出于辞让,合于文理,而归于治,用此观之,然则人之性恶明矣,其善者伪也。(《荀子·性恶》)

人之所以能有礼义,乃是"生于圣人","圣人积思虑,习伪故,以生礼义而起法度"。但是"礼义者,是生于圣人之伪,非故生于人之性也"(同上)。

因人之性恶,所以荀子进一步而主张"立君上之埶以临之,明礼义以化之,起法正以治之,重刑罚以禁之"(同上)。"化性起伪"是荀子的最大主张,在荀子的意义中,"伪"才能是善,才有礼义。人性多欲而恶,欲化性必先节欲。性善论的孟子认为"养心"得"寡欲",而性恶论的荀子认为"化性"也同样地要"节欲"。

我们用现代的眼光来看孟荀之争,当可发现:

(1)他们对于"性"的定义未能统一。

(2)孟子所了解仁义礼智的四端,乃是内化于人心的文化性(human-culture nature),而认为这是性之"善",荀子却将之视为人之"伪"了。

(3)在心理的层次上,孟子是站在超自我(super-ego)的层面上的考察,而荀子是站在自我(ego)层面上的考察。

（4）孟子未能了解性善之说乃是对"性"的一种"价值判断"，所以与主张"人性无分于善不善"的告子争论不休。

（5）孟子认为人能为善，因其有四端；荀子同样地承认人能为善。因其能伪，人是可塑的。一由内扩其四端，一由外铄其礼义之"伪"。故孟子要寡欲以"养心"，也就是要压制"自我"，而修养"超自我"；荀子也要节欲以"化性"，"化性"实是"伪"的行动，也就是要人压制"自我"，而向"超自我"提升。如此一来，孟荀之争何有，不过殊途而同归耳！

在《中庸》中言"性"，其伦理价值是间接的，而直接的是知识论的问题。在儒家的哲学中，"天地人"是浑然一体的宇宙自然，人就是构成整个自然的一部分，所以在儒家哲学，"主观"与"客观"的问题并未成为被讨论的主题。人性律则就是自然律则，以自然律则来说明人性律则，在儒家的典籍中很多，故言"天命之谓性，率性之谓道"（《中庸》第一章）"自诚明谓之性"（《中庸》第二十一章）。得到人自己真正的"性"就是得到了"道"。人对世界的真正认识，或言把握宇宙的律则（道），唯有去私欲、弃偏见。若我们能摒除所有的私欲和偏见，一个真正的世界就呈现在我们面前了。而在此之前，我们必须假设人性的普同性，就是说一个未被"习"所染的自然的我和一个自然的他，具有同样对外在世界认识的能力。在这种情况下，儒家获得所能认识的世界，即是一种互为主观（inter-subjectivity）的认识。天下人都说这是一片绿的叶子，除非色盲或有个人的私欲偏见；否则，我必然地要说这是一片绿的叶子。所以欲求取真正的知识也必须"尊德性"，然后才能"道问学"（《中庸》第二十七章）。

要能求得完全的知识必须完全地发展其"性",要能发展其"性"必须要有无比的"诚"的工夫。这一套儒家哲学中独特的知识论,乃是从尽"性"的工夫发展而来的。所以《中庸》言:"唯天下至诚,为能尽其性。能尽其性,则能尽人之性。能尽人之性,则能尽物之性。能尽物之性,则可以赞天地之化育。"(《中庸》第二十二章)由内扩拓自身的至诚而向外了解外在世界。

六、社会观与文化观

一个哲学家对事物的考察,尤其对于文化科学(Geisteswissenschaften)的思考,世界观乃是其基本的假设。而这"世界观"在一个研究的历史过程中,由于研究者的意识而有不同的修正。社会观或文化观,实乃哲学家世界观的次项,是哲学家对社会或文化实体的一种基本认识。

曼汗认为:"一个普通的形上学和方法学的原则,对文化科学、宗教科学和历史观念愈来愈具有支配性,并且在现在的美学中都变成了最重要的原则。"[1]这种世界观也当是基于素罗金所言的"上层体系",其"上层体系"的不同而有各种不同的世界观,由世界观的不同而有其不同的认识。

从这一点认识,我们可以分析先秦儒家的社会观及其社会哲学的理论。先秦儒家基本上是认为"皇天无亲,惟德是辅"的,故其世界观是"天人合德"的,认为人及人群的道德原则乃是整个宇宙

---

① Karl Mannheim, *Essays on the Sociology of Knowledge*, 1968, p. 87.

的部分。除荀子偶然有不同的意见外，他们基本上都认为整个宇宙或有冲突的现象之发生，乃是背离常道的不正常现象。若能寻出人道之常，即是寻出天道之常。人的努力就是要使人和人群从背离天道的异常现象里，回到天道之常的正轨中。

如果我们说这是先秦儒家的"顺天主义"与培根的"戡天主义"有基本目的的违背，又是一种"五四"时代的肤浅之论。培根的"戡天主义"是利用自然以利厚生，而儒家的"顺天主义"实为寻求自然之律则，使人能遵此律则而求一种较美好的生存，先秦儒家的哲学从来就没有与实践的目的脱节过。只是儒家的着眼点在人与人群，"顺天主义"所追求的道是"人道"，以求其在人群中的实用。而培根以降的西方"戡天主义"所追求的是自然之道，而使自然为人所用。这是文化哲学的基本形态之不同的问题，而非儒家哲学与西方"戡天主义"有其目的的差别。

先秦儒家不但认为"人道即天道"，而且认为"天道即人道"。天道实体的流露是存在于人群之中的。如国君的地位在理论上需要一个"天"的形上学支持，而这个"天"的意志却是要在人群中寻获的。故言"天听自我民听，天视自我民视"（《孟子·万章上》）。虽然他们有"天"的形上学假定，然并非认为天的实体是超经验、超理性的不可知。而基于其人文主义的信仰，甚而言"反身而诚""克己复礼，天下归仁焉"，认为天理存于人心之中，也就是存于人的理性思维的反省中。

根据"人道即天道"，在先秦儒家的观念里，从未有过种族的歧视而中原文化高度发展的过程中，没有产生像西方一样的种族中心论，而是以"人道"的文化作为其评断的标准。他们不认为人因种族而有差异，人的差异乃是因道德文化的涵养不同而有的，只要有高度的道德文化，夷狄皆可以为华夏。毋庸讳言的，当时所接触的东方民族以中原的文化为最高。先秦儒家从未认为有不可接受文化道德的种族，但在他们的观念里是有文化道德低落的种族，甚而也有文化道德低于当时存在的夷狄之人的华夏之人。他们认为文化是可以传播和相互涵化（acculturation）①，而不认为有丹尼勒威斯基（N. Danilevsky）说的那种神秘的历史本能（historical instinct）②。基于这样的社会文化观的观念，先秦儒家提倡"仁"为伦理道德的最高境界，甚而认为"仁者无敌"，实与现代最伟大的社会哲学家素罗金所主张的"爱"有若合符节之处。素氏认为"爱能"（love energy）是人群社会中的原子能，"爱能"的发挥可以化暴戾为祥和！③ 亦"仁者无敌"之义也。

那么就让我们来详细研究其所本的社会观和文化观。

儒家学派的创始者孔子，首先提出了儒家的"顺天主义"而为其世界观，他说："天何言哉，四时行焉，百物生焉，天何言哉！"（《论语·阳货》）天不言而有其道，四时行，百物生，这些都是天道的作用。我们如不能去追求这世界原理的天道，则所有的语言文字也只不过是徒托空言而已。

在这大自然的范畴下，仍有许多小范畴的划分，人类世界与一

---

① "涵化"指二个以上之文化相遇，而能相互交换其文化之特点。请参见 G. A. Theodorson and A. G. Theodorson(eds.), *A Modern Dictionary of Sociology*, 1969, p. 3。

② Pitrim A. Sorokin, *Modern Historical and Social Philosophies*, 1963, p. 52. 丹氏认为俄罗斯和欧罗巴之对抗，乃是一种"历史本能"使然。

③ Pitrim A. Sorokin, *The Ways and Power of Love*, 1967, Preface.

般动物的世界是不同的,并且也是"自然"的不同,故言:"鸟兽不可与同群,吾非斯人之徒与而谁与?"(《论语·微子》)而于人类之下还有"党"的存在,如"吾党之小子狂简"(《论语·公冶长》),孔子对整个社会宇宙的观念是一贯的。

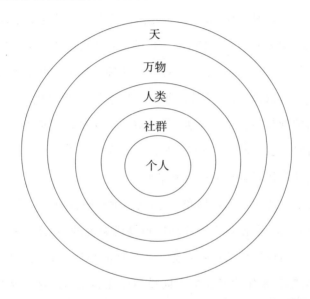

由这个图构中,我们可以了解,儒家"天道即人道"或"人道即天道"的道理。天道的整体本来就包括人道在内,而人道也就是天道的一部分。因而人道的彰显,也就是彰显了属于天道的一部分的人道,因此人道的彰显即天道的彰显。在儒家的哲学中,人是宇宙的中心,因此人道的彰显不但是天道彰显的基本,而且也是天道彰显的主要课题。故儒家认为对世界的认识必须从己身推而出之,这个认识才是正确而能理解的。人道的形上学根据仍是"天",因而一个真正人道的完成乃是"天人合德",由人道的认识达到天道的认识,由"天人合德"而达成人道的完成,才是一个儒家完整的世界观。即使在伦理学上，儒家亦根据着这么一个世界观而发展了其差序格局的伦理学说。换句话说，孔子的社会观实是其世界观的一部分，而其世界观就是以人为中心的世界观。人不但是社会的成员，也是文化的直接承负者，人文主义的信仰也就是对文化的信仰。礼乐是文化的产品，由先民创造了"礼乐"的文化，而后人经"礼乐"陶冶而为文明的君子，孔子言："先进于礼乐，野人也；后进于礼乐，君子也。"（《论语·先进》）这种礼乐的文化是孔子基本的人文主义信仰，破坏这种信仰是其不容许的，所以他大事赞扬维护文化的管仲而言："微管仲，吾其被发左衽矣。"（《论语·宪问》）另外，他还说："周监于二代，郁郁乎文哉！吾从周。"（《论语·八佾》）这都是他对文化的坚持和信仰。

孔子对文化有其信仰和坚持，其信仰和坚持的是一个"天道即人道"的文化，但他对于种族和地域是没偏见的，不像一些白人中心主义者用种族和地域来制造一些人种的神话，①而是用"天道即人道"的"道"来作为其文化大同说的标准和张本。这种文化大同说乃是承认所有人类都有实践文化理想之能力，并且这种文化理想是基于普同人性而有其普遍性的。故近人牟宗三先生谓"孔子通体是一文化生命，满腔是文化理想"②。

文化的简陋主要是因人未能达成普遍的文化理想之故，就如九夷之地，孔子还说："君子居之，何陋之有！"（《论语·子罕》）从这个观点来看事情，孔子的学生子夏便说："君子敬而无失，与人恭而

---

① 参见 P. A. Sorokin：《当代社会学学说》，黄文山译，第三章《地理学派》，及第312 页。

② 牟宗三：《历史哲学》，第 89 页。

有礼,四海之内皆兄弟也。"(《论语·颜渊》)孔子认为"居处恭""执事敬""与人忠"是人伦社会的"道"和真理,是可施之于四海而皆准的"天道",故言:"虽之夷狄,不可弃也。"(《论语·子路》)因此,素罗金认为孔子主义的本质是社会和环境的学说(social-environmental theory),而把他列为社会学派的先导作家,并且说:"孔子主义包括了近代社会学派的学说之一切精义。"[1]这乃是说孔子虽然主张"普同人性",但他并没有忽略已有的社会文化环境对其社会成员之影响,并且已注意到这些因素对人的影响。然因其承认人有实践文化理想之能力,故"社会和环境的学说",并不表示社会环境对人有决定之力量。而是有些社会环境里的人因缺乏文化理想的启导而鄙陋,但这些鄙陋的人仍具有合乎人伦社会的"道"的本质,"虽之夷狄,不可弃也"即此义也。

居九夷"何陋之有"的条件是"君子居之","敬而无失""恭而有礼""居处恭""执事敬""与人忠"这才是他分辨夷狄和诸夏的标准,并且华夏之人若不能遵守这些标准,便连夷狄都不如。故曰:"夷狄之有君,不如诸夏之亡也。"(《论语·八佾》)"言忠信,行笃敬,虽蛮貊之邦行矣。言不忠信,行不笃敬,虽州里行乎哉?"(《论语·卫灵公》)

孟子的世界观仍继承孔子而有的,认为人道存于天道之中,而人道亦为天道的流露。故言:"观水有术,必观其澜;日月有明,容光必照焉。流水之为物,不盈科不行。君子之志于道也,不成章不达。"(《孟子·尽心上》)关于天道与人道统合的观念,孟子还引用《诗经》上的话,"天生烝民,有物有则,民之秉彝,好是懿德"(《孟

---

[1]　参见 P. A. Sorokin:《当代社会学学说》,第 695 页。

子·告子上》）来说明。在人类中所呈现的天道乃是"仁义忠信""乐善不倦",故言:"仁义忠信,乐善不倦,此天爵也。公卿大夫,此人爵也。"（同上）欲在人群中求得天道之实践,即求天爵与人爵的统合,此乃孟子天道思想的进一步推论。[①]

对于整个人群社会的结构,孟子有更进一层明晰的概念了,曰:"人恒言,皆曰'天下国家',天下之本在国,国之本在家,家之本在身。"（《孟子·离娄上》）本立而道生是儒家的基本立场,因此我们已看出后代儒家强调修身的端倪,并且强调家庭伦理的理论基础。

孔子认为"鸟兽不可与同群",孟子更言:"人之所以异于禽兽者几希,庶民去之,君子存之。舜明于庶物,察于人伦,由仁义行,非行仁义也。"（《孟子·离娄下》）

孟子和霍布斯、黑格尔一样,对国家和社会的观念没有很清楚的区别。但他却提出了邦国成立的基本条件,而与现代的国家理论不谋而合。他说:"诸侯之宝三:土地、人民、政事。"（《孟子·尽心下》）

关于文化的起源,孟子亦有其一套说法,这套说法乃是"圣人创造说"。汤恩比（A. J. Toynbee）有"创造的少数"（creative minority）之说,[②]认为文化的创造者是少数的精干分子（elite）,而非一般大众。以下便是孟子的"圣人创造"说:

当尧之时,天下犹未平;洪水横流,泛滥于天下。草木畅

---

① 侯外庐:《中国思想通史》卷一,第 302 页。

② Pitrim A. Sorokin, *Modern Historical and Social Philosophies*, p. 117.

茂,禽兽繁殖,五谷不登,禽兽逼人,兽蹄鸟迹之道,交于中国。
尧独忧之,举舜而敷治焉。舜使益掌火,益烈山泽而焚之,禽
兽逃匿。禹疏九河,瀹济、漯,而注诸海。决汝、汉,排淮、泗,
而注之江。然后中国可得而食也。(《孟子·滕文公上》)

周公相武王,诛纣伐奄,三年讨其君,驱飞廉于海隅而戮
之,灭国者五十。驱虎豹犀象而远之,天下大悦。(《孟子·滕
文公下》)

天之生于此民也,使先知觉后知,使先觉觉后觉。予,天
民之先觉者也,予将以斯道觉斯民也。非予觉之而谁也!
(《孟子·万章上》)

对于其他文化的看法,虽然孟子说过"吾闻用夏变夷者,未闻
变于夷者也",但他的这种比较还是以文化道德为其标准的。因为
"今也南蛮鴃舌之人,非先王之道",这就如像"吾闻出于幽谷,迁于
乔木者,未闻下乔木而入于幽谷者"。所以"吾闻用夏变夷者,未闻
变于夷者"(《孟子·滕文公上》),实乃夷的文化道德不及夏的先王
之道也。

荀子是先秦儒家中的经验主义者,他的世界观已渐把天道与
人道区别,人与天地是平等而参的,天地人的一个平等的整体才是
荀子真正的世界观。他区分天道与人道说:"曷谓中,曰礼义是也。
道者非天之道。人之所以道也,君子之所道也。"(《荀子·儒效》)
"天时""地财"和"人治"乃是荀子的"与天地参",他说:"天有其时,
地有其财,人有其治,夫是之谓能参。"(《荀子·天论》)而在天地人
三者之中,又以人为其"参"之主,为一个了解天地之理的主体,故

曰："天地生君子,君子理天地。君子者,天地之参也,万物之总也,
民之父母也。无君子,则地不理,礼义无统。"(《荀子·王制》)故荀
子的世界观与孔孟略有不同。

另外,他对宇宙的生成及其世界观的阐述如下:

> 天地者,生之始也。礼义者,治之始也。君子者,礼义之
> 始也。(《荀子·王制》)
>
> 万物同宇而异体,无宜而有用。为人,数也。人伦并处,
> 同求而异道,同欲而异知。(《荀子·富国》)
>
> 日月以明,四时以序,星辰以行,江河以流,万物以昌,好
> 恶以节,喜怒以当。以为下则顺,以为上则明,万物变而不乱。
> (《荀子·礼论》)

在荀子心目中的社会虽与国家经常混同,然他已有较明确的
"群"的概念了,"群"乃是社会有秩序互动的一种状况。而统治者
的功能就是要使老百姓"能群",所以"君者何也?曰:能群。能群
也者何也?曰:善生养人者也,善班治人者也"(《荀子·君道》)。
"君者,善群也。群道当,则万物皆得其宜,六畜皆得其长,群生皆
得其命"(《荀子·王制》)。并且"群"是人与禽兽之间的区别,
"曰:人能群,彼不能群也。人何以能群?曰:分。分何以能行,
曰:义"(《荀子·王制》)。故荀子"君道"的基本原则实为义也,也
就是一个社会组织的基本原则和社会人行为的准则。

荀子已意识到社会文化法则(law)之追寻,故其曰:"欲观千
岁,则数今日。欲知亿万,则审一二。欲知上世,则审周道。欲知

周道,则审其人所贵君子。故曰:以近知远,以一知万,以微知明,此之谓也。"(《荀子·非相》)在他这段话里所提示的社会文化研究的方法,已包括了抽样(sampling)和推广(generalization)。而荀子所发现的社会法则乃是"君臣父子兄弟夫妇,始则终,终则始,与天地同理,与万物同久,夫是谓之大本"(《荀子·王制》)。

在涂尔干(Emile Durkheim)以前,有些社会学家和社会哲学家都未能将社会看成一个存在的实体,而要把社会的现象约缩(reduce)到心理和生理的层次去作解释,独涂氏力排众议地说:"这些社会学家的观点认为,要使社会学是一种完全不能约缩到心理学的科学,将其考虑成必要而充分的社会实体的整体解释。"[1]而荀子也同样地意识到对人类的了解不能像孔子一样的"天何言哉",也不能像孟子一样地观"水之澜",而要"以人度人,以情度情,以类度类,以说度功,以道观尽,古今一度也。类不悖,虽久同理"(《荀子·非相》)。可惜荀子不受后代中国儒家的重视,他的许多智慧都得不到应有的阐明和发展。

孔子言:"性相近也,习相远也。"这句话在荀子的学说中有淋漓尽致的发挥。

> 性也者,吾所不能为也,然而可化也;情也者,非吾所有也,然而可为也。注错习俗,所以化性也。并一而不二,则所以成积也。习俗移志,安久移质。(《荀子·儒效》)
>
> 居楚而楚,居越而越,居夏而夏,是非天性也。积靡使然

---

[1]　Edward A. Tiryakian, *Sociologism and Existentialism*, 1962, p. 11.

也。(《荀子·儒效》)

土地刑制不同者,械用备饰不可不异也。故诸夏之国,同服同仪。蛮夷戎狄之国,同服不同制。(《荀子·正论》)

可以为尧禹,可以为桀跖,可以为工匠,可以为农贾,在势注错俗之所积耳。(《荀子·荣辱》)

在荀子学说中,已经很清楚地说明了现代社会科学中濡化(enculturation)或社会化(socialization)的观念,[①]就是他的"化性"的观念。

在《礼记》中,其社会观是承袭孔孟的,而未能对荀子的社会观有所进一步的发扬,是人道与天道统合的观念,故言"所以达天道顺人情之大窦也"(《礼记·礼运》)。"礼"是施用于社会人群的道,而言"夫礼,先王以承天之道,以治人之情"(同上)。

《礼记》的整个世界观,明显地限于当时中国文化的传播之地,并没有现代世界的认识,而认为"凡四海之内,九州,方千里。州建百里之国三十,七十里之国六十,五十里之国百有二十,凡二百一十国"(《礼记·王制》)。这也就是《礼记》的整个世界了。而这样一个"四海之内"的统治者是天子,且天子统治权的来源是"天",不过比"君权神授"的观念要合理一些,就是天子必须要是"德配天地"的。所以说:"天子者,与天地参。故德配天地,兼利万物,与日月并明,明照四海而不遗微小。"(《礼记·经解》)

---

① "濡化"乃是指一文化中的成员,因在此文化中成长而接受此文化之特点及模式,请参阅 G. A. Theodorson and A. G. Theodorson(ed.),*A Modern Dictionary of Sociology*,p. 131。

《礼记》成书之时，已是天下将一统或已一统了，所以这种一统的意识形态已可从《礼记》中看得出。除了"四海之内"和"天子""明照四海而不遗微小"外，还言："故圣人耐以天下为一家，以中国为一人。"（《礼记·礼运》）

在"天下为一家"的大文化（great culture）之下，古代的中国儒家已经意识到乡土文化分殊性的存在而言："入境而问禁，入国而问俗，入门而问讳。"（《礼记·曲礼上》）从"入国而问俗"到"天下为一家"，其文化的传播正是一种向心的（centripetal）。由"天下为一家"而到"入国而问俗"其传播是一种离心的（centrifugal）。[①] 这些由现代社会科学家因研究文化现象而有的观念，在先秦的儒家社会哲学中已有其端倪了。

七、礼及其社会意义

"礼"初为"醴"，王国维在《释礼》中，认为是奉神之器，后来"推之而奉神之酒醴亦谓之醴，又推之而奉神人之事，通谓之礼"[②]。"礼"到了周公而特别提倡，变成周贵族的专利品，所以说"礼不下庶人"。因为当时只有贵族才能祭祀，才有"奉神人之事"，才有"礼"。皇天不佑的庶人是不准有"礼"的，他们只有贵族所不要的"刑"。渐渐地，"礼"的社会意义便成了"礼所以别贵贱"，"礼者别

---

① 如红绿交通管制灯，在所有的文化中均渐统一，为一向心传播。而各文化均能制造汽车的时候，在各文化中所出产的汽车之款式、构造、大小之不同，此乃为一种离心传播。

② 王国维：《定本观堂集林》，第 291 页。

贵贱序尊卑者也"。再引申一层而言,礼便成了贵族们的社会行为模式。

在周初,天子仍维持有强大的中央武力,虽曾有过"三桓之乱"的反叛,但很快地被周公平服了。平服了"三桓之乱"后,周公便"制礼作乐"。以这时周公"制礼"的意义,不外乎在政治上确定天子的地位,在宗法上确定大宗承袭的地位。能确立礼乐,便能使"百官戒惧而不敢易纪律"。并且把那些诸侯和小宗带到神的面前,表示这种安排是神承认的,皇天后土共鉴,大家都别心有贰志。

但是到了东迁以后,周天子的中央政权已不再强大,甚至还要诸侯来保护,周天子的存在还得靠"尊王攘夷"才能获得。天子失势,诸侯恃其武力而嚣张,天子对诸侯不再有任何控制力量。在诸侯的国内,大权也渐旁落于大夫之手。在权与利的前提下,于是乎"臣弑其君者有之,子弑其父者有之",甚至有人舞八佾于庭而大过其天子之瘾。宗法和"礼"不再受人重视。诸侯和大夫为了扩张自己的权力,只要是"有以利吾国""有以利吾家"的人才都用了,再也不管什么"刑不上大夫,礼不下庶人"的古训。因此,天下不再是"礼乐征伐自天子出"的有道之世了。

由此而看,周初是治世,而到孔子时,周初所建构的制度发生社会解体,已成了"乱世"。孔子以为周初所以为治世的原因,乃是大家都严格遵守礼的缘故。因此,可想见居乱世的孔子是如何地向往周"礼",甚而"梦见周公"。

"礼"到了孔子已经走样了。在《论语》中,我们可以看出有些"礼"是传统意义的,有些"礼"便是孔子自己发明的,或由他而阐扬的。"礼"在本质上,乃是一种人伦社会的"道",它可以在任何情况中出现,而在不同的情况下,有不同的"礼"的形式。这种"礼"的形式,不但与情况有关,并且和行"礼"者的角色和地位相关。各种不同角色和地位的人,其所行的"礼"的形式也是不同的。孔子的"礼"有:

1. 祭祀的"礼"

季氏旅于泰山……子曰:"呜呼! 曾谓泰山不如林放乎?"(《论语·八佾》)(按:"旅"是一种祭祀,是一种"礼"。)

子入大庙,每事问。或曰:"孰谓鄹人之子知礼乎? 入大庙,每事问。"子闻之曰:"是礼也。"(同上)

子贡欲去告朔之饩羊。子曰:"赐也,尔爱其羊,我爱其礼。"(同上)

2. 国君的"礼"

上好礼,则民莫敢不敬。(《论语·子路》)

天下有道,则礼乐征伐自天子出。天下无道,则礼乐征伐自诸侯出。(《论语·季氏》)

邦君树塞门,管氏亦树塞门。邦君为两君之好,有反坫,管氏亦有反坫。管氏而知礼,孰不知礼?(《论语·八佾》)

3. 君子的"礼"

君子博学于文,约之以礼,亦可以弗畔矣夫。(《论语·雍也》)

恭而无礼,则劳。慎而无礼,则葸。勇而无礼,则乱。直

而无礼,则绞。(《论语·泰伯》)

　　君召使摈,色勃如也,足躩如也。揖所与立,左右手,衣前后
襜如也。(《论语·乡党》)(按:这是孔子见国君所行之"礼"。)

　　肉虽多,不使胜食气。唯酒无量,不及乱。(同上)(按:饮
食之"礼"。)

　　席不正不坐。(同上)(按:坐的"礼"。)

　　以当时的社会制度而言,君子或士都是贵族阶级,但是孔子心
目中的君子已渐是以德行为标准的。所以,孔子的弟子子夏在《论
语》中就说了:"贤贤易色,事父母能竭其力,事君能致其身,与朋友
交言而有信,虽曰未学,吾必谓之学矣。"(《论语·学而》)

　　"礼"到了孔子,便有了改革,不仅只是贵族们的仪礼。他认为
老百姓也可以行"礼"(君子之"礼"),所以他说:"道之以政,齐之以
刑,民免而无耻。道之以德,齐之以礼,有耻且格。"(《论语·为
政》)由此可见,他有意要将礼在社会上普及化。

　　并且他认为"礼"不该是光讲究排场的死规矩,"复礼"当包括
复"礼"的活生生的精神。所以当林放问"礼之本"的时候,他说:
"礼与其奢也,宁俭。丧与其易也,宁戚。"(《论语·八佾》)另外,
他*还说:"礼之用,和为贵,先王之道,斯为美。"(《论语·学而》)
"礼云,礼云,玉帛云乎哉? 乐云,乐云,钟鼓云乎哉?"(《论语·
阳货》)

　　到了孟子论礼,已渐将行礼者的阶级由贵族而大众化了。在

　　———————————

　　*　原文如此,疑误。当为孔子弟子有若。——编者

《孟子》中虽然仍有祭祀之"礼",但"礼"已为人的社会规范,并且与义连用,而成了一种做人的道理。

1. 祭祀的"礼"

无城郭、宫室、宗庙、祭祀之礼。(《孟子·告子下》)

诸侯之礼,吾未之学也;虽然吾尝闻之矣。三年之丧,齐疏之服,飦粥之食,自天子达于庶人,三代共之。(《孟子·滕文公上》)

2. 作为一般社会规范的"礼"

诸侯失国,而后托于诸侯,礼也。士之托于诸侯,非礼也。(《孟子·万章下》)

男女授受不亲,礼也。(《孟子·离娄上》)

非礼之礼,非义之义,大人弗为。(《孟子·离娄下》)

无礼义,则上下乱。(《孟子·尽心下》)

3. 作为自我修养的"礼"

是故贤者,必恭俭礼下。(《孟子·滕文公上》)

君子以仁存心,以礼存心。仁者爱人,有礼者敬人。(《孟子·离娄下》)

万钟则不辩礼义而受之,万钟于我何加焉?(《孟子·告子上》)

除此之外,孟子把行"礼"的范围也扩大了,不但有"礼",还有

"礼貌",就是还要有行"礼"的样子,如:"迎之致敬以有礼,言将行其言也,则就之;礼貌衰,则去之。"(《孟子·告子下》)

在孔子,"礼"的实践还是要严格遵守的。其如太庙,为了"礼",要明知故问地"每事问"。为了有"礼",孔子不肯两条腿跑路,实因"从大夫之后,不可徒行"(《论语·先进》)。在《乡党》中所记,孔子自持阔得和贵族一样,其实并非孔子好阔,而是"爱其礼也"。孔子的学生子路,甚至为了"礼",结缨才死。孔子虽然讲过"礼云,礼云,玉帛云乎哉"(《论语·阳货》),但是他并不是不主张"玉帛",而是要在"玉帛"之上加入行"礼"的精神和诚意。

但是到了孟子,虽然男女授受不亲是"礼",但是"嫂溺,援之以手"(《孟子·离娄上》)却并不是"非礼",而只是"权"而已。并且他对任人问的"以礼食,则饥而死。不以礼食,则得食,必也礼乎?"而认为任人是"不揣其本""取食之重者,与礼之轻者而比之"(《孟子·告子下》)。虽然没有明白地表示食重,但我们却可以知道孟子在这种情况下,显然没有认为食轻的意思。

力主恢复周礼的孔子,要使老百姓"齐之以礼",实是对周"礼"第一步的破坏,当时由于上下尊卑的阶级分得很严,所以"不在其位,不谋其政"也当是一种"礼"。而孔子却无"位"而好论政。这不但超越了"礼",并且开了后代中国读书人"处士横议"的先河。而主张"嫂溺,援之以手"的圣人之徒孟子,是"礼"的进一步的超越者,并且他还提出了一个理论基础,说这是"权"。孟子这种"权"的论调,实和近人罗素言"宁赤毋死"是一样具有人道主义的光辉。虽然孔孟是超越"礼"之人,但这实是他们最伟大的一面,他们超越了"礼"的规范,而欲发扬人性的价值。所以,近人所称"吃人的礼教"实不是孔孟之"礼",而是另有其"礼"。

在孟子的思想中,"礼"是仁义的一种表现形式,并且还有其形上学的基础。"礼"的实行是根据其"性善论",而性善论的根据又是天论。由性直接与天地接合,而得出"万物皆备于我"的结论。[①]而荀子却要"明天人之分","错人而思天,则失万物之情"。并谓天"不为尧存,不为桀亡"。由"礼","反身而诚"则"天人合德"的这套形上学体系,到荀子却要"明天人之分",而把孟子那套天论摒弃,并将礼完全落实到社会经验的层次上。

在这里,我们还必须要把当时的社会变迁拿来对照一下。孔子能"有教无类",并且对来求教的"鄙夫"也能"叩其两端"(《论语·子罕》),由此,我们可以推断当时已有庶人在孔子门下学礼了。孟子是否是贵族,已不可考,但从后来流传"孟母三迁"的故事中,孟子的母亲似乎是"男耕女织"中的"女织",是直接生产的劳动力。即使这故事是后人杜撰的也无妨。至少在《孟子》中所载,孟子把墨家当成了他学问上的论敌,并且有墨者夷之与他论学过。(《孟子·滕文公上》)

据钱穆言,墨乃古代的刑法之一,刑徒乃奴隶的阶级。虽然我们不敢断言墨是一个罪犯集团,但从墨子自己的话中,"子之言则诚善矣。而君王,天下之大王也,毋乃曰'贱人之所为',而不用乎"(《墨子·贵义》),可以知道墨子至少是个"贱人"。但墨这个集团经常帮挨打的国打仗,而为诸侯所礼遇。[②]

由此可见,至少在孟子的时代,贵族与平民严格的阶级限制已

---

① 侯外庐:《中国思想通史》卷一,第310页。
② 冯友兰:《中国哲学史补》,第3页。

被打破。并且,孟子自己也主张"庶人在官者"。因此,要再谈什么
"刑不上大夫,礼不下庶人"就太不合时宜了。

到了荀子,既没有贵族与平民的严格界限,也就不再有"礼"与
"刑"的分别了。故荀子"礼"的概念乃是:"国无礼则不正。礼之所
以正国也,譬之犹衡之于轻重也,犹绳墨之于曲直也,犹规矩之于
方圆也。"(《荀子·王霸》)因为"诛赏而不类,则下疑俗险,而百姓
不一",所以才"先王明礼义以壹之"(《荀子·富国》)。这样的"礼"
不就是法了吗?甚至于"虽王公士大夫之子孙,不能属于礼义,则
归之庶人。虽庶人之子孙也,积文学,正身行,能属于礼义,则归之
卿相士大夫"(《荀子·王制》)。因此,我们可以说要"法后王"的
(按:后王也是指周初的文、武二王)①先秦儒家的荀子,在观念上
已与他所法的"后王"之礼相差甚远。但也不能说他完全抹煞了
"后王"之礼,他也曾说过,"郊止乎天子,而社止乎诸侯,道及士大
夫,所以别尊者事尊者,卑者事卑"(《荀子·礼论》),就是"后王"之
礼的遗迹。

荀子是先秦儒家中,把自己思想陈述得最清楚的思想家,对于
礼的列论也是井然有条的。英国功能学派的大师瑞地克莱·布朗
(Radcliff Brown)宣称,在荀子的著作中发现了许多和他相似的见
解。② 荀子主张"化性起伪",认为礼是一种理想的"伪",对于人性
教化的项目就是"礼",人不是生来就善的,也不能人生来就有礼。

---

① 胡适认为荀子的法后王是"因为上古的制度文物都不可考,不如后王的制度
'粲然'可考"。见《中国古代哲学史》,第 330 页。但侯外庐却认为荀子的"法后王"与
孔孟的"先王无异法"。参见氏著《中国思想通史》卷一,第 486 页。

② 费孝通:《乡土重建》,第 15 页。

要人学礼甚至于是强迫性的。而瑞氏也认为社会规范不是人天生
就能具有的,而是学习的,这学习是强迫的,是从一种社会处罚和
社会奖励中得来。他说:"人有一种欲望去从他的引导者那里获得
认可,而避免反对;去赢得奖励,而避免惩罚。这奖励和惩罚是社
团(community)所提供的或胁迫的。"①的确,荀子对社会的分析,
大都是从其社会功能入手的。在他论"礼"的起源时,就是从这个
立场出发的:

  礼起于何也? 曰:人生而有欲,欲而不得,则不能无求。
求无度量分界,则不能不争。争则乱,乱则穷。先王恶其乱
也,故制礼义以分之,以养人之欲,给人之求。使欲不必穷乎
物,物不必屈于欲。两者相持而长,是礼之所起也。(《荀子·
礼论》)

  物不能澹,则必争。争则必乱,乱则穷矣。先王恶其乱
也,故制礼义以分之,使有贫富贵贱之等……(《荀子·王制》)

他为"礼"所下的定义,也是着重在社会功能上的。

  礼者,所以正身也。(《荀子·修身》)
  礼者,谨于治生死者也。生,人之始也。死,人之终也。
终始俱善,人道毕矣。(《荀子·礼论》)

―――――――――

  ① Radcliff-Brown, "Social Sanction", Lewis A. Coser and Bernard Rosenberg
(eds.), *Sociological Theory*, 1967, p. 187.

> 凡礼,事生,饰欢也。送死,饰哀也。祭祀,饰敬也。师
> 旅,饰威也。(《荀子·礼论》)

要使之出现"有贫富贵贱之等",则必要有"分","分"然后有
"礼",故荀子的"礼"与"分"是休戚相关的。为什么要"分",他说:

> 故人生不能无群,群而无分则争,争则乱,乱则穷矣。故无
> 分者,人之大害也;有分者,天下之大利也。(《荀子·富国》)
> 人何以能群?曰:分。分何以能行?曰:义。故义以分则
> 和。(《荀子·王制》)

他的"分"又是下于农、贾、百工者,庶人也。

> 兼足天下之道,在明分。掩地表亩,刺山殖谷,多粪肥田,
> 是农夫众庶之事也。(《荀子·富国》)
> 农分田而耕,贾分货而贩,百工分事而劝。(《荀子·王霸》)

"制礼义"当把老百姓包括在内。荀子真的是把孔子的"齐之
以礼"的思想付诸实现。从此,"礼不下庶人"在实际上只是一个历
史名词。

"分"是如何的重要,而谁能有权力来主持这项"分"的工作呢?
荀子他认为是"人君",所以他说:"而人君者,所以管分之枢要也。"
(《荀子·富国》)

在《礼记》中,"礼"的观念和思想可以说得到了一个集大成的

完成,对礼有了更深一层的理论,以说明"礼"的性质及其对人生社会的关系。① 《礼记》的成书,大致可以断为战国末年及汉初所流行者,多为先秦儒家诸子的传人之所述,并且可能杂有其他各家的思想,如冯友兰就认为《礼运·大同》篇有道家思想。在《礼记》中对礼的实践有详细的规定,成为后世中国文化中行为的准则。

　　战国末年,"布衣卿相"的局面早已形成,平民与贵族之分的传统界限已被打破,社会流动频繁。除了政治上因国君求才而破格选用才智之士外,工商巨子的兴起,甚而与政府分庭抗礼,参与政事者亦不乏其人。再由于土地私有制的出现,平民中的才智之士攫得贵族土地而为地主者,亦不乏其人。所以,《礼记》里虽有以血缘为宗的封建贵族之"礼"的痕迹外,"礼"的重要已扩大到每一个人的身上。在儒家"礼"的思想中,"礼"乃是发之于内心之诚,而向外实践于生活行为之中。儒家哲学之不同于一般哲学者,乃为后儒所言之"改变气质"也。对内是一种陶冶体验的工夫,对外是一种行为实践的行为。所以《礼记》中谓:"修身践言,谓之善行。行修言道,礼之质也。"(《礼记·曲礼上》)

　　《礼记》中把"礼"当成一种道德实践的一种方法,"礼"也是一种被承认的道德实践的形式,所以说:

　　　　道德仁义,非礼不成。教训正俗,非礼不备。分争辩讼,非礼不决。君臣上下父子兄弟,非礼不定。宦学事师,非礼不亲。班朝治军,莅官行法,非礼威严不行。祷祠祭祀,

---

① 参见冯友兰:《中国哲学史》,第 410 页。

供给鬼神,非礼不诚不庄。是以君子恭敬撙节退让以明礼。
(《礼记·曲礼上》)

在儒家的哲学中,一再地强调形式与实质的统一,但又不提倡
"绝对道德"(absolute moral),而谈"权"的"境遇道德"(situational
moral)。观之以当时的社会背景、人文精神的醒觉,"绝对道德"已
不能适应此等思想气候,但儒家却把握了体验哲学的精要,由外在
的实践而有内在的体验。王阳明言"知而不行,未知也",实"知而
不行"之"知"为外在的"认识知",而"未知也"之"知"乃内在的"体
验知"。如吾饮水,可由仪器测知其温度冷暖,此乃"认识知"也。
然若饮水入口则"冷暖自知"也,此乃"体验知"。无饮水入口何能
有"冷暖自知"之"体验知"? 无此"体验知",一切的知识为虚妄。
故吾人欲求得真知识,必须使得"认识知"与"体验知"能合一。道
德知识尤其必有"体验知"方能成其真知识。为什么儒家强调"礼"
就是这个道理,"礼"乃是求得"体验知"的实践之方法。

在社会制度崩坏的时代里,儒家提倡"礼"的目的乃是"教民相
爱,上下用情,礼之至也"(《礼记·祭义》)。

《礼记》中所言之"礼",我们可以分成下列数种:

(一) 祭祀的"礼"

之所以要祭祀,乃是"致鬼神,以尊上也"(《礼记·祭义》),"筑
为宫室,设为宗祧,以别亲疏远迩,教民反古复始,不忘其所由生
也"(同上),教民"尊上"就是"教以敬长,而民贵用命"(同上),民能
"不忘其所由"则孝,孝则"顺以听命,错诸天下,无所不行"(《礼

记·祭义》)。

"致鬼神"是要"尊上","尊上"是要"民贵用命",所以孔子要说"敬鬼神而远之",否则就失去了儒家"致鬼神"的真正意义:韦伯言儒家容忍"致鬼神"的迷信,但其未能了解到"致鬼神"的儒家哲学之意义不在所谓的"迷信",而在其社会政治的意义,这种"致鬼神"又何能言之为迷信?

(二)作为一般社会规范的"礼"

社会不能没有其规范和秩序,这是历代儒家所一再肯定的,儒家的社会哲学就是以规范秩序作为其目的论的假设的。而"礼"的作用也就在于斯:"饮食男女,人之大欲存焉;死亡贫苦,人之大恶存焉。故欲恶者,心之大端也。人藏其心,不可测度也。美恶皆在其心,不见其色也,欲以一穷之,舍礼何以哉?"(《礼记·礼运》)

社会有了"礼",老百姓能守"礼",才能"辨君臣上下长幼之位","别男女父子兄弟之亲,婚姻疏数之交"(《礼记·哀公问》)。

(三)作为个人行为准则的"礼"

在儒家哲学中,"礼"是社会宇宙的律则,而人却是社会宇宙运动的主体,从天地鬼神、君臣上下到个人,这是一个社会宇宙构成的整体,个人不能自外于天地人群之外,他必是整个宇宙中的一环。"礼"的要求也当从天地鬼神、君臣上下一直到达个人的主体上。

《礼记》中论述个人行为准则的"礼"甚多,如:

尊长子已逾等,不敢问其年。燕见不将命。遇于道,见则

面,不请所之。丧俟事。不犆吊。侍坐弗使,不执琴瑟,不画
地。手无容,不翣也。寝则坐而将命。(《礼记·少仪》)

不窥密,不旁狎,不道旧故,不戏色。(同上)

八、正名的社会意义

先秦儒家正名的目的,主要的是"复礼",虽然未必是复周公之
礼。用现代的话说,就是要用一套"礼"的社会规范来建立一个有
秩序的社会,再次的目的是作褒贬,使"乱臣贼子惧","惧"自己
在历史上留下万世恶名。这是政治的意义。再由于辩论,为了
要反驳"异端""邪说",儒家便创设了一套"逻辑"来支持他们的
正名。

孔子的正名,乃是针对当时紊乱的社会秩序而发的。也是其
政治思想实行之具体主张。[①] 他的学生子路已有意要承认当时名
分已乱的既成事实,以便得到为政干禄的机会,但孔子不肯。他们
师生的一段对话,可见《论语·子路》篇:

子路曰:"卫君待子为政,子将奚先?"子曰:"必也正名
乎。"子路曰:"有是哉,子之迂也! 奚其正?"子曰:"野哉,由
也。君子于其所不知,盖阙如也。名不正,则言不顺;言不顺,
则事不成;事不成,则礼乐不兴;礼乐不兴,则刑罚不中;刑罚
不中,则民无所措手足。"

---

① 萧公权:《中国政治思想史》上册,第 57 页。

　　孔子之所以坚持正名的目的，乃是因为"名不正"搞到最后是"民无所措手足"。"民无所措手足"，百姓不安宁，"刑罚不中"就要引起天下大乱了。

　　当时天下争乱，许多不该他为君的，也爬到君位上去，而僭用君之名，大夫舞八佾而"旅泰山"，这都是坏礼乱名而使得天下不治的原因。因此，孔子感慨而言："觚不觚，觚哉觚哉！"（《论语·雍也》）

　　孔子的"正名"是为了维护社会秩序，社会能安定，最大的得益者当是高高在上的"君"，虽然孔子的目的是"百姓足，君孰与不足？"（《论语·颜渊》）在这种情形下，君得益了，老百姓当然已经得了好处。但笨而自私短见的齐景公，在孔子讲出"君君臣臣、父父子子"的大道理后，他只能"半解"，解到那对君有好处的一半。所以他说："善哉！信如君不君，臣不臣，父不父，子不子。虽有粟，吾得而食诸？"（同上）从这里我们也可以看出，孔子的正名还有"干禄"讨好诸侯的现实作用呢！其实孔子的"正名"，并不一定是以现实的国君为其维护的对象，而是维护一个有德的统治者，这有德的统治者才是他所谓"正名"的君，反之则否。故其正名乃是要拥护一个将政权作为帮助一般老百姓得到教养的福利机构。[①]

　　到了孟子，由春秋而战国，许多诸侯已不是由宗法和"礼"产生出来的，而是抢来和篡来的。因此，要谈孔子的古名今正，只有自讨没趣的份。他用以游说诸侯的是可以有大利的仁义，"未有仁而遗其亲者也，未有义而后其君者也"（《孟子·梁惠王上》）。若不行仁义，则现有的权位不保矣，便会发生"万乘之国，弑其君者，必千

　　① 徐复观：《中国人性论史·先秦篇》，第66页。

乘之家。千乘之国,弑其君者,必百乘之家"(《孟子·梁惠王上》)。
这样的仁义其实是君王控制下属和保护自己的一种手段。

但无论如何,孟子是具有"社会良心"性格的知识分子,老百姓
苦不堪言,是他所看不惯的。他要求君王行仁政,因此"正名"到孟
子手里,便成了攻击暴君的武器,甚至是提供对暴君的革命和诛杀
的理论。他之所以如此,固然是因他伟大的"社会良心",但我们若
再对照一下"社会良心"所在的社会背景,便不得不觉得良有以也。

由于城市兴起,尤其是因此引起的社会流动,使得原有的社会
控制失效,天子号令不行,诸侯各自为政。对于有才之人而言,"此
处不留爷,自有留爷处",得罪了甲诸侯,同样无损于为乙诸侯重用
的机会。最喜欢不在其位而论其政的孔子,就开始指桑骂槐、借古
讽今地批评起朝政来,譬如他说:"不教而杀,谓之虐。不戒视成,
谓之暴。慢令致期,谓之贼。"(《论语·尧曰》)当他晚年,自知"道
不行",竟敢多管闲事起来,而作《春秋》要"乱臣贼子惧"。他非史
官而作《春秋》,可谓无"礼"矣,又自怨自艾地说:"知我者其惟春秋
乎,罪我者其惟春秋乎。"由于他批评朝政,更由于他后来被尊为
"圣人",所以他为中国在"政统"之外辟出了一个不受统治者所完
全控制的"道统",他自己也成了中国"道统"中的"素王"。到了孟
子,不再是语焉不详地指桑骂槐,而开始指名点姓了。那些被他们
责备的国君,对他们也无可奈何,只好让他去"逍遥法外"。

孔子之后,私人讲学之风大起,他们并不一定要当官才能维持
生计,只要授徒,便有人束脩以进。既然"道不行",于是真正能授
徒的人,也不一定那么绝对地需要爵禄了。既不必绝对地受"干
禄"的累赘,是而谓:"经德不回,非以干禄也。"(《孟子·尽心下》)

因此,便在发言的时候,更可以表现其"社会良心"了。

诸侯求才若渴,才是真正刺激私人讲学的社会因素。而讲学授徒,也因此可以成为一种职业阶级了,有了生计的职业,不怕因政治问题而威胁基本生活,于是孟子便可以大胆地"言论自由"。他不但敢骂梁惠王自夸自赞的"经济成果"——"河内凶,则移其民于河东,移其粟于河内;河东凶亦然"(《孟子·梁惠王上》)——是"以五十步笑百步",并且骂梁襄王是"望之不似人君,就之而不见所畏焉"(同上)。除此之外,他还当面骂国君,被他骂的国君似乎还有一点怕他,而常常"王顾左右而言他"。

从这角度的了解,孟子的"正名",其乃是列出哪些是"君"哪些是"一夫"的标准,什么是"诛"与"弑"的区别。

> 狗彘食人食,而不知检。涂有饿莩而不知发。人死,则曰:"非我也,岁也。"是何异于刺人而杀之,曰:"非我也,兵也。"王无罪岁,斯天下之民至焉。(《孟子·梁惠王上》)(按:这就是说,岁杀人就是王杀人,名不可乱,王不准赖。)
>
> 齐宣王问曰:"汤放桀,武王伐纣,有诸?"孟子对曰:"于传有之。"曰:"臣弑其君可乎?"曰:"贼仁者,谓之贼。贼义者,谓之残。残贼之人,谓之一夫。闻诛一夫纣矣,未闻弑君也。"(《孟子·梁惠王下》)
>
> 以力服人者霸,霸必有大国。以德行仁者王,王不待大。(《孟子·公孙丑上》)(按:当时诸侯称王是僭越,孟子并不因此自要求正"名",是孟子能识时务。"王""霸"之名不可乱,是孟子"社会良心"表现的正名论。)

孔孟为中国知识分子树立了一个批评朝政的传统。由于他们的"正名",也为中国的政治立下了一个万世不易的是非标准,后代的读书人甚至以性命和头颅卫护其所信仰的"名"。

战国到了荀子,已与往昔的时代更不相同了。齐为田氏所篡,晋被三家所分。南方的蛮人楚,甚至来"问鼎中原"。孟子已经承认了舜是东夷,文王是西夷,而能仁天下(《孟子·离娄下》)。因此荀子也不讲究孔子的古名今正了。但荀子承袭儒家的学派,也接受了早期儒家的问题。"正名"是儒家的问题之一,荀子也谈"正名",但他的正名又有了新的发展趋势,并抛弃了一部分旧有的意义。为了辩论,他有一套逻辑了,但他主要的目的还是在安排社会的秩序上。

他说的"名"有好几种,并且清楚地陈述了他认为"后王"之"名"的来源。

> 后王之成名,刑名从商,爵名从周。文名从礼,散名加之于万物者,则从诸夏之成俗曲期。(《荀子·正名》)

荀子的"名"有"国之重器"的意义,是一套统治国家的抽象的价值工具,所以他说:

> 故其民莫敢托为奇辞以礼正名,故壹于道法,而谨于循令矣。如是则其迹长矣,迹长功成,治之极也,是谨于守名约之功也。(同上)

荀子的"名",不一定要求觚一定是觚了,这个"觚"的"名"可以随着新的统治者而修改，"名"不是死规定，是可以因"王"而异的，"若有王者起，必将有循于旧名，有作于新名"（《荀子·正名》）。名是人制的，大家都承认这个"名"，这个"名"就成立，他说："名无固宜，约之以命。约定俗成，谓之宜。异于约，则谓之不宜。"（同上）

荀子是一个古代的功能主义（functionalism）[1]者，他论"名"的功能是"制名以指实，上以明贵贱，下以辨同异。贵贱名，同异别，如是则志无不喻之患，事无困废之祸，此所以为有名也"（同上）。

在"诛"与"弑"的正名上，荀子仍然站在儒家"诛一夫"的传统立场发言，他认为"诛暴国之君，若诛独夫"（《荀子·正论》），而"汤武不弑君"。他的理由也是传统儒家的，"汤武者，民之父母也。桀纣者，民之怨贼也"（《荀子·正论》）。

名既立，又如何来维持"名"，使"名"不乱？论到这里，荀子专制的味道又出来了，他说："故明君临之以埶，道之以道，申之以命，章之以论，禁之以刑。故民之化道也如神，辨埶恶用矣哉。今圣王没，天下乱，奸言起。君子无埶以临之，无刑以禁之，故辨说也。"（《荀子·正名》）这是古代儒家为了社会政治安全，而主张压制思想自由的一篇力论。儒家是因周制崩坏、社会解体，在"三不管"及"管不着"的政治夹缝中发迹而成显学的。而今，荀子却反过头来要求钳制言论了。接着他的学生韩非便说"儒以文乱法"（《韩

---

① G. A. Theodorson and A. G. Theodorson(eds.), *A Modern Dictionary of Social Philospohies*, p. 167，参见"Functionalism"条，言对社会文化现象之分析，是以社会文化体系作为考虑。功能主义认为社会文化的各种现象是相互关联的部分，不能作为将其现象作孤立之对象研究。

非子·五蠹》)。

荀子正名的目的虽是社会意义的,但是他的"正名论"最精彩的却是它的逻辑意义。在荀子的哲学中,为了"正名"已开始有了很清楚的分类法、定义法和推论法了。

(一) 分类法

人之认识世界乃因殊样概念,如我们对整个世界只有一个概念,则我们无由认识世界。如我们对每一事物都只能感觉而不能抽象之,我们也无由认识这世界。若不能将这些概念发之文而为"名",我们也不能说认识这世界。所以荀子说:"五官薄之而不知,心征之而无说,则人莫不然谓之不知,此所缘而以同异也。然后随而命之,同则同之,异则异之。"(《荀子·正名》)若我们不能以一个单一概念来陈述一事务,则必须用一个以上的观念对之作陈述。这就是"单足以喻则兼,单与兼无所相避则共,虽共不为害矣"(同上)。

他提出"共名""偏举""别名"的观念来对万物作分类:

> 故万物虽众,有时而欲遍举之,故谓之物。物也者,大共名也。推而共之,共则有共,至于无共然后止。有时而偏举之,故谓之鸟兽。鸟兽也者,大别名也。推而别之,别则有别,至于无别然后止。(同上)

在此,他提出了和"朴尔裴列之树"相同的分类法。[①] 惜荀子

---

① 冯友兰:《中国哲学史》,第 376 页。

不为后儒所重视,他许多智慧的观念无由发扬和阐述。不过分类法在荀子自己的哲学中,仍然是"制名以指实,上以明贵贱,下以辨同异"(《荀子·正名》)。

(二) 定义法

荀子的定义法是从互相联系的关系中,找出其之所以然而与其他事务之有别的性质与功能,并且以性质的情形为本,而做出该事物或其概念的区别与定义。如:

> 故积土而为山,积水而为海,旦暮积谓之岁,至高谓之天,至下谓之地,宇中六指谓之极,涂之人百姓,积善而全尽谓之圣人。……故圣人也者,人所积也。人积耕耨而为农夫,积斫削而为工匠,积皮货而为商贾,积礼义而为君子。(《荀子·儒效》)
> 天地者,生之本也。先祖者,类之本也。君师者,治之本也。(《荀子·礼论》)

像这样的定义法,在荀子的著作中很多,如他对"性"、对"伪"、对"礼"等都曾一一定义。

(三) 推论法

在先秦儒家哲学中,用类比法者甚多,如孔、孟以自然物来论列社会事务者即是。在荀子哲学中,这类的类比推论亦甚多。如:"礼之所以正国也,譬之犹衡之于轻重也,犹绳墨之于曲直也,犹规

矩之于方圆也。"(《荀子·王霸》)

而另外在荀子的哲学中,我们发现已隐约地有了逻辑推论的形式,虽然他并不一定是有意识的,但至少是为了辩论的需要而产生的。例如《性恶》篇所言:

> 凡礼义者,是生于圣人之伪,非故生于人之性也。故陶人埏埴而为器,然则器生于工人之伪,非故生于人之性也。
>
> 隐栝之生,为柏木也。
>
> 绳墨之起,为不直也。
>
> 用此观之,然则人之性恶明矣,其善者伪也。

荀子的正名本来是要维护正道、破除邪说诡辩,因而用上了这一些辩论的方法和逻辑推理,但是后来有些陋儒将儒家变成儒教而失去了先秦儒家精神之后,这一套荀子的辩论或思想的方法——分类、定义、推论——便也派不上用场了。

在《中庸》里,正名的意义也是儒家一贯的立场,主张为政者当名实相符、名位相当,更明显地说出了儒家所着重的实际,并不是承袭地位,而是以道德修养而得的成就地位。所以说:"故大德,必得其位,必得其禄,必得其名,必得其寿。"(《中庸·第十七章》)而其形上学的根据是:"天之生物,必因其材而笃焉;故栽者培之,倾者覆之。"(同上)

《礼记》中的正名仍然是为君之道,而"礼"的功用对君而言,就是"治政安君"的大本,也是之所以为"正"的基本规范。"正名必借

具体制度以为标准"①,礼就是正名的具体制度的标准也。所以说:

> 是故礼者,君之大柄也。所以别嫌明微,傧鬼神,考制
> 度,别仁义,所以治政安君也。故政不正,则君位厄,大臣
> 倍,小臣窃。刑庸而俗敝,则法无常,法无常而礼无列。
> (《礼记·礼运》)

这一段也正是孔子所言"名不正,则言不顺;言不顺,则事不成;事不成,则礼乐不兴"的补充说明。只是《礼记》更说明了"礼"及"正"其实是维护君道的基础而已,而明白表示出儒者的干禄性格。

在儒家的社会哲学中,是从来没有忽略过政治对社会人群的重要性。要有一个健全的社会,要人民能安居乐业,其最主要的因素就是政治,甚至于军事经济都被列为其次的因素。所以《礼记》中言"人道,政为大",其记载孔子与哀公的一段对话如下:

> 公曰:"敢问何为政?"孔子对曰:"政者,正也。君为正,则
> 百姓从政矣。君之所为,百姓何从?"公曰:"敢问为政如之
> 何?"孔子对曰:"夫妇别,父子亲,君臣严,三者正,则庶物从之
> 矣。"(《礼记·哀公问》)

从"正名""正政"到"夫妇别,父子亲,君臣严",儒家的一贯目的是要求社会秩序的出现,而"礼"就是一种社会秩序的理想,所以

---

① 萧公权:《中国政治思想史》上册,第285页。

"为政先礼,礼其政之本欤!"(《礼记·哀公问》)即使有"敬""恭""勇"的德行,但不合"礼"的德行儒家是不予承认的,因而言:"敬而不中礼谓之野,恭而不中礼谓之给,勇而不中礼谓之逆。"(《礼记·仲尼燕居》)

儒家对正名的安置,并不以为空具其名位的形式就可以的,且反对尸位素餐的虚具其名位。所以在《礼记》中警告那居人君之位者"处其位而不履其事,则乱也"。"履其事"就是使其臣,并且使其臣时不得刚愎自用,孤意独行,而要想办法采纳忠言,要"得志则慎虑而从之,否则孰虑而从之"(《礼记·表记》)。即使对已经过世的人之谥号也不应该虚彰其名,故曰:"先王谥以尊名,节以一惠,耻名之浮于行也。"(同上)

《礼记》的成书已成大一统的前夕,天下已渐定于一,或已定于一了。虽然其思想仍与整个先秦儒家是一贯的,但在言论上对国君已渐温和,而不采一种攻击性言论。其一再重述的要求几乎均放在人臣的身上,如"事君远而谏则谄也。近而不谏则尸利也""事君欲谏不欲陈"(同上)。在更以后的中国,大一统的国君是不要儒者为其正名的,汉代辕固生之后,儒者也再不敢直接对其当今皇上去谈什么君和一夫的标准了。

九、社会安全与养民

一般高高在上的贵族或统治者,依其阶级是很难体会到民生疾苦而有伟大社会思想的创发,但孔子是一个例外,他身为贵族之后,但却对民生疾苦有伟大的同情,甚而其社会哲学就是基于此伟大的同情的。孔子之所以对民生疾苦同情，实其已由贵族下降为平民，所以近人徐复观谓"贵族系谱的坠落"，乃是助长孔子思想解放的因素，①从知识社会学的观点视之，实良有以也。

由孔子发现"人"的价值，而人又是与鸟兽不可以同群的，所以只得承认人必须要有人的"群"。群的维持固然要有礼，但"礼"是不够的，还必须要饱肚子，肚子不饱，人活不下去，人活不下去要"群"干什么？没有"群"又要"礼"干什么？于是，社会安全与养民的问题是儒家必须要解决的，他们表现在政治思想上的是仁政，在实际社会上是养民。

他们从上而言的"礼""义""仁"，都是往下落实到经济民生上的。他们认为只有这样才能确保其所主张的"乌托邦"的出现，社会秩序才能维持，社会和谐才能获得，大同世界的理想才能实现。

居君子的角色，其"事上"与"事下"是一样重要的。所以，孔子说："其行己也恭，其事上也敬，其养民也惠，其使民也义。"（《论语·公冶长》）孔子不轻易与人的"仁"却毫不犹疑地与了"如有博施于民而能济众"的圣人（《论语·雍也》）。并且把能"修己以安百姓"的人，认为连如古之圣人的尧舜都不及（《论语·宪问》）。其为政的主张是"富之"和"教之"。他生平最高的自许也是："老者安之，朋友信之，少者怀之。"（《论语·公冶长》）在几千年前的中国圣人，已说明了西方在发现资本主义残暴之后而醒觉的社会救济思想，他说："君子周急不继富。"（《论语·雍也》）

而对那些富而不仁的人，他绝不赞成。所以，他的弟子冉求去

---

① 徐复观：《中国人性论史·先秦篇》，第63页。

帮有钱的季氏聚敛,他气得不得了,说:"非吾徒也,小子鸣鼓而攻之可也。"(《论语·先进》)

对于财富分配的问题,他认为如不能有合理的平均,便不可保障应有的社会安全。所以,他说:"丘也闻有国有家者,不患寡而患不均,不患贫而患不安。盖均无贫,和无寡,安无倾。"(《论语·季氏》)

孔子并认为危害社会安全的四恶是:"不教而杀谓之虐,不戒视成谓之暴,慢令致期谓之贼。犹之与人也,出纳之吝,谓之有司。"(《论语·尧曰》)民有争则讼,民有罪则讼。无论是有争或有罪,这都是社会的不正常现象。为政者不可因掌有裁决之权而喜,而当哀悯,而当自惭,所以他说:"听讼吾犹人也,必也使无讼乎!"(《论语·颜渊》)因此,他认为一个能有社会安全的政治是:"善人为邦百年,亦可以胜残去杀矣。诚哉是言也。"(《论语·子路》)这实在是孔子以其伟大的仁心所构想出来的仁政啊!所以熊十力认为孔子一再地攻击统治阶级而同情疾苦民众,是孔子要"破除阶级,倡导民主,与创明天下一家之治纲"。"故其作《易》,明吉凶与民同患之志。而作《春秋》,则盛张贬天子,退诸侯,讨大夫之正义。"①虽然我们不能尽信熊氏之言,然孔子安百姓,以安天下之志,我们是可以体会的。

要真使老百姓解除贫穷困厄之境,教育为最根本之策。开启民智、开物成务,才是社会富足之道。以教育而言,孔子不但"有教无类",更是首创私人兴学,使百姓皆能为有教之人。从此教育不

---

①　熊十力:《原儒》,第130页。

是贵族的专利品,知识也不专是统治者压迫人民的工具。使之因教育而渐消除阶级的尖锐对立。这一点使得后代中国没有统治阶级与平民阶级的强烈斗争,实因平民因教育而有干禄或成为统治阶级的机会,没有完全封闭平民阶级的上升之路。此实孔子为后代中国所开下的社会安全之规模。军队成立的目的,乃是保护社会、人民的安全。但因经济的贫困使社会安全遭到破坏。孔子便主张第一步就解散军队,去兵,使纯消费的军人成为社会的生产力,而不是增加或维持庞大的军力,作为其政权的统治之用。

孟子论社会安全虽没有孔子那么具有伟大的创发性,但因"民之憔悴于虐政,未有甚于此时者也"(《孟子·公孙丑上》),所以他要比孔子论得具体和实际得多,大体分成"养""教""反战"这三方面,他所构成的社会安全的情景如下所言:

> 不违农时,谷不可胜食也。数罟不入污池,鱼鳖不可胜食也。斧斤以时入山林,材木不可胜用也。谷与鱼鳖不可胜食,材木不可胜用,是使民养生丧死无憾也。养生丧死无憾,王道之始也。五亩之宅,树之以桑,五十者可以衣帛矣。鸡豚狗彘之畜,无失其时,七十者可以食肉矣。百亩之田,勿夺其时,数口之家,可以无饥矣。谨庠序之教,申之以孝悌之义,颁白者不负戴于道路矣。七十者衣帛食肉,黎民不饥不寒,然而不王者,未之有也。(《孟子·梁惠王上》)

要如何才能达到这样的境界呢?孟子认为这不是求神问卜可以求得的(《孟子·公孙丑上》),而必须要王者行仁政。所以,他反对统治者"庖有肥肉,厩有肥马,民有饥色,野有饿莩"(《孟子·滕文公下》),而主张"薄税敛"(《孟子·梁惠王上》),"耕者九一,仕者世禄,关市讥而不征,泽梁无禁"(《孟子·梁惠王下》)。他已经明白主张"耕者有其田"——"八家皆私百亩"(《孟子·滕文公上》)。"九一"的税制也只是"八家同养公田"。

并且他认为要"省刑罚"(《孟子·梁惠王上》),即使无法使人不犯罪,也不能使犯人的家属受牵连,所以说"罪人不孥"(《孟子·梁惠王下》)。而且他认为即使有民犯罪,也不一定全是人民的错,而政府得负更大的责任,这乃是因为"苟无恒心,放僻邪侈,无不为已。及陷乎罪,然后从而刑之,是罔民也"(《孟子·滕文公上》)。

关于社会救济,他认为矜寡孤独的人,是必须先予救济的(《孟子·梁惠王下》)。对一些没有生活能力的人,我们应当"老吾老以及人之老,幼吾幼以及人之幼"(《孟子·梁惠王上》)。为政者必须要有"人溺己溺,人饥己饥"的心怀去从事,才能是行仁政的贤者(《孟子·离娄下》)。甚至于他认为不能使老百姓免于冻馁的国君也该被免除,如:

> 孟子谓齐宣王曰:"王之臣,有托其妻子于其友。而之楚游者,比其反也,则冻馁其妻子,则如之何?"王曰:"弃之。"曰:"士师不能治士,则如之何?"曰:"已之。"曰:"四境之内不治,则如之何?"王顾左右而言他。(《孟子·梁惠王下》)

因此,近人萧公权先生谓孟子"大明民主君仆、民体国用之旨"[①]。

----

① 萧公权:《中国政治思想史》上册,第89页。

战争是最摧残人性的,所有的社会建设及安全制度都会因战争而烟消云散。所以,孟子说出了一句最激烈的反战口号——"善战者服上刑"。

战争不但是摧毁社会建设的凶器,并且直接威胁到人的生命。"争地以战,杀人盈野。争城以战,杀人盈城。此所谓率土地以食人肉,罪不容于死,故善战者服上刑。"(《孟子·离娄上》)即使对作战有能力的人也反对。"有人曰:'我善为陈,我善为战'大罪也。国君好仁,天下无乱焉。"(《孟子·尽心下》)由此可知,孟子是反对"军国主义"和"军人政府"的,他主张行仁政而能教育人民的"文人政府"。

教育是孟子社会安全思想中重要的一环,他不但主张学校教育,而要"谨庠序之教,申之以孝悌之义"(《孟子·梁惠王上》),并且他还主张社会教育或成人教育,"壮者以暇日,修其孝弟忠信,入以事其父兄,出以事其长上"(同上)。

由春秋而战国,由孔子、孟子而荀子,商人和工人已日形重要。能自足的农业社会渐走向分工的工商社会了。所以,孟子的社会安全多言农事,而荀子已开始观察更多的工商之事。他不但认为"君君臣臣、父父子子、兄兄弟弟一也",还有"农农士士、工工商商一也"(《荀子·王制》)。并且,还有"谨其时禁"的"经济计划"思想。因此,荀子对社会的图构是:

> 故泽人足乎木,山人足乎鱼,农夫不斫削、不陶冶而足械用,工贾不耕田而足乎菽粟。(同上)
>
> 群道当,则万物皆得其宜,六畜皆得其长,群生皆得其命,

故养长时则六畜育，杀生时则草木殖，政令时则百姓一，贤良服，圣王之制也。草木荣华滋硕之时，则斧斤不入山林，不夭其生，不绝其长也。鼋鼍鱼鳖鳅鳣孕别之时，罔罟毒药不入泽，不夭其生，不绝其长也。春耕夏耘，秋收冬藏，四者不失时，故五谷不绝，而百姓有余食也。污池渊沼川泽，谨其时禁，故鱼鳖优多，而百姓有余用也。斩伐养长不失其时，故山林不童，而百姓有余材也。（《荀子·王制》）

"民为贵，社稷次之，君为轻"的基本道理实是"欲强固安乐，则莫若反之民"（《荀子·君道》）。所以，"王者之法：等赋，政事，财万物，所以养万民也"（《荀子·王制》）。故而从孔孟以来，富民、反聚敛、反苛捐杂税，乃是他们儒家的思想，所以荀子也说："下贫则上贫，下富则上富。"（《荀子·富国》）

荀子不但主张"轻田野之税，平关市之征，省商贾之数，罕兴力役，无夺民时"，而且限制政府滥开支，而"厚刀布之敛以夺之财，重田野之税以夺之时，苛关市之征以难其事"更为不可，而真正的"足国之道"在于"节用裕民"（同上）。

商业兴起，政府对商人开征税收。官吏与百姓的关系频繁，贪污与红包应运而生，而这是最使老百姓头痛的事。因之而使得官吏处事不公，便要破坏法治礼行的社会了。[①] 而这又是因为"上好贪利"而给予官吏有贪污的机会。所以他说："上好贪利，则臣下百吏乘是而后丰取刻与，以无度取于民。"（《荀子·君道》）

---

① 《史记》中已载有陶朱公遣其子致贿之事，见《越王勾践世家》。

要社会安定是一重要因素,经济安定必须要产品流通,荀子已有了"货畅其流"的观念。他说:"通流财物粟米,无有滞流,使相归移也。"(《荀子·王制》)

由于分工的结果,社会愈来愈复杂,荀子深深感觉到"徒礼不足以禁暴",在先秦儒家中,真正谈"刑"的是荀子。没有"刑"还不能确保这日形复杂的社会之安全。所以他说:

> 赏不行,则贤者不可得而进也。罚不行,则不肖者不可得而退也。(《荀子·富国》)

而"刑""法"的功能是要大家都能安"分",并且对恶人的惩罚是富于教育意义。他说:

> 其耕者乐田,其战者安难,其百吏好法,其朝廷隆礼,其卿相调议,是治国已。(同上)
>
> 凡刑之本,禁暴恶恶,且惩其未也。(《荀子·正论》)

但荀子并不主张苛刑滥罚,甚至反对"不教而诛",他说:

> 故不教而诛,则刑繁而邪不胜;教而不诛,则奸民不惩;诛而不赏,则勤励之民不劝。(《荀子·富国》)
>
> 古者刑不过罪,爵不逾德,故杀其父而臣其子,杀其兄而臣其弟。(《荀子·君子》)
>
> 赏不欲僭,刑不欲滥,赏僭则利及小人,刑滥则害及君

子。若不幸而过，宁僭勿滥。与其害善，不若利淫。(《荀子·
致士》)

"刑""罚"要妥当，并且要大家一致平等。他说：

> 诛赏而不类，则下疑俗俭，而百姓不一。(《荀子·富国》)
> 故刑当罪则威，不当罪则侮。(《荀子·君子》)
> 无罪不罚。(《荀子·王制》)
> 罪不当罚，不祥莫大焉。(《荀子·正论》)

　　解决生产的问题可以使之成为一个富裕社会。但在技术未有
革命性的进步以前，儒家执持其天道的自然观，也只能认为顺合自
然"不违农时"是唯一能增加生产或不破坏生产的办法。而跟着生
产而来的分配问题，尤其在资本主义经济形成以后已成了西方社
会最大的问题。其实先秦儒家早已感觉到这问题的严重性了。故
言"生之者众，食之者寡，为之者疾，用之者舒，则财恒足矣"，否则
便将适得其反。而这问题的解决，儒家还之于政治解决，去要求为
政者"国不以利为利，以义为利"，故孟献子曰："百乘之家，不畜聚
敛之臣，与其有聚敛之臣，宁有盗臣。"(《大学》传文之十章)
　　《礼记》的作者不可考，而在引了孔子曰"大道之行也，与三代之
英，丘未之逮也，而有志焉"之后，导出了一段不朽的文字。那就是：

> 大道之行也，天下为公。选贤与能，讲信修睦。故人不独
> 亲其亲，不独子其子，使老有所终，壮有所用，幼有所长，矜寡

孤独废疾者皆有所养，男有分，女有归。货恶其弃于地也，不
必藏于己，力恶其不出于身也，不必为己。是故谋闭而不兴，
盗窃乱贼而不作，故外户而不闭，是谓大同。(《礼记·礼运》)

这不仅是东方文化中最高远、最伟大的社会理想，而且也是人
类最具智慧的社会哲学。而今的"社会主义""社会政策""社会福
利""社会安全"都是朝着这个目标去努力的。

故熊十力虽然认为"与三代之英"非孔子之言，[①]但却认为"故
人不独亲其亲，不独子其子，使老有所终，壮有所用，幼有所长，矜
寡孤独废疾者皆有所养，男有分，女有归"为"孔子社会思想，在合
天下为一家使万物各得其所。此一节，规模宏远。直如天之无不
覆，地无不载。古今言群治者，无可外于此也"。[②]

儒家的社会哲学是要治国平天下的，要使一个政府能安百姓，
要使整个社会人类"大道之行也"，我们一再地论述和分析，不得不
承认儒家的社会哲学是一个"福利国家"的理论。什么是"福利国
家"？曾任哈佛大学法学院院长的庞德(Roscoe Pound)有这么一段话：

我宁愿称之为服务国家(service state)而不称之为福利
国家……服务国家是这么一个国家，她除了维护和平与秩序，
并保持安全为其职司外，还以人类福利的整个问题为其范围，
并进而以行政措施解除一切经济上的与社会上的弊端。[③]

---

① 熊十力:《原儒》，第152页。

② 同上书，第154页。

③ 转引自施康平:《福利国家》，《新思潮》第7期，第35页。

我们或说，福利国家所追求的乃是"最大多数人的最大幸福"。以此观之，儒家的"养民"，何尝不是要求"最大多数人的最大幸福"。民乃是广大的社会成员，而君或社稷只是整个社会中的一小撮统治者而已，故发之为价值的评断，而有孟子"民为贵，社稷次之，君为轻"之语。虽然"儒"是个干禄的团体或阶级，然为执政者思考为政之道，而构想出这么一套"放之四海而皆准"的"长治久安"之道，其庶几可干天下之禄矣。由此而视之，熊十力先生实不必强调孔子是要"荡平阶级"，而言"孔孟诸儒，实不能承受孔子之外王学。虽主张诛剿暴君，毕竟不反对君主制度。此非孔子嫡嗣也"①。因为若孟荀儒者能实现如此"福利国家"之礼治，即孔子之大同世界了。

十、社会结构与社会阶层

一般而言，社会结构（social structure）是指在一稳定的社会中，由"地位"和"角色"所形成的一组社会关系。有时也可以社会组织（social organization）代称之。② 而李维·斯特劳斯（Claude Lévi-Strauss）认为"社会结构"是由经验事实中抽象出来的一种观念模式。③ 换言之，"社会结构"乃是用来分析社会现象——地位、

---

① 　熊十力:《原儒》,第 142 页。

② 　G. A. Theodorson and A. G. Theodorson(eds.),*A Modern Historical and Social Philospohies*,p. 395.

③ 　Claude Lévi-Strauss, "Social Structure", A. L. Kroeber (ed), *Anthropology Today*,1953,p. 525.

角色、关系——的一种模式。

现代社会学者讨论中国社会结构，总以为从公元前 2 世纪到公元 20 世纪，中国的社会阶层是没有改变的，并且由于以讹传讹，而多有误解。关于中国社会结构，需从二个不同层次的了解，一个是韦伯所说的理想形态（ideal type），一个是实际的社会行为（social behavior）。以个人在社会中的行动（action）而言，有其显态模式（overt pattern）和隐态模式（covert pattern）二种，一个言"为天地立心，为生民立命"的人，其骨子里可能就存有"一任清知府，三千白花银"的影子。这一点宋儒已意识到，所以提出"去人欲，存天理"的要求。而今，拥护中国文化的人一味地抹煞实际的社会行为而强调其所标立的"理想形态"，另外，反对中国文化的人又反之。

我们研究先秦儒家社会哲学中的社会结构，可说是研究其社会结构的"理想形态"，当一个哲学家所提的社会结构的"理想形态"为一文化中成员所普遍接受时，这一"理想形态"便成了文化的价值。而这一理想的文化之研究是有其意义的，克娄伯和克拉孔就共同认为"所谓的理想文化比实际文化更能接近其基本结构和其意义功能"，并且"实际文化的取向（orientation）是理想文化所给予的"。[1]

现代西方社会学家，从他们的研究中国社会结构，构制了这么一幅中国社会阶层的图出来（其中的箭头表示其流动的方向）[2]：

---

[1]　A. L. Kroeber and Clyde Kluckhohn, *Culture : A Critical Review of Concepts and Definitions*, p. 173.

[2]　Leonard Broom and Philip Selznick, *Sociology*, 1960, p. 168.

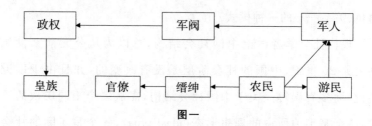

图一

让我们再看在《论语》中,孔子一方面述及当时的社会结构及其各阶级的角色,并且也对各角色或阶级之间的关系有所评论。我们翻阅《论语》,可发现有下列各样的人:

1. 以年龄分

(1)老者、杖者。

(2)壮者。

(3)少者、童子、后生、冠者。

2. 以性别分

(1)男性:弟、兄、父、子、夫子、匹夫等。(除此之外,凡能有社会地位者,虽未指明性别,然多为男性。)

(2)女性:母、子、妻、妇人、匹妇、夫人(同君夫人、寡小君、小童)、女子、女乐等。

3. 以亲属关系分

(1)长辈:父、母。

(2)平辈:兄、弟、昆弟、妻、夫人。

(3)下辈:子孙、人之子。

(4)统称:亲、宗族。

4. 以一般社会关系分

(1)朋、朋友、众(人)、人、宾客、故旧。

(2)贫(者)、富(者)。

(3)丧者、凶服者、冕者、瞽者、齐衰者。

(4)乡人、民、民人、党人、百姓、庶人、孤(人)。

(5)隐者、逸民。

5.以民族分

(1)我群:诸夏。

(2)他群:夷狄、蛮、野人。

6.以知识传授分

(1)授者:夫子、师。

(2)受者:弟子、门人、小子、徒。

7.以道德知识分

(1)上:君子、贤(人)、有道(者)、直(者)、善(者)、仁(者)、刚者、忠信(者)、知者、圣(人)、善者、有恒者、狂、狷、中庸(者)、有德者、勇者、志士仁人、生而知之者、学而知之者、困而学之(者)、上知(者)、中人以上(者)、君子儒、贤才、好(人)、成人。

(2)次:小人儒、中人。

(3)下:枉(者)、不能(者)、不仁者、不善者、残(者)、佞人、困而不学(者)、下愚者、盗、贼、乡愿。

8.以社会阶级分

(1)统治者:上(者)、君、先王、天子、朕躬、居上(者)。

(2)统治阶级:公、臣、士、宰、令尹、大夫、公卿、小相、社稷之臣、有司、史、司败、百家、冢宰、诸侯。

(3)被统治阶级:民、民人、庶人、野人、百姓。

9. 以职业分

(1)士：大师乐、封人、执鞭之士、兵、士师、夫子、师。

(2)农：农(人)、圃(人)。

(3)工：百工。

(4)商：贾者。

(5)其他：巫、医。

在周初建"国"，本来"国"是贵族的集居之地，后来渐挤进了一些自由民。而那些被征服的氏族之民如殷民，他们没有资格住进"国"内，只能在"国"外的"野"中为劳动力，这些人就是野人。[1] 这些"野人"中是否有偷偷溜进"国"里的，我们不得而知。我们了解了"野人"之后，便可以将孔子心目中的整个社会结构及其流动，图示出来了(其中的箭头表示其流动的方向)：

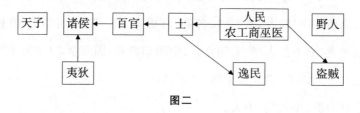

图二

孔子虽然认识了这个社会结构，但他对这社会结构及其流动的意见可分为五方面来讲：

(1)诸侯当是天子所册封的，不能由篡弑而得来，也不能因互相攻伐而取消吞并，因为天下有道，礼乐征伐要自天子出的，不能私下兼并。

---

[1]　侯外庐：《中国思想通史》卷一，第299页。孔子斥子路为"野"，已把"野"当成形容词而与"鄙""稽"的意义相似。

（2）孔子不同意"逸民"，因为君臣之义是人之大伦，不可坏，何况鸟兽不可同群，士必须负起他天下国家的使命和责任。

（3）虽然他没有明言夷狄不可以为诸侯，并且他还承认接受华夏文化的夷狄可以华夏观之，但也只有能接受华夏文化的夷狄是他可以承认的。如夷狄要用武力入侵，他便坚决反对。

（4）民人而为士是违反周"礼"精神的，但因他站在主德主义的立场，所以他同意了。

（5）诸侯是不可能升为天子的，而我们也未看到孔子是否主张"野人"可以为"民人"。

我们比较图一和图二，可以发现孔子对天子的流动并没有交代，直到孟子，才提出用"诛一夫"的方式使"君"替换，天子或君都是最高统治者的代称。"诸侯"在后代的专制中国被取消了。即使当时言伐桀伐纣之事，也都是诸侯这个阶级去伐的，故而在儒家的理论中，替换统治者的当是诸侯这阶级。而非图一所示由农民或游民，进而军人、军阀以夺得政权。自来中国只有二个平民的皇帝，而这二个皇帝有其共同的特殊历史社会背景：（1）当是秦与元的中央政权均被天下人视为异族政权。（2）他们都是隶属于"诸侯"，为"诸侯"之部属，而后脱颖而出的。真正由图一所示的流动，其成就最高的只有黄巢和李自成，但均未能建立其真正的王朝。直到西方政治思潮进入中国以后，情况才行改变。但由"民人"或"农民"进入官僚这一阶层倒是不乏其例。由此可见孔子思想对中国文化影响之深远。由于其破除"天子"以下的阶级界限，使之庶人可以经一道德知识的修养而晋升，因而在中国文化里很早就出现了文人官僚的系统，而真正达到了孔子儒以礼干禄的理想。其利弊自有现代史家去作评断。我们要说明的乃是孔子所标立的理想文化,对中国实际文化的影响或主导的力量。孟子也是主张社会阶级存在的人,他说:"有大人之事,有小人之事。且一人之身,而百工之所为备。如必自为而后用之,是率天下而路也。故曰:或劳心,或劳力;劳心者治人,劳力者治于人;治于人者食人,治人者食于人。天下之通义也。"(《孟子·滕文公上》)

阶级的产生是社会分化的结果,我们考察初民的"游群"并没有阶级分化之现象。社会文化愈形复杂,分化也愈复杂而形成各式阶级,于是形成了直接生产者之分,即"劳力者"与"劳心者"之别,也就是范布伦(T. Veblen)所言的 exploit 和 drudgery。[1]

孟子很详细地说出他所欲恢复之周初的政治社会制度的结构,他说:

> 天子一位,公一位,侯一位,伯一位,子男同一位,凡五等也。君一位,卿一位,大夫一位,上士一位,中士一位,下士一位,凡六等。天子之制,地方千里,公侯皆百里,伯七十里,子男五十里,凡四等。不能五十里,不达于天子,附于诸侯,曰附庸。天子之卿受地视侯,大夫受地视伯,元士受地视子男。大国地方百里,君十卿禄,卿禄四大夫,大夫倍上士,上士倍中士,中士倍下士,下士与庶人在官者同禄,禄足以代其耕也。次国地方七十里,君十卿禄,卿禄三大夫,大夫倍上士,上士倍中士,中士倍下士,下士与庶人在官者同禄,禄足以代其耕也。

---

[1]　Albert William Levi, *Philosophy and the Modern World*, 1958, p. 240.

小国地方五十里,君十卿禄,卿禄三大夫,大夫倍上士,上士倍
中士,中士倍下士,下士与庶人在官者同禄,禄足以代其耕也。
耕者之所获,一夫百亩,百亩之粪,上农夫食九人,上次食八
人,中食七人,中次食六人,下食五人,庶人在官者,其禄以是
为差。(《孟子·万章下》)

　　孟子所构想的一个有阶级的社会不是封闭的,而是开放的。
虽然他说过有劳心者与劳力者之分,但"舜何人也? 予何人也? 有
为者亦若是!"(《孟子·滕文公上》)并且,这其实是暗示着连天子
也可以和平转换。至少他明示了老百姓也可以为官、为政。他说:
"舜发于畎亩之中,傅说举于版筑之间,胶鬲举于鱼盐之中,管夷吾
举于士,孙叔敖举于海,百里奚举于市。"(《孟子·告子下》)
　　孟子关于阶层流动的原则,还是秉承孔子,以个人道德修养为
其晋升的条件。他们所赞成的是柏生思(T. Parsons)所谓的"成就地
位"(achievement status)而非"承袭地位"(ascription status)。[①]
　　人生而有上知与下愚,有贤有不肖,这是造物者的不公平,若
强予之平等是违反自然的。真正的平等当不指此而言,而是人有
争取社会阶级向上流动的平等和基本生存权的平等。儒家到了荀
子,这种人的平等意识愈来愈强烈,虽然他们承认"庶人安政,然后
君子安位"(《荀子·王制》)的庶人与君子之分,但是庶人和君子是
要靠个人成就的,而不是依其世袭地位的,这才是平等。所以他主

---

　　① G. A. Theodorson and A. G. Theodorson(eds.),*A Modern Historical and So-cial Philospohies*,p. 17.

张,"虽王公士大夫之子孙,不能属于礼义,则归庶人。虽庶人之子孙也,积文学,正身行,属于礼义,则归之卿相士大夫"(《荀子·王制》),和"无德不贵,无能不官,无功不赏,无罪不罚"(同上)世袭封建的思想,到荀子也算寿终正寝了。荀子的思想乃是为了迎接一个法治专制之时代而有的。

对于政治制度,他认为要有官有职,而不该有吃闲饭的士大夫。

序官,宰爵知宾客祭祀飨食牺牲之牢数,司徒知百宗城郭立器之数,司马知师旅甲兵乘白之数。修宪命,审诗商,禁淫声,以时顺修,使夷俗邪音,不敢乱雅,大师之事也。修堤梁,通沟浍,行水潦,安水藏,以时决塞,岁虽凶败水旱,使民有所耘艾,司空之事也。相高下,视肥硗,序五种,省农功,谨蓄藏以时顺修,使农夫朴力而寡能,治田之事也。修火宪,养山林薮泽木鱼鳖百索,以时禁发,使国家足用,而财物不屈,虞师之事也。顺州里,定廛宅,养六畜,闲树艺,劝教化,趋孝弟,以时顺修,使百姓顺命,安乐处乡,乡师之事也。论百工,审时事,辨功苦,尚完利,便备用,使雕琢文采不敢专造于家,工师之事也。相阴阳,占祲兆,钻龟陈卦,主攘择五卜,知其吉凶妖祥,伛巫跛击之事也。修采清,易道路,谨盗贼,平室律,以时顺修,使宾旅安而货财通,治市之事也。扑急禁悍,防淫除邪,戮之以五刑,使暴悍以变,奸邪不作,司寇之事也。本政教,正法则,兼听而时稽之,度其功劳,论其庆赏,以时慎修,使百吏免尽,而众庶不偷,冢宰之事也。论礼乐,正身行,广教化,美风俗,兼覆而调一之,辟公之事也。全道德,致隆高,綦文理,一

天下,振毫末,使天下莫不顺比从服,天王之事也。(《荀子·
王制》)

若夫兼而覆之,兼而爱之,兼而制之,岁岁凶败水旱,使百
姓无冻馁之患,则是圣君贤相之事也。(《荀子·富国》)

农分田而耕,贾分货而贩,百工分事而劝,士大夫分职而
听,建国诸侯之君分土而守,三公揔方面而议,则天子共己而
已。(《荀子·王霸》)

故上贤禄天下,次贤禄一国,下贤禄田邑,愿悫之民完衣
食。(《荀子·正论》)

在这样的社会结构中,必须要各安其位、各行其是。君的"分"
就是要选贤与能,使"百姓无冻馁之患",否则"君者舟也,庶人者水
也。水则载舟,水则覆舟"(《荀子·王制》)。

禄是由官而来,官是由能而来,所以"禄天下"也就是有能治天
下,就要服"千万人之务",不能的"愿悫之民"也得"服一人之务"地
为自己"完衣食"。

在《大学》与《中庸》中所论及的社会阶层,大致可分为统治者、
士君子与百姓三阶级。儒家的社会哲学一再表现的是阶级调和和
社会分工,孔孟荀之所论已如前述,其阶级调和论乃是基于其宇宙
的形上学。"万物并育而不相害,道并行而不相悖"(《中庸》第三十
章)。儒家认为宇宙乃是一个调和的整体,在此调和的整体中,呈
现出各式各样的自然现象,许多不正常现象的发生乃是由于天地
不调的结果。统治者、士君子、百姓要如何调和,这就是治国之道,
能调和就能得众,能得众就能"得国",否则就是"失国"(《大学》

传文之十章)。要使这三个阶级调和,必基于一种宇宙的律则——
"道",其表现在外的就是"礼",这个"道"就是:

　　孝者,所以事君也;弟者,所以事长也;慈者,所以使众也。
(《大学》传文之九章)
　　上老老而民兴孝,上长长而民兴弟,上恤孤而民不倍……
民之所好好之,民之所恶恶之,此之谓民之父母。(《大学》传
文之十章)
　　子庶民,则百姓劝;来百工,则财用足;柔远人,则四方归
之;怀诸侯,则天下畏之。(《中庸》第二十章)

《礼记》中所论社会结构与孔孟荀诸子有重出之文,但我们可
以看出,其中有更强烈的制度化倾向。虽然倾向的是"小康"之世
的制度,但还是儒家"民本"的一贯传统,所以言"命大师陈诗,以观
民风。命市纳贾,以观民之所好恶志淫好辟"(《礼记·王制》)。其
所述之结构如下:

　　王者制禄爵。公、侯、伯、子、男,凡五等。诸侯之上大夫
卿、下大夫、上士、中士、下士,凡五等。(同上)
　　天子使其大夫为三监,监于方伯之国,国三人。天子之县
内诸侯,禄也;外诸侯,嗣也。(同上)
　　生曰父,曰母,曰妻。死曰考,曰妣,曰嫔。(《礼记·曲
礼下》)
　　祭王父曰皇祖考,王母曰皇祖妣。父曰皇考,母曰皇妣,

夫曰皇辟。(《礼记·曲礼下》)

凡执技论力,适四方,裸股肱,决射御。凡执技以事上者,
祝、史、射、御、臣、卜及百工。凡执技以事上者,不贰事,不移
官。(《礼记·王制》)

《礼记》中虽有"工之子恒为工"的想法,但只是儒家重"规范知
识"而贬"技术知识"的扩大,祝、史、射、御、臣、卜及百工都是"执技
以事上"的技术人才,而非习"规范知识"——"礼"——的治国平天
下之士。所以又言:"凡官民材,必先论之。论辨后使之,任事然后
爵之,位定然后禄之。"(同上)儒家是以道德知识决定其社会阶层
流动的,虽然如此,我们还是不能不说儒家是阶级主张者,并且是
基于士大夫意识的阶级主张。

十一、差序格局的社会伦理观

设若我们假想一块石头的存在在与人无关的情况下,则我们
不能想象其有任何价值的产生。但它一旦握在人的手里,为人所
用,它的价值就产生了。这是人物之间价值关系的产生。若我们
假想世上只有一个人的存在,所有的道德和伦理岂不也归于乌有。
有二个以上的人,并且相互的行动发生关联,这些行动就如握于人
手的石头一样开始成为人的价值对象,伦理道德于焉产生。换句
话说,伦理道德的产生乃是社会性的,而非个人性的。这一点在强
调伦理文化的儒家哲学中有甚为深刻的体认。

而在儒家的社会哲学中,已体认到社会与次社会的阶层关系,

配合着这个阶层的关系,儒家的伦理观亦是一种"差序格局"①的伦理观。"差序格局"的伦理观其最高境界是天人合德的,把人道视为天道的。故在其伦理观中,是肯定人情之常的。因此,"父为子隐,子为父隐,直在其中矣"(《论语·子路》)。"差序格局"乃是承认人在社会中与其社会关系是有等级的。相对于"差序格局"而言的"团体格局",是指人对所有社会关系当一视同仁。然作为一种道德修养的"差序格局",其实就是一种道德修养的步骤。其步骤乃是由个人而至与自己有亲属关系的家庭和家族,以至自己居处乡里所熟悉的人,最后推广至自己所不熟悉的人,而至家国天下。甚至达到天人合德的形上学境界中,这种形上学的境界,我们称之为"宇宙格局"。

儒家差序格局的伦理观,其来自也有因。当时中国已进入农业的乡土社会,故费孝通言:"在一个安居的乡土社会,每个人可以在土地上自食其力地生活时,只在偶然的和临时的非常状态中才感觉到伙伴的需要。在他们,和别人发生关系是后起的和次要的,而且他们在不同的场合下需要着不同程度的结合,并不显著的需要一个经常的和广被的团体。因之他们的社会采取了'差序格局'。"②

在一个乡土社会或农业社会中,实际上其社会的结构是一种非形式的结构(informal structure),人与人之间的关系是一种有机凝集(organic solidarity)。其社会伦理自是从家族而推广至非

---

①   费孝通:《乡土中国》,第22页。
②   同上书,第31页。

家族的范围。故在差序格局的伦理观中,孔孟均一再强调家族血缘中心的伦理观,而到荀子因工商兴起,而渐渐倾向于机械凝集(mechanical solidarity)的伦理观。尔后法家的出现,更是"王子犯法,庶民同罪",与"父为子隐,子为父隐"大相径庭了。墨家的"兼爱"也与儒家的"差序格局"格格不入,而受到孟子的极力攻evis。

从一个心理层次来看儒家差序格局的伦理观亦是有其道理,儒家是肯定心理自然为天道自然的。人对其最接近的人物产生感情,而对其陌生的人物少有感情成分,"是以君子远庖厨",乃是"闻其声,不忍食其肉"(《孟子·梁惠王上》)。何况在乡土社会里,家族是其生存的依靠,是其主要的社会生活的内容。尤其是父系社会中,父亲是其养育和社会化的经手人(agent),兄弟是共同生活的伙伴,因而"孝"与"悌"的强调,亦是有其社会和心理背景的。

罗素在分析善的时候,认为从一个小孩将其所得的巧克力分给朋友,到一个将爱普施给众人的传教士,也就是把满足个人欲望的"善"推广成满足众人欲望的"一般之善"(general good)。罗素的意思乃是要爱的推广程度为其善的程度,[1]而儒家从修身齐家到治国平天下,更有一套推广善的具体实践的伦理哲学。

儒家强调家族的差序伦理,并非只止于家族,在积极方面要治国平天下,在消极方面是要从明哲保身到杀身成仁、舍生取义的。这一个伦理实现的过程正合乎现代心理学家所承认的一个心理需要的过程。马士劳(A. H. Maslow)认为人类心理需要的种类有五种:(1)生理需要(the physiological needs);(2)安全需要(the safe-

---

[1]　B. Russell, *Human Society in Ethics and Politics*, 1954, p. 56.

ty needs);(3)爱的需要(the love needs);(4)尊重需要(the es-
teem needs);(5)自我实现(the self-actualization)。① 这种符合人
类心理的伦理才是较易实践的伦理,要人不爱其亲而"泛爱众",这
是一种矫情,是违反人的感情的。但若人能"老吾老"而又能"以及
人之老"则是一项道德。

若我们从"我群"(we-group)和"他群"(they-group)的观点来
看差序格局的伦理,儒家的伦理学说显然是承认"我群"的合理,而
要求"我群"的扩大,扩大到包括"他群"在内,最大到"天人合德"。
使"我"由"德"而与世界合一的境界,而"我"的呈现也就是世界的
呈现。儒家的伦理观乃是基于天道与人道统合的形上学的。因
此,我们可以把儒家差序格局的伦理观图示如下:

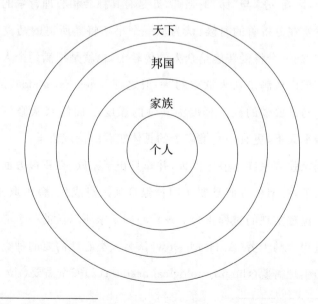

① Abraham H. Maslow, *Motivation and Personality*,1954,Chapter 5.

　　再说周以来的政治制度是以家族为网络的封建制度，以复周礼为己任的孔子要修己以安天下，又如何能忽略家族伦理？

　　以上的政治、社会和心理的结构都是孔子"差序格局"伦理观产生的社会文化背景。

　　孔子就很明白地说出："孝乎惟孝，友于兄弟，施于有政；是亦为政，奚其为为政？"（《论语·为政》）在"兄弟姊妹皆列土"的封建政治制度里，能与一家人的关系搞好，就是为政的基本条件。对自己而言："为政以德，譬如北辰，居其所，而众星拱之。"（《论语·为政》）这又是"差序格局"的一个基本架构。

　　在孔子的心目中，一切的伦理道德是从自己出发的，故言："君子求诸己，小人求诸人。"（《论语·卫灵公》）有了好的品德便可以从政，故曰："苟正其身矣，于从政乎何有？"（《论语·子路》）从政在儒家哲学中的意义乃是一种道德的实践。

　　一种由己向外推的伦理乃是"己所不欲，勿施于人。在邦无怨，在家无怨"（《论语·颜渊》）。"其恕乎！己所不欲，勿施于人"（《论语·卫灵公》），"恕"是儒家一项很重要的道德，不把己之不欲强加于人便是一种道德。而在"己所不欲，勿施于人"的积极方面却是"夫仁者，己欲立而立人，己欲达而达人"（《论语·述而》）。而仁也是孔子"统摄诸德完成人格之名"①了，也就是费孝通所说的是"一切私人关系中道德要素的共相"②。

　　由个人往外推广的道德，第一步便是家族，家族的道德乃是

____

①　蔡元培：《中国伦理学史》，第 14 页。
②　费孝通：《乡土中国》，第 35 页。

孝悌,故孔子的弟子有子就说:"其为人也孝弟,而好犯上者,鲜矣。……孝弟也者,其为仁之本与。"(《论语·学而》)除了家族之外,便是非血缘的朋友,因而曾子说:"吾日三省吾身,为人谋而不忠乎？与朋友交而不信乎？传不习乎?"(同上)接着孔子就说:"弟子入则孝,出则弟,谨而信,泛爱众,而亲仁。"(同上)

从孝悌忠信再推而广之,便是天下百姓了,而这个伦理的道德是基于"亲"和"故旧"的推广上的,故曰:"君子笃于亲,则民兴于仁。故旧不遗,则民不偷。"(《论语·泰伯》)儒家的道德功夫是"修己以敬",但"修己以敬"绝不是仅止于个人的,而是要"修己以安人""修己以安百姓"的(《论语·宪问》)。

诚然如费孝通所言的,儒家言"仁"的道德要回到"孝弟忠信"这些私人道德的要素上,言"天下"要回到"父子、昆弟、朋友"的这些私人社会关系上,然费氏却忽略了当儒者要完成其"团体格局"的道德——仁——的时候,却是"志士仁人,无求生以害仁,有杀生以成仁"(《论语·卫灵公》)。我们除却了"父子、昆弟、朋友"和"孝弟忠信"外,所有的"仁"和"天下"将回归何处？"差序格局"的伦理观实乃经验的伦理观,由个人道德的实现而团体道德的一种伦理。

如费孝通所言的,"仁"是在"团体格局"中所产生的,[①]也是所有私人关系中道德的共相。但由"仁"我们必须说到"义",近人范寿康先生言:"孔子所谓之义却是一种'由亲及疏','由近及远'的

---

①　费孝通:《乡土中国》,第 34 页。

差别的原则。……这是因为孔子所说的义(差别的原则)不过是为求实现仁(平等的原则)起见的手段的缘故。"①所以我们可以说孔子的社会伦理的学说,乃是一"差序格局"的推广到普遍道德(仁)的实现的一个整体过程。

"差序格局"的伦理是从个人往外推展的,孟子承袭了孔子的这个伦理观,并且再从个人的德行内缩到心性的基础上。乃曰:"仁义礼智,非由外铄我也,我固有之也。"(《孟子·告子上》)再根据其性善说,而言:"万物皆备于我矣。反身而诚,乐莫大焉。谨恕而行,求仁莫近焉。"(《孟子·尽心上》)从心性上的修养而"我善养吾浩然之气","浩然之气"实为"团体格局"甚至"宇宙格局"的一种道德情操,所以孟子无以言之而曰:"其为气也,至大至刚。以直养而无害,则塞于天地之间。其为气也,配义与道,无是,馁也。是集义而生者,非义袭而取之也。行有不慊于心,则馁矣。"(《孟子·公孙丑上》)

因此,孟子认为由个人推展出去的道德若遇有挫折,其挫折的原因并不是外在的,而是内在的因素,故言:"仁者如射,射者正己而后发,发而不中,不怨胜己者,反求诸己而已矣。"(同上)

从一个"天下"组成的层次来看,孟子是认为"天下之本在国,国之本在家,家之本在身"(《孟子·离娄上》)。从己身心性的修养,一层一层的道德实践的层次亦复如此。尤其在"家"中所行之伦理道德被强调为行之"天下""国家"而皆准的标准。因而,孟子言:"亲上,仁也。敬长,义也。无他,达之天下也。"(《孟子·尽心

---

① 范寿康:《中国哲学史纲要》,第 29 页。

上》)在家族中当行"孝弟"之道,这"孝弟"可成为圣人"尧舜之道,孝弟而已矣"(《孟子·告子下》)。

孟子就认为在人事中,"事亲为最大"(《孟子·离娄上》),这似乎完全是陷在"差序格局"中的家族伦理里,但他的"浩然之气"却又是"宇宙格局"的。独乐乐不如众乐乐(《孟子·梁惠王下》),则为孟子对于"团体格局"的"仁"的体认,且由于其强调心性,直接以心性与宇宙交通,而产生了其"浩然之气"的体认。然而,冯友兰却言:"如孟子哲学中果有神秘主义,则孟子所谓浩然之气,即个人在最高境界中之精神状态。"[1]

孟子"差序格局"的伦理是以家族为主的,甚而把仁义全看成了家族的伦理道德,故曰:"仁之实,事亲是也。义之实,从兄是也。智之实,知二者弗去是也。"(《孟子·离娄上》)

从个人心性进一步站出来,孟子的立场就是家族中心的伦理观,因而他根本怀疑"亲其兄之子"能如"亲其邻之赤子"(《孟子·滕文公上》),因而在他的道德里总是偏袒自己的亲属的,这是人之常情,而为孟子坚决地承认,孟子真是孔子"父为子隐,子为父隐"的发扬者。万章谴责舜封其弟象于有庳,而孟子为舜辩护之:"仁人之于弟也,不藏怒焉,不宿怨焉,亲爱之而已矣。亲之欲其贵也,爱之欲其富也。封之有庳,富贵之也。身为天子,弟为匹夫,可谓亲爱之乎?"(《孟子·万章上》)诚然我们承认不亲其亲而能亲天下人者,未之有也,但孟子的这段话,以现代人的眼光看来,实在未免有一点失之过分了。另外,孟子也是以这个观点来谴责梁惠王的

---

[1]　冯友兰:《中国哲学史》,第 166 页。

不仁,而曰:"梁惠王以土地之故,糜烂其民而战之。大败,将复之。恐不能胜,故驱其所爱之子弟殉之。是之谓以其所不爱,及其所爱也。"(《孟子·尽心下》)以此观之,我们便可知中国之所以重人情味而少公德心之伦理文化之所由,如果真能"天下一家""四海之内皆兄弟也",孟子的伦理道德实为一理想的道德,然我们所见到的"天下"总是百姓,"一家"总有千万家。

孟子也不是不晓得这些实际情形,故曰:"老吾老以及人之老,幼吾幼以及人之幼,治天下可运于掌也。……故推恩足以保四海,不推恩无以保妻子,古之人所以无大过人者,无他焉。善推其所为而已矣。"(《孟子·梁惠王上》)孟子的推恩就是一层一层往外推的"差序格局"的伦理,直到"足以保四海",孟子的"差序格局"的伦理道德于焉完成。

孟子的伦理学说是基于"性善"而"扩其四端",然荀子的伦理学说却是基于"性恶"而主张社会控制(social control),"亲亲"是人之"性",故孟子强调"事亲为最大"。因荀子认为"性恶",故主张以一种人为(伪)的力量使"斩而齐,枉而顺,不同而一"(《荀子·荣辱》)。但荀子在整个社会伦理观来说,并不能完全脱离家族中心主义的窠臼。他仍然把家族伦理意象国家化,而言:"是故百姓贵之如帝,亲之如父母。"(《荀子·王霸》)"臣之于君也,下之于上也。若子之事父,弟之事兄。"(《荀子·议兵》)

因此,我们可以说荀子的社会伦理观与孔孟不甚相同,孔孟的伦理观是"差序格局"的,但荀子的伦理观却有强调"团体格局"的倾向。这固然是到荀子之时,社会结构的变迁已有从"非形式结构"到"形式结构"(formal structure)①的倾向,另外受到当时墨家"兼爱"思想的影响,也是可以想象的。故荀子要求"斩而齐,枉而顺,不同而一"的"人伦",这也可以看出孔孟主张的"有机凝集"和荀子主张的"机械凝集"的差别。

孟子大倡"亲爱"其弟,然荀子却提"一视同仁",而曰:"县贵爵重赏以招致之。内不可以阿子弟,外不可以隐远人,能中者取之,是岂不必得之之道也哉。"(《荀子·君道》)"夫文王非无贵戚也,非无子弟也,非无便嬖也,倜然乃举太公于洲人而用之。"(同上)从这里看,我们可以知道荀子已跳出了孔孟家族伦理的限制,而到国家伦理的层次。如果说孔孟"差序格局"的伦理是一种私的道德,而荀子的道德却是一种公的道德。他要撇开一切人情之私,而提倡人为之公,这是先秦伦理思想的一大发展,但未几又为广大和坚强的中国乡土社会所吞没掉。他提倡的人为之公,是一种大公无私的道德。故其议论文王之用太公而言:"岂私之也哉,以为亲邪?则周姬姓也,而彼姜姓也。以为故邪?则未尝相识也。以为好丽邪?则夫人行年七十有二,齫然而齿堕矣。然而用之者,夫文王欲立贵道,欲白贵名,以惠天下,而不可以独也。"(同上)"舜授禹以天下,尚得推贤不失序。外不避仇,内不阿亲,贤者予。"(《荀子·成相》)

因此,孔孟的伦理学说偏重个人和家族,而荀子却偏重国家和天下的,由家族再往外推的伦理思想,荀子正好接上孔孟而完成整

---

① G. A. Theodorson and A. G. Theodorson(eds.),*A Modern Dictionary of Sociology*,p. 413.

个儒家由个人而至天下国家的伦理哲学。从荀子言"綦定而国定，国定而天下定"（《荀子·王霸》）来看，可知荀子思想中的伦理观亦是有层次性的。因此，荀子的伦理学说是偏重在一般公众关系方面，而不是偏重在特殊私人关系上的，如"农分田而耕，贾分货而贩，百工分事而劝，士大夫分职而听，建国诸侯之君分土而守，三公捴方面而议，则天子共己而已"（同上）。

　　罗素把善界定为"欲望的满足"（satisfaction of desire）[1]，然"欲望的满足"不是"今朝有酒今朝醉"，而是包括秋收冬藏、节制一时的欲望而作长远之计。而荀子亦曰："人之情，食欲有刍豢，衣欲有文绣，行欲有舆马，又欲夫余财蓄积之富也。然而穷年累世，不足不知，是人之情也。今人之生也，方知蓄鸡狗猪彘，又蓄牛羊，然而时不敢有酒肉。余刀布，有囷窌，然而衣不敢有丝帛。约者有筐篋之藏，然而行不敢有舆马。是何也？非不欲也，几不长虑顾后而恐无以继之故也。"（《荀子·荣辱》）这也是匮乏经济（economy of scarcity）[2]所有的道德 "长虑顾后而恐无以继"。

　　《大学》和《中庸》可谓孔孟一脉，是以个人和家族为中心向外推展的伦理道德观，但已对"治国平天下"有较清楚的说明。故《大学》开宗明义就说："古之欲明明德于天下者，先治其国，欲治其国者，先齐其家，欲齐其家者，先修其身，欲修其身者，先正其心，欲正其心者，先诚其意，欲诚其意者，先致其知，致知在格物。物格而后知至，知至而后意诚，意诚而后心正，心正而后身修，身修而后家

---

[1]　B. Russell, *Human Society in Ethics and Politics*, Chapter 5.
[2]　费孝通：《乡土重建》，第 3 页。

齐,家齐而后国治,国治而后天下平。"(《大学》经文)《大学》的这段
话,我们可以图示如下:

平天下

治国

齐家

修身

正心

诚意

致知

格物

　　在《释诚意》中,《大学》乃是要求一种"文化人性"的产生,故言
"毋自欺"及"故君子必慎其独也"(《大学》传文之六章)。这种"文
化人性"乃是将道德内化而成为人性,由此"普同人性"而将一客观
道德的标准存于主观的人心中。正心修身为对此客观道德的主观
修养的一种过程。《释齐家治国》与《释治国平天下》均为一种家族
伦理的推广,如从"治国"的"故君子不出家而成教于国。孝者,所
以事君也;弟者,所以事长也;慈者,所以使众也"(《大学》传文之九
章),到"上老老而民兴孝,上长长而民兴弟,上恤孤而民不倍","民

之所好好之,民之所恶恶之,此之谓民之父母"(《大学》传文之十章),便是"平天下"之道。无论其"治国"或"平天下"仍是一种家族伦理的扩大。固然这种家族伦理的扩大在实践上有其最直接的经验基础,但此经验基础因为是乡土的社会结构和封建的政治制度。*

在《中庸》里所表现的,也是这种"差序格局"的伦理道德。如言"故为政在人,取人以身,修身以道,修道以仁。仁者也,亲亲为大。义者也,尊贤为大"(《中庸·第二十章》),也是把孔子诸道德综合的最高概念的仁限制在"亲亲"上面,而把义限制在尊贤的私人朋友关系中。

然而人的社会关系总无法只限制在家族和朋友的关系上。尤其对一个执政者而言,他必须要对国家天下的百姓,而《中庸》的对此情况的处理是认为治天下国家有"九经",曰:"修身也,尊贤也,亲亲也,敬大臣也,体群臣也,子庶民也,来百工也,柔远人也,怀诸侯也。"(同上)而其对这"九经"的解释是:"修身,则道立。尊贤,则不惑。亲亲,则诸父昆弟不怨。敬大臣,则不眩。礼群臣,则士之报礼重。子庶民,则百姓劝;来百工,则财用足;柔远人,则四方归之;怀诸侯,则天下畏之。"(同上)

《礼记》中所谈的伦理道德也是人情味浓于其他的,故曰:"礼乐之说,管乎人情矣。"(《礼记·乐记》)作为伦理规范的"礼"其功用乃是"所以定亲疏,决嫌疑,别同异,明是非也"(《礼记·曲礼上》)。

一个好的执政者应当是一个好的家长或族长,人民与执政者的相对角色是父母与子弟,故言:"威壮而安,孝慈而敬。使民有父

　＊　原文如此,疑误。——编者

之尊,有母之亲,如此而后可以为民父母矣。"(《礼记·表记》)儒家是把孝的意义扩张而为忠,孝于亲,忠于君。在封建政治制度里,孝于亲也就等于忠于君了。所以在《礼记》中不但强调"孝"的价值,并且为"孝"提供了一个形上学的根据,就是"仁人不过乎物,孝子不过乎物,是故仁人之事亲也如事天,事天如事亲。是故孝子成身"(《礼记·哀公问》)。

《礼记》中言及私人关系的道德也是"差序格局"的,如其言:"父之仇,弗与共戴天。兄弟之仇,不反兵。交游之仇,不同国。"(《礼记·曲礼上》)从父亲到朋友,与自己的关系和待遇是有所不同的。

然如果伦理道德的推展仅止于"各亲其亲,各子其子"(《礼记·礼运》),这乃是"大道既隐"的"小康"之世,如果要完成儒家的整个伦理系统,就必须从"小康"的"各亲其亲,各子其子"到"大同"的"不独亲其亲,不独子其子"的境界。

儒家的伦理观虽然是"差序格局",但它是基于实践的经验基础上的。在一个摒弃宗教色彩而强调人文主义的哲学系统里,它没有"神"作其伦理的依据,而在人类经验中找寻其伦理的原则。诚然,儒家强调家族中心的伦理观,然其人文主义的精神却将是今后人类在此危机时代里,重建其伦理价值系统的源泉。

十二、结论

先秦儒家是一个贴合着时代而兴起的学派,其思想的对象是时代性的,是社会性的,是"修己以安百姓"的。当然,在他们的思想中还包括了许多其他的思想问题。但我们若欲直挑孔孟心传的话,就不得不把他们的思想还原到他们自己思考的位置上来考察,重新检讨其合理的部分。但从这个观点来看,我们不但要超越汉儒、宋儒而"重新估价",并且当要超越"五四"而"重新估价"。

我们要超越"五四"而重新估价的意义并不是意味着"复古",因为儒家的思想本身是时代性的。可惜不是现在的时代,社会是随着历史的巨轮而前进的。由孔子以降,儒家哲学思想本身都在演变,而我们现在却要行周礼、复古制,这不是一个历史的讽刺吗?但我们相信"性相近也,习相远也",由基本人性相同的这个假定出发,传统可以是进步的累赘,也可以是智慧的累积。《论语》里不是老早说过吗?"贤者识其大者,不贤者识其小者"(《论语·子张》)。

从现代的眼光来看,儒家要掌有绝对权力的国君"南面共己而已矣",荀子更言"主好详则百事荒"(《荀子·王霸》)。有绝对权力的国君,如要不滥用权力,就不要多管事,只要管能用有道德的贤人这点"要"事就得了。果若能如此,又何必阿克顿(Lord Acton)在二千年后说:"绝对的权力使人绝对腐化。"南面而共的"王",其实,只能算是英国的"女王"啊!那中国就没有专制皇帝好让人去打倒了。

孔子"反聚敛",孟子反"独乐乐",整个儒家的思想反"为富不仁"。这种"老有所终,壮有所用,幼有所长,矜寡孤独废疾者皆有所养"的国家,其实就是现代西方"福利国家"(welfare state)的理想,连民主如美国者犹病诸呢?难道我们能同意有权、有财、有能的人,就可以用其权力、财势、能力来剥削无权、无财、无能的人吗?否则我们就得同意这项"社会福利"(social welfare)的理想。

　　儒家是肯定社会和群的存在价值的,从这个假定出发,他们肯定社会规范,难道我们一个文化人真的能离群索居吗？难道我们能承认"虚无主义"是人类前途的希望吗？虽然如此,我们并不意味着认为他们所标立的规范和德目完全可以行之于现代。并且我们认为,他们所标立的规范和德目只是针对当时社会的。然而我们却不能不承认他们所肯定的社会和社会规范的基本价值。

　　孔子主"去兵",孟子主"善战者服上刑"。今天当大家都能握有来福枪的时候,西方帝国主义也突然醒悟到,和平是人类最可贵的瑰宝,要彻底地获得和平,"去兵"乃是根本之道。在不能根本解决"去兵"的问题以前,也还得来个"裁军"意思意思,以表示对"和平"理想的努力。人类要追求幸福、进步与和谐,战争乃是其最大的敌人,中国的孔孟早在二千多年前,已经发现了这项人类的真理。除非我们人类真有意追求毁灭,否则儒家"反战"的人道主义光辉将永照人寰！

　　儒家的社会思想是从危机时代中孕育出来的,今天我们又面临了与当时相当的危机时代,国内的革命与政变("臣弑其君者有之"),国际间的战争("诸侯相攻伐"),并且还装备着动辄可以杀人盈城的科学武器。另外如生产与分配的问题、社会治安的问题、科学技术应用的问题、社会结构发展的问题。……面临着这人类共同的课题,身为世界文化一分子的中国文化的继承者,我们没有逃避的理由。智慧不是凭空可以攫取的,中国文化在今日的地位不是能靠我们回忆祖先的光荣所能获取的,而是要看我们是否能将中国文化的智慧贡献于今日人类共同问题的解决上而决定的。

"法"在韩非思想中的意义

周的封建制度,从春秋到战国,由于政治社会的变迁,已维持不了其用以规范天下的作用了。面对着这个失去规范的天下,豪杰之士各自立言,均欲提出一套新的规范来力挽狂澜或一匡天下。于是有百家争鸣、百花齐放的思想黄金时期出现。

法家正是这"百家"中的一家,韩非只是法家中的一人,但此一人却是集大成者的代表人物。

《韩非子》一书是否为韩非一人所著,历代考据家虽莫衷一是,读其全书亦当有存疑之处,然其中若干篇章或可断为非韩非之亲作,但大体亦可视为韩非思想附合之者和解释者。故本文所述虽名"韩非思想",而实为《韩非子》一书之思想。

先秦的儒法之争,在政治上实乃"礼""法"之争,在思想上乃为"别"与"齐"的争论。孔子说:"道之以政,齐之以刑,民免而无耻。道之以德,齐之以礼,有耻且格。"(《论语·为政》)实乃此一儒法之争的反映。

以今日的眼光来看,法家思想的滥觞,或可追溯到郑子产公布"刑书"的历史事件上。子产的"刑书"内容为何,今已不可得知。但还能从晋叔向诒书子产的反对中以窥得"刑书"的意义。叔向反对的理由为:"民知有辟,则不忌于上,并有争心,以征于书,而徼幸以成之,弗可为矣。"今吾子相郑国,作封洫,立谤政,制参辟,铸刑书,将以靖民,不亦难乎?"另一面,他所赞成治国之道为:"闲之以义,纠之以政,行之以礼,守之以信,奉之以仁。制为禄位以劝其从,严断刑罚以威其淫。惧其未也,故诲之以忠,耸之以行,教之以务,使之以和,临之以敬,莅之以强,断之以刚。"(《左传·昭公六年》)

后来,晋也铸起"刑鼎"来,"刑鼎"的内容至今亦不可知,但《左传》上为我们留下了一段孔子反对"刑鼎"的话,他认为有了"刑鼎"之后,"晋其亡夫! 失其度矣"。因为"民在鼎矣,何以尊贵? 贵何业守之? 贵贱无序,何以国为?"而他赞成的是"民是以能尊其贵,贵是以能守其业。贵贱不愆,所谓度也"(《左传·昭公二十九年》)。如果这项记载是正确的话,我们就可以了解孔子之所以会说:"民可使由之,不可使知之"(《论语·泰伯》)的道理了。

从叔向和孔子的反对中,我们大致可以了解"刑书"或"刑鼎"的几点意义:

(1)"刑书"或"刑鼎"是一种明文的刑"法"。

(2)"刑书"或"刑鼎"是一种能让人民都知道的公布"法"。

(3)"刑书"或"刑鼎"是一套适合于一般人民的新规范,而不利于"贵"的。

(4)在"刑书"或"刑鼎"之前,是"贵贱无序"的。

(5)"刑书"或"刑鼎"与"礼"或"贵贱不愆"的"度"发生了冲突。

在当时古代中国,虽然周初的封建制度已渐形崩溃,但是封建贵族的势力还是存在着的。后来,吴起在楚变法,因为"使封君之子孙三世而收爵禄"(《韩非子·和氏》),"令贵人往实广虚之地"

《吕氏春秋·贵卒》），所以在楚悼王一死，吴起就被公族射杀（《史记·孙子吴起列传》）。商鞅在秦变法，因"刑公族以立威"（《盐铁论·非鞅》），所以在秦孝公一死，就被公族车裂族夷（《史记·商君列传》）。

在一个封建保守、公族特权林立的社会里，"法"的平等要求是被视为洪水猛兽的。韩非"法"的思想，也就是从这一连串血的斗争中锻炼而成的。

一、"法"的历史意义

法家在实际政治上为顺应当时的社会变迁，欲结束周初以来的封建制度，而迎接一个历史新时代的帝王专制的局面。在思想上，亦在于摆脱封建"礼治"的思想，而在新时代的社会基础上发展了一套"法治"的思想。因此，在法先王和言必尧舜的思想传承下，韩非为法家提出了一个崭新的历史观。

首先，他把古代中国的历史分为三个时期，即"上古""中世"与"当今"。并且这三个时期的历史有其不同的内容，乃言："上古竟于道德，中世逐于智谋，当今争于气力。"（《韩非子·五蠹》）或曰："古人亟于德，中世逐于智，当今争于力。"（《韩非子·八说》）

古之与今不同乃是因为"古者，寡事而备简，朴陋而不尽，故有椎铫而推车者。古者，人寡而相亲，物多而轻利易让，故有揖让而传天下者"（同上）。而"当今"就与古时不同了，"当今"乃是"多事之时"和"大争之世"（同上）。在韩非"世异则事异"和"事异则备变"(《韩非子·五蠹》)的原则下,他就认为"处多事之时,用寡事之器,非智者之备也。当大争之世,而循揖让之轨,非圣人之治也"(《韩非子·八说》)。

虽然韩非对中国古代史的解释,我们不尽同意,但至少他为历史提供了一个"动态"的观念,也为社会提供了一个"变迁"的说法。并且他为讨论问题者,突破了古圣先王的天罗地网,而摆出了"以事论事"的架势。摆脱了历史的观念限制之后,他说:"法,所以制事;事,所以名功也。"(同上)以当前的情形而言,法才是"所以制事"的,事乃是"所以名功"的,而不必去扯什么古圣先王。

当我们明了了"古今异俗,新故异备"之后,还想以先王的"宽缓之政"来治当今的"急世之民"。韩非认为这乃是"犹无辔策而御駻马",而"不知患"乃在于此(《韩非子·五蠹》)。

进一步,韩非认为,当今所流传的古圣先王之事迹不是十分可靠的,而是有许多郢书燕说的附会,不足为训。所以他说:"先王之言,有其所为小,而世意之大者;有其所为大,而世意之小者,未必可知也。"(《韩非子·外储说左上》)而当今却有一些人拿这些附会的传言在那辩来辩去,于是他对这种现象给了一个严厉的批评,说:"夫称上古之传颂,辩而不悫,道先王仁义,而不能正国者,此亦可以戏,而不可以为治也。"(同上)

韩非对那些只知"据先王""定尧舜"而不知"世异""事异"和"备变"的人还有更激烈的批评,他说:"殷周七百岁,虞夏二千余岁,而不能定儒墨之真;今乃欲审尧舜之道于三千岁之前,意者其不可必乎!无参验而必者,愚也;弗能必而据之者,诬也。故明据先王，必定尧舜者，非愚则诬也。"(《韩非子·显学》)他之所以作这样激烈的批评，乃是因为"今世儒者之说人主，不言今之所以为治，而语已治之功；不审官治之事，不察奸邪之情，而皆道上古之传誉，先王之成功"(同上)。其实这也就是孟子要他们"尽信《书》，则不如无《书》"(《孟子·尽心下》)的那些人。

　　为了顺应一个新的历史社会的潮流，韩非不得不要求解除古圣先王观念的束缚，而重新认识一个新的、客观的社会。但是按照他"事异则备变"的原则，关键点并不在于"备变"，而是在于"事异"的。因此，他说"变与不变，圣人不听，正治而已。然则古之无变，常之毋易，在常古之可与不可"(《韩非子·南面》)，而不是说韩非要废古圣先王之道不可。他所以要废除的古圣先王之道，用现在的话来说，乃是一些"国渣"而非"国粹"。在实际的历史上，却有许多靠"国渣"而尊荣显贵的人，因此"法家"也就不能不受到封建社会的猛烈反击。

二、"法"的法律意义

　　陈启天说韩非的"法论"是"一种以法治国的理论"。而"这种理论，不是纯粹的法理论，也不是纯粹的政治论，而是参合法理于政治之中，以适应战国时势的一种新理论"。[①] 我们将要讨论"法"的法律意义和政治意义，就是在这种了解下进行的。

---

　　① 陈启天：《韩非子及其政治哲学》，见《增订韩非子校释》，台湾商务印书馆1969年版，第953页。

（一）"法"的强制性

韩非在说到"法"的时候，一再地强调法令必须贯彻，如他说："必于赏罚，赏罚不阿则民用。"(《韩非子·六反》)我们也知道，关于法律的应用不外赏罚二途，因此"必于赏罚"也就是法令的贯彻。

要使法令贯彻，除了执法者"不阿"外，还要人民积极地去遵守和消极地去趋避法令之所禁才行。因此，韩非提出了赏厚罚重的说法，他说："凡赏罚之必者，劝禁也。赏厚，则所欲之得也疾；罚重，则所恶之禁也急。"(同上)

在罚与赏之间虽已蕴含了强制的意义，但韩非还是进一步地把这项强制的性质说得更清楚，他说："亲以厚爱关子于安利而不听；君以无爱利求民之死力而令行。明主知之，故不养恩爱之心，而增威严之势。"(同上)

而为人君者，也必须要执有这种强制性的"法"，才能统御臣下，治理国家。因此，他说："君执柄以处势，故令行禁止。柄者，杀生之制也；势者，胜众之资也。"(《韩非子·八经》)

（二）"法"的明文性和公开性

郑、晋的"刑书"和"刑鼎"，可使"民知有辟"，还可以"征于书"；"民在鼎"而可以不必"尊贵"，因此我们可以大致断定其为明文的公布法。

韩非在这个意义上，也曾经给"法"下了一个定义，那就是"法者，编著之图籍，设之于官府，而布之于百姓者也"(《韩非子·难三》）。"编著之图籍"，显然"法"是要明文的；"布之于百姓"，当然指"法"是要公布的。

"法"之所以要明文和公布，乃因为其对象是民和官，它不但要人民遵守，而且要执法的官遵从"法"的规定而执法。所以，韩非认为："法者，宪令著于官府，赏罚必于民心，赏存乎慎法，而罚加乎奸令者也。此人臣之所师也。"（《韩非子·定法》）也就是说"法也者，官之所以师也"（《韩非子·说疑》）。

并且韩非还一再强调"法"必须要"明"，而说"法禁明著则官治"（《韩非子·六反》）。他认为古者先王也是"加事于明法"的，因为"彼法明，则忠臣劝；罚必，则邪臣止"。

（三）"法"的平等性

说到平等，韩非的"法"除了没有敢要求国君与庶人平等外，其他人是严格要求一律平等的，甚至"王子犯法，庶民同罪"的。其实以现代的法律而言，一些政治人物，还是必须有明文的豁免权的。尤其在一个"礼"所以为"别"的封建制度下，韩非这项平等的精神实有其积极的进步性。

要说"法"的平等性，必涉及"法"所要赏罚的标准。韩非坚持赏的标准是"功"，而不可依国君的私爱而赏；罚的标准一定要是"罪"，而不可依国君的私恶而罚。所以，他断然地说："明主赏不加于无功，罚不加于无罪。"（《韩非子·难一》）

因为，当时贵族宗室的势力很大，不遵守国君法令的往往是那些贵族重臣，而造成"只许州官放火，不准百姓点灯"的情形。为了纠正这种现象，韩非说："法不阿贵，绳不挠曲。法之所加，

智者弗能辞,勇者弗敢争。刑过不避大臣,赏善不遗匹夫。"(《韩非子·有度》)

在韩非的眼中,认为王子犯法都必须以法处罚之,因而引述楚太子犯"茅门之法"的故事,并假楚王之言,说处罚太子的廷理"是真吾守法之臣也"(《韩非子·外储说右上》)。针对着国君以私爱废法的毛病,他提出警告:"爱多者,法不立。"(《韩非子·内储说上》)

如果"法"能施行得公平的话,韩非认为"以罪受诛,人不怨上"(《韩非子·外储说左下》)。

在人类未能臻于大同世界的时候,尤其在不平等的封建社会里,韩非要求如此严格的"法"的平等是有其进步性的。

(四)"法"的统一性

韩非已经意识到,法令是不可以相互抵触的,因为法令一相互抵触,人民和官府都不知应该守哪条法令了。他就曾以这个观点批评过其先进法家申不害。

当时申不害相韩,韩是三家分晋之后才产生的国家。在韩还属于晋的时候,晋有一些法令,但申不害相韩后,又颁布了一些法令,却没有废除原来的晋的法令,因而产生了韩法与晋法抵触的问题。所以,韩非批评申不害说:"晋之故法未息,而韩之新法又生;先君之令未收,而后君之令又下。申不害不擅其法,不一其宪令,则奸多。"(《韩非子·定法》)

当然,韩非可能还没有现代宪法的观念,否则他可以用宪法为基本大法的观念来解决法令抵触的问题。

（五）"法"的客观性与普遍性

韩非并不认为"法"是国君可任意而立的。立"法"的客观标准是什么？他的答复是"人情"。他说："凡治天下，必因人情。人情者有好恶，故赏罚可用；赏罚可用，则禁令可立，而治道具矣。"（《韩非子·八经》）"人情"的客观具体内容又是什么呢？他认为是涉及个人利害的"自为心"。"自为心"的具体描述则是"人行事施予，以利为心，则越人易和；以害为心，则父子离且怨"（《韩非子·外储说左上》）。

其实韩非的这个说法，先秦另一位法家慎到也说过："天道因则大，化则细。因也者，因人之情也。人莫不自为也，化而使之为我，则莫可得而用矣。""故用之人自为，不用人之为我，则莫不可得而用矣。此之谓因。"（《慎子·因循》）慎到的这段话，正好是"人情"和"自为心"在用人这个侧面的说法。

基于客观"人情"所定出来的"法"，韩非认为是应具有客观普遍性的。治国之"法"就如同匠人的"规矩"一般，因此说："巧匠目意中绳，然必以规矩为度；上智捷举中事，必以先王之法为比。"（《韩非子·有度》）

虽然世上可能有一些不必用"规矩"而就合乎规矩的材料，或不必待立"法"而就能合法的人民，但这毕竟是太少了，并且这是不值得可贵的。因为，"夫必恃自直之箭，百世无矢；恃自圜之木，千世无轮矣。自直之箭，自圜之木，百世无有一；然而世皆乘车射禽者，何也？隐括之道用也。虽有不待隐括，而有自直之箭，自圜之木，良工弗贵也。何则？乘者非一人，射者非一发也。虽有不恃赏

罚,而有恃自善之民,明主弗贵也。何则? 国法不可失,而所治非
一人也"(《韩非子·显学》)。

这种具有客观普遍性的"法",韩非认为此乃"主之宝也"(《韩
非子·扬权》)。若能用这种"法"来治理国家,国君在用人方面也
可以不必辛苦地去考虑一个个的个人了。也就是说:"夫治法之至
明者,任数不任人。"(《韩非子·制分》)

(六)"法"的可变性与不可变性

韩非主张"常之毋易,在常古之可与不可",其实他对"法"之可
变与不可变也是持这种态度的。

"法"之所以具有客观普遍性,乃是因其基于客观之"人情"而
立的,但是社会的客观会随着历史的时代而改变的,"故治民无常,
唯法为治。法与时转则治,法与世宜则有功"。因此,"时移而法不
易者乱,世变而禁不变者削。故圣人之治民也,法与时移,而禁与
世变"(《韩非子·心度》)。

韩非又认为"法"是治理国家唯一的工具,是不可以经常变
动的,慎到也说:"官无常法,是以国日缪。"(《慎子·威德》)韩非
更认为经常变动"法"和"摇镜""摇衡"一样是要不得的,他说:
"故镜执清而无事,美恶从而比焉;衡执正而无事,轻重从而载
焉。夫摇镜则不得为明,摇衡则不得为正,法之谓也。"(《韩非子·
饰邪》)

韩非的"法"可不可变,我们必须以"动态的"观念来了解之。
若是以静态的观念来了解的话,"常"与"易"将是两个矛盾的观念。
如果我们不陷入诡辩的话,韩非的"法"是"法与时移"的,但是在执

法的那段时期必须是"清""正"而"常"的。

另外,在时已移而法未变的时候,韩非当对"法"持何种态度,他并没有给我们答复。倒是慎到提出:"法虽不善,犹愈于无法。所以一人心也。"(《慎子·威德》)这个看法也正是"恶法亦法"的看法。在法家或韩非的思想里,是不允许有"无政府主义"或"虚无主义"存在的。

三、"法"的政治意义

韩非所言之"法"是要"所治非一人"的,是要治众人的,这也就指出了"法"为管理众人之事的政治意义。当然,韩非所言的"法"或政治,并不是今天的民主政治,但也不是"刑不上大夫,礼不下庶人"的封建政治,而是一种帝王政治。因此,陈启天把韩非的这套学说,也称之为"帝王之学"。①

(一) 统治的利器

上文中我们提到韩非把"法"比成匠人们的"规矩"或"隐栝",是为一种从事的工具。而贯彻"法"的方法乃是赏罚;赏罚的标准或依据是功罪;之所以定功罪,行赏罚的乃是"法"。从另一面来说,赏罚乃是"法"之用,功罪乃是"法"之准。

韩非认为"法"是国君治理国家的工具,乃引述尹文子的话,说:"夫赏罚之为道,利器也。君固握之,不可以示人。"(《韩非子·

---

① 陈启天:《韩非子及其政治哲学》,见《增订韩非子校释》,第941页。

内储说上》)

有了这样的"利器"之后，也就如同有了一套伏虎之器，所以"主施其法，大虎将怯；主施其刑，大虎自宁。法刑苟信，虎化为人，复反其真"（《韩非子·扬权》)。

既然这套"利器"如此管用，国君就应该信任这"利器"，而不可去凭恃自己的私智、私信。因此，韩非认为："明主之道，一法而不求智，固术而不慕信。故法不败，而群官无奸诈矣。"（《韩非子·五蠹》）如果没有这套"利器"的话呢？他说："无庆赏之劝，刑罚之威，释势委法，尧舜说而人辩之，不能治三家。"（《韩非子·难势》）这也就是说，圣贤如尧舜也必须有这套治国的"利器"，否则只凭个人的才德，是连三家都治不了的，何况天下国家。

（二）特权的铲除

"法"要求了"法律之前人人平等"的原则，而在现实的政治和社会里，就必须铲除由封建而产生的许多特权，这也就是法家之所以和宗室发生激烈斗争的实际原因。给予法家最严厉打击的，当数那些当道的"当涂之人"，而法家要铲除的特权，实际上可分二类：一是世袭的封建宗室，一是当道的"重人"。尤其是后者，他们给法家打击最大，法家对他们也欲除之而后快。关于这种不两立的斗争，韩非是坦白承认的。这乃是因为"智术之士明察，听用，且烛重人之阴情；能法之士劲直，听用，且矫重人之奸行。故智术能法之士用，则贵重之臣必在绳之外矣。是智法之士与当涂之人，不可两存之仇也"（《韩非子·孤愤》)。

为什么韩非要铲除这些"重人"，而他们的特权又如何呢？他说："悉租税,专民力,所以备难、充府库也;而士卒之逃事伏匿,附托有威之门,以避徭赋,而上不得万数。夫陈善田利宅者,所以厉战士也,而断头裂腹,播骨乎平原者,无宅容身,身死田夺;而女妹有色,大臣左右无功者,择宅而受,择田而食。赏利一从上出,所以擅制也;而战介之士不得职,而闲居之士尊显。上以此为教,名安得无卑,位安得无危?"(《韩非子·诡使》)

　　从韩非这段话里,他不但有力地提出了铲除"有威之门"的理由,并且透露了那些封建的"重人""大臣"们包庇逃租税、逃兵役、逃徭役的实情。这种情形的结果就是"公家虚而大臣实,正户贫而寄寓富"(《韩非子·亡征》)。这样一个不公平的社会政治,又如何能要士卒死战,如何要人民僇力呢?

　　所以,他明白地提出:"明主之国,臣不得以行义成荣,不得以家利为功。功名所生,必出于官法。"(《韩非子·八经》)这也就是说,大臣不得以行私惠而博取义名,不得以取得私家之利以为功绩,而其所为必须要合乎"官法"才行。

　　其实,"主"和"臣"的利害并不是一致的,而是相互冲突的,韩非就用这个观点想说服国君来铲除这些特权。他说:"主利在有能而任官,臣利在无能而得事;主利在有劳而爵禄,臣利在无功而富贵;主利在豪杰使能,臣利在朋党用私。是以国地削而私家富,主上卑而大臣重。"(《韩非子·孤愤》)为了要避免"私家富"和"大臣重",韩非便主张"大臣之禄虽大,不得藉威城市;党与虽众,不得臣士卒"(《韩非子·爱臣》)。大臣不得有民(士卒),不得有地(城市),那么"受民受疆土"的封建制度不就荡然无存了吗?

（三）人事的公平

韩非虽然极力主张去"重人""大臣"，但人君治国毕竟是不能没有臣的；而且臣的权力大小和阶级高低，也必须是有区别的。要如何做到既要有可用之臣又不能有"重人"，他提出了一个办法，即"明主之国，迁官袭级，官爵授功，故有贵臣。言不度行，而有伪必诛，故无重臣"（《韩非子·八说》）。这些"贵臣"要如何选取和给予升迁，这就不能不谈到选人和升迁的问题了。

关于选用人才，韩非认为要打破以往封建的亲疏之别，但也没有必要矫枉过正。因此，他不但说"内举不避亲，外举不避仇"（《韩非子·说疑》），而且还说"外举不避仇，内举不避子"（《韩非子·外储说左下》）。因为每个人都最多能知道一些他所亲近的人的能力，然则"亲""子"以外的人才如何选用或取得呢？韩非认为只要"论之于任，试之以事，课之以功。故群臣公正而无私，不隐贤，不进不肖，然则人主奚劳于选贤？"（《韩非子·难三》）

关于人臣的升迁问题，除了韩非主张的"论之于任，试之以事，课之以功"的考核方式外，《韩非子》一书中还记载了墨者田鸠的看法。田鸠认为将相等大官都必须从小官干起，能把小的事情处理好，才能委以大任。他不同意徐渠所说的"智士不袭下而遇君，圣人不见功而接上"，而认为"不试于屯伯，不关乎州部，故有失政亡国之患"（《韩非子·问田》）。其实，韩非也说过："明主之吏，宰相必起于州部，猛将必发于卒伍。"（《韩非子·显学》）这个道理很简单，如不经过实际事务的考验，人主又能用什么标准来判定何人贤，何人不肖？而一旦委之予大任岂不是太危险了吗？

　　因此,我们可以知道韩非的"法"应用到用人和升迁上,乃是要求一种客观而公平的标准,而不是以人主的好恶和亲疏为标准的。

四、"法"的社会意义

　　韩非在政治上所主张的"法"是要求贯彻到社会上去的,而且也认为这样子才能国富兵强,所以他明白地说:"明主之国,无书简之文,以法为教;无先王之语,以吏为师;无私剑之捍,以斩首为勇。是境内之民,其言谈必轨于法,动作者归之于功,为勇者尽之于军。是故无事则国富,有事则兵强。"(《韩非子·五蠹》)

　　由此可见,韩非"法"所主张造成的社会乃是"耕战之士"的社会。而当时社会之病,乃是"言耕者众,执耒者寡也""言战者多,被甲者少也"。这也就是"国愈贫""兵愈弱"的原因。明主要想国富兵强就必须"用其力,不听其言;赏其功,必禁无用。故民死力以从其上。夫耕之用力也劳,而民为之者,曰:可得以富也。战之为事也危,而民为之者,曰:可得以贵也"(同上)。在这一段话里,韩非不但主张"耕战之士",并且我们可以看出法家主张"必因人情"的具体实施,也就是顺应"人情"的"自为"或"自为心"使其为帝王服务。

　　"战"很清楚的是保卫社稷,"耕"是增加生产,为了要鼓励"耕战之士",韩非是主张贬斥"商工游食之民"的,他说:"夫明主治国之政,使其商工游食之民少而名卑,以寡趣本务而趋末作。今世近习之请行,则官爵可买;官爵可买,则商工不卑也矣。奸财货贾得用于市,则商人不少矣。聚敛倍农而致尊过耕战之士,则耿介之士寡而商贾之民多矣。"(《韩非子·五蠹》)从这段话中,我们可知韩非已了解到:一个社会的非生产者不能太多,不能太富贵,但又不能没有,故只好使之"少而名卑"。如果这些非生产者因富贵而多,则在"食之者众,生之者寡"的情形下,这个国家是会崩溃的。因此,他警告说:"耕战之士困,末作之民利者,可亡也。"(《韩非子·亡征》)

为了鼓励"耕战之士",韩非也贬斥当时的知识分子,他的理由是知识分子不耕战,因为"博学辩智如孔墨,孔墨不耕耨,则国何得焉?修孝寡欲如曾史,曾史不攻战,则国何利焉?"(《韩非子·八说》)

如果国君立出了礼遇知识分子的法,那就更糟糕,乃因"居学之士,国无事不用力,有难不被甲;礼之,则惰耕战之功;不礼,则害主上之法"(《韩非子·外储说左上》)。

"法"的精神在于公平,而人主的慈悲是一种私爱,不可能公平的。韩非所认为的公平社会乃是"各尽所能,各取所值"的社会,而国君的政治就是要帮助这样社会的完成。所以,他说:"故明主之治国也,适其时事以致财物,论去税赋以均贫富,厚其禄爵以尽贤能,重其刑罚以禁奸邪,使民以力得富,以事致贵,以过受罚,以功致赏,而不念慈惠之赐,此帝王之政也。"(《韩非子·六反》)

"法"是大公无私的,因此"法"所要造就的社会也要是一个大公无私的社会。当然,韩非所言的平等和无私,都是一人之下万人平等或一人为私万民为公的平等和无私。如果我们从社会史的角度来看,韩非的平等也好、无私也罢,都是直接打击当时的封建贵族和重人们的。因为,当时一般的小老百姓根本是任人摆布的,当

然也谈不上如何有能力去"自私自利"。那么,我们就来看看韩非
如何主张造就一个为公的社会。他说:

> 夫立法令者,所以废私也;法令行,而私道废矣。(《韩非
> 子·诡使》)
> 匹夫有私便,人主有公利。不作而养足,不仕而名显,此
> 私便也。(《韩非子·八说》)
> 忠臣尽忠于公,民士竭力于家,百官精克于上。(《韩非
> 子·难三》)
> 诸侯以国为亲。(《韩非子·难四》)

韩非是常挟民以自重,来打击封建贵族和重人们的,譬如:"徭
役多则民苦,民苦则权势起,权势起则复除重,复除重则贵人富。"
"故曰:徭役少则民安,民安则下无重权,下无重权则势灭,势灭则
德在上矣。"(《韩非子·备内》)

韩非既挟民以自重,他又如何向民交代其所主张的严刑峻法
呢? 这也是他必须要在其社会论中解答的问题。韩非以其天才式
的说服力,曾给这个问题予以答案,他说:"夫惜草茅者耗禾穗,惠
盗贼者伤良民。今缓刑罚,行宽惠,是利奸邪而害善人也,此非所
以为治也。"(《韩非子·难二》)

不但如此,他还为"法"的社会勾画了一幅理想的蓝图——
"而圣人者,审于是非之实,察于治乱之情也。故其治国也,正明
法,陈严刑,将以救群生之乱,去天下之祸,使强不陵弱,众不暴
寡,耆老得遂,幼孤得长,边境不侵,君臣相亲,父子相保,而无死

亡系虏之患,此亦功之至厚者也。愚人不知,顾以为暴。"(《韩非子·奸劫弑臣》)

法家是否为"暴",如果我们仅以一些批评者的言论和法家自己的辩护来看,实令人有"公说公有理,婆说婆有理"的感觉。所以,我们必须要了解主张者和批评者的实际社会立场,才能在今天对法家有一个公平而正确的论断。

五、结语

本文所讨论者,仅限于韩非哲学思想中的一部分,也就是其"法"所关涉到的一些问题。在今天,韩非的哲学思想,包括其对于法的主张,有许多值得批判的地方,但因非本文范围,故未能列入。

韩非子是在历史中被忽视的人物,在发扬中国文化的今天,韩非的思想不能不是中国文化的一部分。虽然他有许多值得批判的地方,但是中国历代思想人物的思想,又有哪一家是可以不经批判而为我们今天所接受的呢?何况,韩非思想中实包含了很多中国文化的宝贵遗产,如法律平等、铲除特权等。这些观念在今天看来,不还是很"现代"、很正确的吗?

(原载《幼狮月刊》,1973 年 1 月)

韩非的哲学思想

韩非的思想历来受到许多非难和误解,自来学者多以为他是"极其惨礉少恩"的(《史记·老庄申韩列传》)。韩非是在封建末期的战国时代并极力主张专制政治的,而在秦汉大一统的局面开始出现了"一人专制"的政权后,士大夫在政治上反抗"一人专制",在思想上反对法家。因此,代表法家思想的商鞅和韩非也就成了众矢之的。[①] 不过,反法家的"专制"可以来自两个方向。一是民主的要求,一是封建的复辟。前者可以说是进步的,而后者却是"开倒车"的。这个问题颇为复杂,本文不拟讨论。

从两汉一直到民国,儒家正统的地位被确立,虽然还有"阳儒阴法"的说法,但法家毕竟是见不得人的旁门左道。

民国以后,讨论法家和韩非思想的也有不同的意见。兹略举如下:

1. 肯定法家思想。在台治《韩非子》一书最著成就的陈启天先生,他认为法家和韩非思想是顺应我国战国时代而产生的,而现代又是一个"大战国"时代。"旧战国时代所恃以为国际竞争之具者,

---

[①] 徐复观:《两汉知识分子对专制政治的压力感》,见《周秦汉政治社会结构之研究》,香港新亚研究所1972年版,第282—283页。两汉知识分子反法家,其实就是反汉朝的"一人专制",这是把政治抗议提到思想层面的一种抗议方式。

厥为法家思想,此不可争之事实也。近百年来,我国既已入于新战国时代之大变局中,将何以恃为国际竞争之具乎？思之,重思之,亦惟有参考近代学说,酌采法家思想,以应时代之需求而已。"①

2.《学原》杂志曾以胡拙甫之名,刊出《韩非子评论》之长文,文中多引述近代大儒熊十力先生的意见。他根据《淮南书》言"法原于众",乃是尊重人民自由,而依其互相和同协助之公共意见,以制法,而公守之。而韩非主张独裁极权,"其全书所竭力阐明者,究在于术"。因此,韩非不是法家的正统。②

3.郭沫若对韩非也有极严厉的批评。他认为韩非主张"绝对独裁"是"君主本位"的,其极权主义会使麦迦威理（Machiavelli）为之逊色。"韩非个人在思想上的成就,最重要的似乎就在把老子底形而上观,接上了墨子底政治独裁的这一点。"③"韩非之学,实在是有秦一代底官学,虽然行世并不很久,而它对中国文化所波及的毒害是不可计量的。"④

4.大贬胡适之和冯友兰等所著《中国哲学史》的劳思光先生,他认为:"韩子之言,甚杂而浅。……韩非子所代表之法家理论之出现,不代表一新哲学系统之产生,而实表示先秦哲学之死亡。""韩非思想,在价值观念方面,为一纯粹否定论者;故不唯与先秦诸子不同,且在世界哲学史上,亦属极为罕见之邪僻思想。"⑤

---

① 陈启天:《初版自序》,《增订韩非子校释》。
② 胡拙甫:《韩非子评论》,兰台书局1972年版,第2页。
③ 郭沫若:《十批判书》,群益出版社1946年版,第302页。
④ 同上书,第337页。
⑤ 劳思光:《中国哲学史》,香港中文大学出版部1968年版,第281—287页。

　　两汉知识分子的反法家有其自身"压力感"的因素和当时的政治社会的背景。① 其实现代知识分子的反韩非思想，也有其一定的因素和背景。虽然如此，但对于古代思想的研究，还是必须根据其所遗留下来的材料，尽可能地摒弃时空条件给予研究者的限制，进入客观的材料中，去"是山还他个山，是水还他个水"，不可用几个主观愿望所构成的简单概念和价值判断，如"甚杂而浅""邪僻思想"，去无条件地否定古人思想的价值和意义。

　　民国以来，许多知识分子在西方文化的挑战下，其回应的方式，不外二种方向：一是极端维护传统的要求，一是对本国传统采取一简单而否定的态度。例如，以简单的"封建"概念来否定儒家。此风一开，主张儒家的学者，又用简单的"专制"的概念来全盘否定法家的韩非是"甚杂而浅"。

　　以政治论而言，儒家的"封建"、法家的"专制"，都不是在中国今天的政治社会的条件下所能接受的。虽然他们的政治论都已经不能被接受了，但是他们还应有在其历史条件下的意义和价值。

　　无论中外，古代的学术思想都呈现着一种混沌而未分工的状态，政治论固为中国古代学术思想的重要部分，然而有关其他的学术思想亦掺杂其间，而有待于后代研究者的发掘和整理。本文所拟尝试讨论的范围就是政治论以外的哲学思想。

　　历来知识分子反对法家韩非的政治论有其一定的因素和背景。其实，韩非政治论的产生又何尝不是在一定因素和背景下的产物。②

————————

　　①　关于此点，请参阅徐复观先生《两汉知识分子对专制政治的压力感》一文。

　　②　有关韩非的政治论，请参阅拙作：《"法"在韩非思想中的意义》一文，《幼狮月刊》1973 年元月号。

本文虽不拟讨论其政治论,但仍愿在进入本文之前,以韩非与堂谿公的一段对话,作一个简单的交代。

堂谿公说:"臣闻服礼义辞让,全之术也。修行退智,遂之道也。今先生立法术,设度数,臣窃以为危于身而殆于躯,何以效之?所闻先生术曰:'楚不用吴起而削乱,秦行商君而富强,二子之言已当矣,然而吴起支解,而商君车裂者,不逢世遇主之患也。'逢遇不可必也,患祸不可斥也。夫舍夫全遂之道,而肆乎危殆之行,窃为先生无取焉。"

韩非对答说:"臣明先王之言矣,夫治天下之柄,齐民萌之度,甚未易处也。然所以废先生之教,而行贱臣之所取者,窃以为立法术,设度数,所以利民萌,便众庶之道也。故不惮昏主暗上之患祸,而必思以齐民萌之资利者,仁智之行也。惮乱主暗上之患祸,而避乎死亡之害,知明夫身,不见民萌资利者,贪鄙之为也。臣不忍向贪鄙之为,不敢伤仁智之行。先生有幸臣之意,然有大伤臣之实。"(《韩非子·问田》)

许多研究韩非的学者,多认为这段话是伪作而故意忽略。郭沫若虽然在《韩非子的批判》一文中引出了这段话,但他却说韩非有美妙的画皮来掩饰他的权谋的可怕。"牛马也要有草吃才能耕作的,主人丰衣足食,牛马的草秣也才可以有足够的分量,极端君权论者的韩非,他脑里所怀抱的'救群生''利民萌',是应该作如是观的。"[①]这样的说法,出在别人的口中尚可原谅,但出在自命博通古今的郭沫若口中,就令人有点无理取闹的感

---

① 郭沫若:《十批判书》,第337—338页。

觉了。

　　"问田"的这一段话或者不是韩非的自著，而是旁人的记录。如果我们假定它是出自韩非的"脑里"，这段话是有历史事实来作为韩非"立法术，设度数"可以"利民萌"的依据。帮我们保留下这段依据材料的是骂商鞅"天资刻薄""卒受恶名于秦，有以也夫"的司马迁。他在描述变法以后的秦国毕竟是"行之十年，秦民大说，道不拾遗，山无盗贼，家给人足。民勇于公战，怯于私斗，乡邑大治"（《史记·商君列传》）。难道这不是"利民萌，便众庶"的法家理想的具体实践吗？说穿了，法家思想的实践，其矛头因为是对准着"公族""重人"的，取代当时"公室""重人"的后代世家大臣，同样地感受到法家思想的压力。君不见宋神宗问："更张法制于士大夫诚多不悦，然于百姓何所不便？"而文彦博说："为与士大夫治天下，非与百姓治天下也。"①因此，法家的商鞅可以使得"秦民大说"，但却不能不"卒受恶名"于士大夫之口。根据商鞅变法的范例，我们有理由相信韩非是确实信仰"专制"优于"封建"而能"利民萌"的，而非郭沫若所说的"画皮"。

　　关于韩非的政治论，我们应该揭开历代知识分子成见的迷雾，而以当时的政治社会的条件作背景，才能得到一个切实的了解。这并不是说韩非专制的政治论应该在今日提倡，而是说我们必须这样才能客观地了解它究竟是什么和正确地估定其在一定历史期间中的价值。

――――――――――

　　①　当时王安石变法的思想动力是法家的，故推崇商鞅，而为儒者所反对。请参阅陶希圣：《中国政治思想史》第四册，食货出版社1972年版，第57页。

　　无论赞成或反对韩非法家思想的人,都不能不承认韩非思想在中国历史上,发生过很大的影响力,即使在"为与士大夫治天下"的时期中,它还是经常偷偷摸摸地在国家多难要求变法维新的时机出现。这股集二千多年来知识分子之力不能扑灭的思想力量,难道真的是"甚杂而浅"的吗?

一、人性的考察

　　在韩非之前,有许多人曾争论过人性是善是恶的问题,如主张"性善"的有孟子,主张"性无善无不善"的有告子,主张"性恶"的有荀子。他们多把人性的问题放在一个价值判断的层面讨论。而韩非却是把人性问题放在经验层面上,对其在不同条件下,作一考察。在许多人类具体行为中,根据他的考察,抽象出二个原则:一是"好",一是"恶"(《韩非子·八经》)。

　　历来许多学者皆认为韩非师承荀子,也继承了荀子"性恶"的主张。因此,让我们引两段韩非自己的话来讨论:

　　　　故与人成舆则欲人之富贵;匠人成棺则欲人之夭死。非舆人仁而匠人贼也。人不贵则舆不售,人不死则棺不买。情非憎人也,利在人之死也。(《韩非子·备内》)

　　"仁"与"贼"是一个善恶的价值判断,而这个所谓的"仁""贼",只是在其行业条件下的一定反应而已。

　　让我们再看一段话:

是以古之易财，非仁也，财多也；今之争夺非鄙也，财寡也。轻辞天子，非高也，势薄也；重争士橐，非下也，权重也。（《韩非子·五蠹》）

"仁""高"被我们认为是善的，"鄙""下"被我们认为是恶的。但是这所谓的"仁""高""鄙""下"，却是被财货的多寡和权势的薄重所决定的。

用此类客观条件来解释人类行为的方法，实为韩非研究人性的基本方法。

韩非这种对人性的看法，不能说与对人性讨论的先进者无关，但是要说他师承荀子的"性恶"，还不如说他更接近告子"无善无不善"的人性理论。

荀子认为人生而有"好利"，有"疾恶"，有"耳目之欲"，因此"顺人之情"就会"归于暴"。所以，他认定"人之性恶明矣"（《荀子·性恶》）。同样的，韩非在大量地考察了人性之后，也提出了人有"好""恶"的问题来。人不但好具体的利，并且好抽象的利，如名誉权力等。人不但疾具体的恶，并且疾抽象的恶。他和荀子不同的是，荀子认为"好利"就有"争夺"，就会"辞让亡焉"，就会有"犯分乱理，而归于暴"的情形（同上）；而韩非却认为舆人"好利"，也能有"欲人之富贵"的"仁"；医"好利"就会行"吮人之伤"的善行（《韩非子·备内》）。荀、韩师弟二人在对人性的看法上，其差别就在这里。怎么可以说韩非是师承荀子的"性恶"论呢？

荀子认定"性恶"，故主张"化性起伪"，以教化的力量，使人民接受国家社会的善的规范。而韩非却认为，人因"好利"，就可以用"利"使人行善；人因"疾恶"，就可以用"恶"使人去恶。所以，他说"凡治天下，必因人情。人情者有好恶，故赏罚可用"（《韩非子·八经》）。

另外，韩非在《显学》篇中，认为"性命"是天生自然的，是"非所学于人"的。

因此，我们可以说，韩非认为人性的性质是"非所学于人"的；人性的内容是"好恶"；对人性是善是恶的问题，他却是一个不作判断的人。

总结韩非对人性的考察，他把人性具体地看成是在一定条件之下，由刺激所产生的一定的反应。这种对人性的看法，正符合了现代心理学中"刺激反应之理论"，并且这个符合现代心理学的看法，在《韩非子》一书中，已被普遍地应用和强调了。

二、演化的历史观

先秦各家显学，多以"先王之道"相标榜。而在这样崇古之风笼罩下的思想空气里，韩非却认为"上古之传誉"和"先王之成功"是不可靠的（《韩非子·显学》）。为什么不可靠，我们归纳他的意见，大致可分三点：

1. 传说不实，附会太多，不能为我们相信。他说："先王之言，有其所为小，而世意之大者，有其为大，而世意之小者，未可必知也。"（《韩非子·外储说左上》）如郢书燕说的故事就是这样。并且，他还举两个书呆子来开玩笑。一个是宋人读到书上写的"绅之束之"（原意是：人应自我约束），而遵照其字面的意思，在自己的腰上再加上一条绅带。另外有个梁人,读到"既雕既琢,还归其朴"
(原意是:人虽然受了雕琢,但还是应回到其朴实的本质),然后就
一举一动都要雕琢,当然就无法"还归其朴",而不知如何是好。
(《韩非子·外储说左上》)

2. 各家对"先王之道"的取舍不同,又不能印证,故难以相信。
他说:"孔子、墨子俱道尧、舜,而取舍不同,皆自谓真尧、舜,尧、舜
不复生,将谁使定儒、墨之诚乎? 殷周七百余岁,虞夏二千余岁,而
不能定儒墨之真,今乃欲审尧舜之道于三千岁之前,意者其不可必
乎!"(《韩非子·显学》)谁讲的尧舜之道才是真的,我们都还不知
道,又如何去实行尧舜之道呢? 何况,韩非根本认为尧舜之道,由
于年代的古远,依照当时的知识是定不出其真伪来的。

3. 即使得到了真正的先王之道,他更进一步地认为,由于古今
异俗,也是不能实行于现在的。因为"上古竞于道德,中世逐于智
谋,当今争于气力"(《韩非子·五蠹》)。要把"道德""智谋"拿到当
今来实行,是行不通的。

我们仔细研究韩非思想,韩非所不主张"道德",是特定具体的
古代的道德,而不是一般的道德价值的意义。在一个政治社会文
化发生变迁的时代,其基本的文化条件改变了,跟着较高层次的抽
象的道德价值观念也有改变的要求。但在这个过渡时期,却会常
常发生一些不能调适的现象,我们称之为文化阻滞(culture lag)。
为适应新的文化社会的需要,新的价值观念必然地要求取代旧的
价值观念。让我们说得更具体一点,人群的生存是依赖着社会的,
社会的维系是凭持着一套文化和制度,肯定或将这套文化和制度
合理化(rationalized)的抽象工具就是价值观念。以我们所讨论的

韩非思想为例,在以封建制度为基础而言"亲亲"的价值观念下,"父为子隐,子为父隐"的行为是"直在其中"(《论语·子路》)。但是在专制制度的要求下,尊君守法取代了"亲亲"的价值观念,"为父隐"的孝子便成了枉国君之法的"背臣"(《韩非子·五蠹》)。

韩非以其敏锐的感受,深刻地体认到,传统封建的价值观念是不能拿来维系他所图构的专制制度。

古代的"道德"也不是凭空而有的,而是在一定的社会条件下所产生的。他认为"上古之世"的社会经济条件是"人民少而禽兽众",所以"古者丈夫不耕,草木之实足食也;妇人不织,禽兽之皮足衣也。不事力而养足,人民少而财有余,故民不争。是以厚赏不行,重罚不用,而民自治"。为什么"当今"就不能这样呢?他提出了一个人口膨胀的因素来作说明。他说:"今人有五子不为多,子又有五子,大父未死而有二十五孙,是以人民众而货财寡,事力劳而供养薄,故民争,虽倍赏累罚而不免于乱。"(同上)

由这样的社会经济的条件,反映到政治的层面上,就是"古者,寡事而备简,朴陋而不尽,故有珧铫而推车者。古者,人寡而相亲,物多而轻利易让,故有揖让而传天下者"。因此,他认为"处多事之时,用寡事之器,非智者之备也。当大争之世,而循揖让之轨,非圣人之治也"(《韩非子·八说》)。

除了"人寡而相亲,物多而轻利易让"外,他还列举了另一个"揖让而传天下"的原因,他说:"禹之王天下也,身执耒臿,以为民先,股无胈,胫不生毛,虽臣虏之劳,不苦于此矣。以是言之,夫古之让天下者,是去监门之养,而离臣虏之劳也,故传天下而不足多也。"反观当时一个小小的县令都是"一旦身死,子孙累世絜驾"。在这样的对照下,他发现了在不同的历史时期,其所具备的条件是不同的;而在不同的条件下,人对于"让"的反应就不一样。因此,他说:"是以人之于让也,轻辞古之天子,难去今之县令者,薄厚之实异也。"(《韩非子·五蠹》)

韩非确实地了解到,由于历史的演化,使得一些条件发生了变化,于是在不同条件的情况下,处理问题的方法就不能相同,因而他提出了"世异则事异""事异则备变"的主张(同上)。

基于这样的历史观,韩非对当时崇古的思想空气给予猛烈的攻击,兹引数例如下:

> 且夫世之愚学,皆不知治乱之情,譶諕及诵先王之书,以乱当时之治。(《韩非子·奸劫弑臣》)
>
> 是故乱国之俗,其学者则称先王之道,以藉仁义,盛容服,而饰辩说,以疑法,而贰人主之心。(《韩非子·五蠹》)
>
> 今世儒之说人主者,不言今之所以治,而语已治之功;不审官法之事,不察奸邪之情,而皆道上古之传誉,先王之成功。……此说者之巫祝,有度之主不受也。(《韩非子·显学》)

韩非虽是一个历史演化论者,但他并不是一味地反古,而是反对食古不化,反对那些抹煞现实经验而妄想开时代倒车的人。所以他说:"不知治者必曰:'无变古,毋易常。'变与不变,圣人不听,正治而已。然则古之无变,常之毋易,在常古之可与不可。"(《韩非子·南面》)

因此,我们可以说韩非的历史观,一方面是一个旧时代变迁过程之中的产物,而另一方面却又迎接了一个新时代的来临。即使以今日的眼光观之,亦不失为一种合乎经验现实的历史观。尤其在今天文化变迁剧烈的时代里,这种史观或许可以帮助我们不断地迈向一个更进步的新时代。

三、形名参同的形名论

在《韩非子》一书里,我们不但看到其反映了先秦哲学史上的"性善""性恶"之争、"崇古""反古"之争,并且也反映了形名之争,即正名的问题。

环绕在这个论题上,有人主张先要名正然后才能言顺、事成。也有人主张,"名"不过是"约定俗成"的。另外还有人主张,有其"形"的"名"才是有意义的。

孔子说过:"名不正,则言不顺;言不顺,则事不成;事不成,则礼乐不兴;礼乐不兴,则刑罚不中;刑罚不中,则民无所措手足。"(《论语·子路》)这代表着第一派的意见。当时在旁的子路就批评他的老师:"子之迂也! 奚其正?"《论语》没有给我们更多的资料,所以有关子路反对的理由也不得而知。

另外,韩非的老师荀子却说:"名固无宜,约之以命。约定俗成,谓之宜。异于约,则谓之不宜。"(《荀子·正名》)既然"名固无宜"又何"正"之有? 因此,在荀子的眼中,"名"只有宜不宜的问题,而没有什么正不正的问题。这是第二派的意见。

接着韩非认为有"道"的国君,只要"虚静以待之,令名自命也,

令事自定也"，"有言者自为名，有事者自为形"，国君只要求"形名
参同"，就可以"无事"而治天下了。并且他认为"同合形名，审验法
式，擅为者诛"，就可以"国乃无贼"(《韩非子·主道》)。

韩非这种"令名自定""令事自定"和"自为名""自为形"的说
法，其实与当时名家所言的"善名命善，恶名命恶。故善有善名，恶
有恶名"(《尹文子》卷上)的看法甚为相近。即使他的"同合形名"
以禁奸的说法，在《尹文子》一书中也有类似的看法，如"故亦有名
以检形，形以定名。名以定事，事以检名。察其所以然，则形名之
与事务，无所隐其理矣"(同上)。

有了尹文子的"善有善名，恶有恶名"的"名以检形，形以定名"
的了解后，再来看韩非所说的"用一之道，以名为首。名正物定，名
倚物徙"。虽然这有点像是孔子的"名不正，则言不顺"的说法，但
是韩非此处所言之"名"实为由"物"而有的"名"。实际了解韩非的
意思，"名正物定，名倚物徙"，乃是说有正确的"名"，我们才能正确
地指出其名所代表的"物"；如果这个"名"不是很正确地代表着它
所要指的"物"，则我们就不能确定其所代表的究竟是什么"物"了。
因为这个时候，"物"是"徙"的。而在这个时候怎么办呢？韩非接
着就说："故圣人执一以静，使名自止，令名自定。"韩非是要"名"去
"自正"，而不是要圣人去"正""名"。所以，他还说："上以名举之，
不知其名，复循其形。形名参同，用其所生。"国君如果能懂得这个
道理，并实践这个道理，而"因天之道，反形之理，督参鞠之"(《韩非
子·扬权》)，就可以使得其用无穷了。

"形名"不但是个哲学上的问题，并且被韩非运用到政治实
践上，变成了一项国君统御群臣的原则。他说："君臣不同道，下

以名祷,君操其名,臣效其形,形名参同,上下和调。"(《韩非子·扬权》)

"形名"究竟是什么呢？韩非除了说"有言者自为名,有事者自为形"外,更直截了当地说:"形名者,言与事也。"(《韩非子·二柄》)我们可以说,"形"乃是"事",是臣下向国君建议要做的一些措施;"名"乃是"言",是臣下为了"事"而说的一些话。"形"与"名"的关系又是什么呢？用尹文子的话来说,"名者,名形者也。形者,应名者也"(《尹文子》卷上)。

韩非要求"形名参同",在实际上是有其政治理由的。因为当时有许多人以建言为进身的手段,为了要想谋取一官半职或名显天下,就无所不用其极得天花乱坠;或者有些人为自己的私利而怂恿国君去做某些"事"。总之,他们所建的"言"都不一定是对国君的利益负责的。因此,韩非认为国君对臣下之建言,必须要求"形名参同"。孔子是站在臣下的立场要求国君"正君",而韩非却是站在国君的立场要求臣下"形名参同"。

所以,韩非说:"故群臣陈其言,君以其言授其事,以其事责其功。功当其事,事当其言,则赏;功不当其事,事不当其言,则诛。"(《韩非子·主道》)这句话韩非不止一次地表示过,并且重复地说着,例如:"为人臣者陈而言,君以其言授其事,专以其事责其功。功当其事,事当其言,则赏;功不当其事,事不当其言,则罚。"并且他认为"人主将欲禁奸",就要这样子地"审合形名"(《韩非子·二柄》)。当然这也就是说,"功当其事,事当其言"才是"形名参同",应该得赏;否则就不是"形名参同",而要得到惩罚。

由此,我们已经得到了"百家争鸣"结束的信息,代之而起的将是思想一尊的局面。但韩非哪里会想到代之而起的一尊，并不是他所极力鼓吹的法术，而是"独崇儒术"！

四、参验的知识方法

由"形名参同"的形名论，韩非进一步地在其思想中发展了一套知识的方法论。韩非的思想是为政治服务的，其有关知识方法的理论亦复是为政治服务的。

"形名参同"不但是人主统御臣下的方法，并且是人主用以决定"事当其言"的一个标准。"事当其言"，则臣下之"言"（即命题）为真；"事不当其言"，则臣下之"言"为假。用现代的话来说，就是一个命题，其陈述符合其所指涉的事实，则此命题为真；若其陈述不符合其所指涉的事实，则此命题为假。例如，有一命题为"天正在下雨"，若现在真的是窗外雨濛濛，则此命题为真，也就是下雨的"事"当了"天正在下雨"的"言"。若现在是烈日当空，则烈日当空的"事"就不当其"天正在下雨"的"言"了，也就是说此命题为假。

政治的"事"和"言"毕竟要比天下雨来得复杂得多。然而，人主又如何才能知道"事"究竟是不是"当其言"呢？为了解决这个问题，韩非说："循名实而定是非，因参验而审言辞。"（《韩非子·奸劫弑臣》）这就是说，"定是非"（"是非"即以上所言之真假）是要根据着其"名实"的是否相符来决定；而审查其"言辞"，要知道其是否"形名参同"，就要用"参验"的方法了。

依韩非的意思，"参验"又是怎么回事呢？我们可以说"参"乃是一种相互的对照或印证；"验"乃是一种实验或实践。如"形名参同",即是说"形"和"名"经过许多资料的对照和印证之后而相符合。

为了使人主不被欺骗,就要多从各处得到有关臣下的报告,包括贱对贵、下对上的一些报告。并且不可只听一方之言,而应该把各种来源的报告加以对照或印证。所以,韩非说,"明君之道,贱得议贵,下必坐上,决诚以参,听无门户,故智士者不得诈欺"(《韩非子·八说》)。

人主不但"听"要"参",而且"观"也要"参",甚至还要拿"众端"来"参观";否则,人主就会被臣下所"壅塞"。因此,韩非建议人主要"执后以应前,按法以治众,众端以参观"(《韩非子·备内》)。并且警告人主说:"观听不参,则参不闻,听有门户,则臣壅塞。"(《韩非子·内储说上》)

关于"验",韩非提出了如下的论证:

> 夫视锻锡而察青黄,区冶不能以必剑。水击鹄雁,陆断驹马,则臧获不疑钝利。发齿吻形容,伯乐不能以必马。授车就驾,而观其末涂,则臧获不疑驽良。观容服,听言辞,仲尼不能以必士。试之官职,课其功伐,则庸人不疑于愚智。(《韩非子·显学》)

在科学知识极为简陋的古代,韩非已经发展了这种实验的科学精神。韩非这种不惑于语辞而直接要求对经验事务本身作观察的哲学知识的方法,实与培根(Francis Bacon)的破除市场偶像(idola fori)有异曲同工之妙。

韩非的这种实验的精神,并非和培根一样是为求取正确的自然知识的,而是为了要求取正确的政治知识才发展出来的。

因为当时的臣下常常利用国君的权力来成就自己的私利,而臣下的私利又和国君的公功是相互冲突的。因而若人主不明察,而被臣下以一些动听的话诱入其陷阱,就会造成人主的祸患,甚至亡国。故韩非一语道破之而言:"人臣易言事者,少索资,以事诬主,主诱而不察,因而多之,则是臣反以事制主也。如是者谓之诱于事,诱于事者,困于患。"(《韩非子·南面》)

因此,韩非认为人主应当"使人臣前言不复于后,后言不复于前"。除了要人臣不得前言不对后语外,还必须要人臣所作的"命题"是要有真假可"验"的,其论证要能有"端末"可分的,即"言无端末,辩无所验者,此言之责也"。这也是因为人君要"知端末",才能"责其实"的缘故(同上)。

国君要从各种方面来求证人臣之言的真假,然韩非又认为真理是有其客观性的,不是可以诉诸群众,或诉诸文字魔术可以得到的。因为,"言之为物也,以多信。不然之物十人云疑,百人然乎,千人不可解也。呐者之言疑,辩者之言信。奸之食上也。取资乎众,藉信乎辩,而以类饰其私"。所以,"有道之主,听其言督其用,课其功"。除此之外,"言会众端"还要"必揆之以地,谋之以天,验之以物,参之以人",这乃是人主从臣下之言中,用以判断其所言是否正确的四种方法,要"四征者符"才行(《韩非子·八经》)。

最后,韩非认为人主除了知道这"四征者符"之外,还必须要亲自掌握之,故言要"亲观听"。因为,"酸甘咸淡,不以口断,而决于宰尹,则厨人轻君而重宰尹矣。上下清浊,不以耳断,而决于乐正,则瞽工轻君而重于乐正矣"(《韩非子·八说》)。

　　韩非这段说法虽然是侧重在国君为保持其大权不旁落所应用的"亲观听"的"术"，但我们还是要问，韩非既然认为国君可以"无为"而治，可以"治不足而日有余"(《韩非子·有度》)，怎么又可以要国君去"亲观听"呢？

　　其实韩非所言的"亲观听"是要国君保有和掌握最后的决定权。并且，他还可以提出其所潜心研究的"道"术来。他说过"道在不可见，用在不可知"(《韩非子·主道》)，"是故明君贵独道之容"(《韩非子·扬权》)。有了"独道之容"的国君只要"虚静无事，以暗见疵"，就可以"见而不见，闻而不闻，知而不知"(《韩非子·主道》)。其实这也就是说，人主的"亲观听"，并不是要人主事事去"亲观听"。何况，任何一个人对一国之事，每件事都去"亲观听"，在实际上也是办不到的。因此，"亲观听"实际上是指国君在运用最后的决定权时，必须"亲观听"地独裁，否则国君的权力就旁落了。

　　韩非要求国君要"明"，"明"就要"观听"，要如何"虚静无事"地"观听"才能"明"呢？他说："以一国之目视，故视莫明焉；以一国之耳听，故听莫聪焉。"(《韩非子·定法》)若能如此，人君就可以"身在深宫之中，而明照四海之内"了(《韩非子·奸劫弑臣》)。

　　这就是韩非为国君所创设的一套求得正确政治知识的方法了。有了这一套"参验"的方法，"一人专制"的独裁才有了可行性。

五、实证的宗教观

　　中国知识分子之不信鬼神，倒真的是古已有之的事。中国人老早就发现了人只有靠自己的努力才能成就自己。这种人文主义精神的涌现，使得中华民族很早就从宗教的束缚中，自觉地解放出来。

根据历史的记载，春秋时代晋侯欲假道于虞以伐虢，虞公不顾"唇亡齿寒"之虑，而欲从晋之请。他的理由是"吾享祀丰洁，神必佑我"。但是他的一个臣子宫之奇却说："臣闻之，鬼神非人实亲，惟德是依。"并且，还引了《周书》的话说："皇天无亲，惟德是辅。"因此，"则非德，民不知，神不享矣。神所冯依，将在德矣"（《左传·僖公五年》）。

孔子要人"务民之义，敬鬼神而远之"（《论语·雍也》），并且他自己也不语"怪力乱神"（《论语·述而》）。

孟子也说："祸福无不自己求之者。"并且因《诗经》的话"永言配命，自求多福"，和《太甲》所说的"天作孽犹可违，自作孽不可活"，来说明他自己的意思（《孟子·公孙丑上》）。

荀子说得更透彻，他说："天行有常，不为尧存，不为桀亡。应之以治则吉，应之以乱则凶。"（《荀子·天论》）

韩非身为荀子的高足，关于人与鬼神或天关系的问题，他倒是承继了荀子的观点，并予发挥。其实，只要根据他"参验"的知识方法，鬼神在他的思想系统中，实已无容身之地了。

他不但不信鬼神，而且认为信鬼神是件最偷懒、最容易的事。他以画为例，认为画"犬马最难"，因为每个人都可以看到犬马，画得像不像，一对照就很清楚。但是画"鬼魅最易"，因为谁也没有看到过鬼魅，随便怎么画，都可以称自己画的才是真鬼魅，也没有任何人可以提得出具体的鬼魅来证明他画得不像，因此最容易。（《韩非子·外储说左上》）

他还说，一些"巫祝之人"的神棍，一天到晚为人祝道"使若千秋万岁"，然而却是"一日之寿无征于人"，这也就是一般人们之所以"简巫祝"的原因（《韩非子·显学》）。由此看来，不但韩非不信鬼神，而且在当时社会中靠鬼神吃饭的巫祝，也受到人们以"简"的待遇。

赵、燕两国都曾鉴龟求卜，因兆曰"大吉"而决定战争。韩非即以其二国的经验来说明："龟筴鬼神，不足举胜，左右背乡（言星宿之方向），不足以专战。然而恃之，愚莫大焉。"（《韩非子·饰邪》）鬼神的保佑不但是"无征"的，而且鬼神的预言也是不可靠的。

另外，越王勾践靠着"大朋之龟"（言大宝之龟），和吴王夫差作战，结果战败被掳。待其被掳返国之后，"弃龟明法，亲民以报吴"，然后夫差为其所败。由此观之，韩非认为"恃鬼神者慢于法"（同上）。"慢于法"，按照韩非的意思，这个国家就很危险了。

因此，韩非提出警告说："用时日，事鬼神，信卜筮，而好祭祀者，可亡也。"（《韩非子·亡征》）

儒家认为鬼神当远之，韩非亦认为鬼神不可信。在这一点上，韩非反鬼神的态度比儒家还要来得坚决。儒家认为，统治者因此应该修德；而韩非认为，统治者因此应该明法。同样的，儒法二家都是反对"不问苍生问鬼神"的人文主义精神，而劳思光却认为主张修德的儒家是人文主义者，但主张明法的韩非却成了反人文主义者了，并认为是"文化精神已步入一大幻灭"[①]。

然而，二千多年后，再翻阅韩非在宗教观上所表现的浓烈的人

---

① 劳思光：《中国哲学史》，第 281 页。

文主义色彩,我们不能不为这么一个古代的人文主义者抱屈。

六、结　语

在结束本文之前,我愿再一次地表明自己对韩非思想研究的态度。

1.韩非主张"一人专制"和军国主义,是我们今天所要反对的政治思想。即使儒家所主张的封建的政治思想,又何尝是我们今天所能接受的呢?但无论儒家或法家,其政治思想的形成,都有其一定的社会政治的条件和时代的要求。因之,我们必须透过当时的条件和要求去对古代的思想作了解。

2.诟病中国传统文化的人,总认为线装书里尽是"玄学鬼"。虽然玄学在人类思想史上占了一个很重要的阶级,但是在玄学笼罩的时代里,经验的科学思想亦经常在特殊的条件下,以极其粗糙的形式出现过。今天我们要发展科学的文化,就需要找出可能发展科学的文化历史,以期现代外来的科学文化与中国的文化传统能接上头。

3.在"文化复兴"的体认下,我们不可再犯上董仲舒的错误,而应该让被压抑了二千年的古代思想,充分地解放出来,就像是西方文艺复兴对希腊之学的研究一样。对古学研究,并不就是无条件地服从它,奉为教条,而是要吸收它合理的成分,并批判它,以为我们求进步的一个基础。

4.韩非是一位最不具"玄学"的古代思想家,并且还大力地反对过"玄学"。韩非思想是应该批判的,但我们今天还只是站在一个落后的"玄学"立场去讥评韩非"甚浅",才是一件可笑的事。我们应该在现代科学思想的立场去批判韩非思想"甚浅",这才是一个进步的方向。

5.学术研究不是宗教信仰,也不是政治斗争;不可任意排斥那些不能"恰合吾心"的思想;也不能像郭沫若一样,故意曲解材料来达成政治的目的。并且,也不应该拿韩非的思想来作为鼓吹军国主义的张本。

(原载《幼狮月刊》,1974 年 1 月)

先秦法家发展及韩非的政治哲学

　　中国所称之法家是指春秋战国时代,由于政治社会的变迁所涌现的一批政治家或学术家。首先以法、术来称道这批政治家的是韩非,他称这批人叫"知术能法之士"。到了汉代,才有司马谈正式称这批政治家或学术家为"法家"。

　　韩非称道"知术能法之士"时说:"知术之士必远见而明察,不明察,不能烛私。能法之士,必强毅而劲直,不劲直,不能矫奸。人臣循令而从事,案法而治官,非所谓重人也,重人也者,无令而擅为,亏法以利私,耗国以便家,力能得君者,此所谓重人也。知术之士明察,听用,且烛重人之阴情;能法之士劲直,听用,且矫重人之奸行。故知术能法之士用,则贵重之臣必在绳之外矣。是智法之士与当涂之人,不可两存之仇也。"(《韩非子·孤愤》)

　　韩非是先秦法家之集大成者,以法家看法家,可以了解到"知术能法之士"的三个特点。一是"明察""烛私";二是"劲直""矫奸"。且所"烛",所"矫"均为"重人"的"私"和"奸"。所以,第三个特点就是和"重人"为"不可两存之仇"。且因为这些"重人""力能得其君",所以是"当涂之人"。

　　司马谈是汉代的一个黄老家或称道家,他指出法家的要旨时说,"法家严而少恩;然其正君臣上下之分,不可改矣。"(《史记·太史公自序》)为什么是"严而少恩"及"正君臣上下之分"呢？司马谈进而说："法家不别亲疏，不殊贵贱，壹断于法，则亲亲尊尊之恩绝矣。可以行一时之计，而不可长用也，故曰'严而少恩'。若尊主卑臣，明分职不得相逾越，虽百家弗能改也。"(同上)

司马谈所称的"亲"和"贵"，正是韩非所称的"重人"。韩非主张烛其私、矫其奸，也正是司马谈所反对的"壹断于法"。因此，司马谈认为法家的要旨在于"严而少恩"。而其同意法家另一项要旨是"正君臣上下之分"，而此乃是"尊主卑臣，明分职不得相逾越"。

由韩非和司马谈所予以"知术能法之士"或"法家"的意义来看并不只限于法，而是包括了"术"、行政、政治和对西周以来宗法封建制度的态度。实际上，法家的学说乃是与宗法封建制度不同的另一套政治、经济、社会及哲学的思想体系。法的主张只是法家思想的必要条件而已。

中国的公布法出现于春秋末期(前 536 年)以后，各国争相效尤，即使反对法的儒家也不得不承认及肯定"法"的存在和价值。如孟子，他不但说"君子行法以俟命而已矣"(《孟子·尽心下》)，甚至于还说"入则无法家拂士……国恒亡"(《孟子·告子下》)。而法家到了战国时代，也有了更进一步的发展，他们不但主张公布法的实施，并且还有"术"和"势"的理论推出。这乃是因为当国君取得了专制权力后，"法"的贯彻和"术"的运用，成了战国法家最急切的问题。

一、法家的起因

周征服殷以后，在原来未被周征服兼并的氏族诸侯之外，用以统治中国的主要是其亲属，另外还有些功臣。统治集团中的亲属关系乃是一套宗法系统，周天子派出他的亲属至各地代其执行统治的任务，是为封建。

在这样的一个系统中，周天子乃是天下之大宗，分封出去的诸侯，在其诸侯国内也是大宗。诸侯以下的卿、大夫、士也亦复如此。而宗与宗之间的权力授予的关系乃是"天子建国，诸侯立家，卿置侧室，大夫有贰宗，士有隶子弟，庶人工商各有分亲，皆有等衰，是以民服事其上，而下无觊觎"（《左传·桓公二年》）。其中大夫以上是属于统治集团的，庶人以下乃是被统治者，而士乃是介于两者之间的。

以整个宗法封建制度来说，其目的乃在于"是以民服事其上，而下无觊觎"。也就是说，巩固以周天子为首的统治集团的天下。

周天子"建国"为的是"封建亲戚，以藩屏周"（《左传·僖公二十四年》），或以"夹辅周室"（《左传·僖公四年》）。诸侯之立卿大夫等公族，也是因为"公族、公室之枝叶也。若去之，本根无所庇荫矣"（《左传·文公七年》）。诸侯国的权力来自天子，故其自身并没有独立的主权。如齐哀公为周夷王所烹，而立哀公之弟为胡公（《史记·齐太公世家》）；周宣王爱鲁武公之少子戏，遂立为太子而为懿公（《史记·鲁周公世家》）。由此可见，为天下大宗的周天子的权威于一斑。

但是这一套宗法封建制度，随着时间的发展逐渐崩坏，其原因大致可归纳为三点。

（一）宗室的没落

由于统治集团家族人口的膨胀，分封愈来愈多，周天子所有的领域不得不愈来愈小，以致周幽王无力抵抗犬戎的入侵，而被杀于骊山下。周平王东迁之后，领域更小。

周天子日益式微，不再有能力干预诸侯，因之诸侯取得了空前的主权，诸侯间的兼并、攻伐，天子也无力过问。

诸侯虽然取得了空前的主权，但在其国内却也遭遇了与周天子相类似的命运，由于分封削弱了自身的力量，而无法控制卿大夫。如鲁有季孙、孟孙、叔孙等三氏；晋有范、智、中行、韩、赵、魏等六卿。并且，大夫之间也发生兼并攻伐的情形。

甚至于大夫的家臣也有坐大的趋向。如鲁季氏之宰公山拂扰以费畔，及晋大夫赵简子的邑宰佛肸以中牟畔，甚至还都召孔子往（《论语·阳货》）。但由于条件不足及国君开始在国内置县，以直接管辖，而使得这些大夫的家臣终不能造成气候。

得到主权之后的诸侯，外有国与国之间的兼并，内有大夫的侵权犯上。诸侯为了其自身的利益，不得不用一些政治家，对内实行集权，对外强固国防。一些不能实行集权或强固国防的诸侯，后来大都被大夫所篡或被他国吞并。

实行集权必引起卿大夫们的反抗，为了镇压反抗只得严刑峻法；强固国防必引起军备竞赛，为了获取胜利，就得富国强兵，无论严刑峻法或富国强兵都不是传统的统治政策，而是"变古"以后的措施。

宗法封建制下的大夫公族为的是"庇荫"公室，但发展的结果不是"庇荫"而是侵权犯上，终于受到严刑峻法的镇压。"封建亲戚"的目的是"以藩屏周"，因而"诸夏亲昵不可弃"（《左传·闵公元年》）。因周天子式微，也不敢再奢望"以藩屏周"了，因兼并攻伐，也不再是"诸夏亲昵",而是兵戎相见了。因此,在政治的层面上,宗法封建制崩坏了。代之而起的是一套能严刑峻法和富国强兵的新制度。要实行新制度就必须改变旧制度,也就是"变古",执行"变古"政策和创立新制度的政治家即是法家。

(二) 民生的变迁

在古代中国的农业社会里,土地是主要的生产工具,而西周以来的土地却是"溥天之下,莫非王土"(《左传·昭公七年》)的。这也就是说,周天子虽然把土地封给诸侯,但土地的所有权在原则上还是天子的,大夫们的土地虽受封于诸侯,归根结底还是天子的。所以理论上,当时的土地所有为天子之所有而非私有,但在周式微后,"溥天之下,莫非王土"也只成了一句徒具形式的口号而已。不过,在诸侯国里和大夫家里,他们对内部还是掌有自己的封邑和土地的控制权。

在土地公有制的情形下,实际上,当时只把土地生产不为农民所有的田称之为"公田";而将土地生产为农民所有的称之为"私田"。如"倬彼甫田,岁取十千;我取其陈,食我农人。……我田既臧,农夫之庆"(《诗经·甫田》)。这显然是说拥有土地的公族,取得了土地生产所得,而将"其陈"给农民。这种"田地"当属"公田"无疑。另外,又从"雨我公田,遂及我私"(《诗经·大田》)中可知,当时农民尚有相对于"公田"的"私",即"私田"。并且拥有"私"的"私田"农,由"雨我公田"而知其亦具有"公田"农的身份。

若进一步追问"私田"的性质,将可发现孟子曾言周的井田制为"方里而井,井九百亩,其中为公田,八家皆私百亩,同养公田"

（《孟子·滕文公上》）。"私百亩"是农民的"私田"，但这种"私田"是被规定在井田制中的"私田"，不是农民自由所能拥有的土地。"同养公田"也说明了"私田"农必须具有"公田"农的身份。

西周是否有农民自由所拥有的土地，我们不得而知；但至少这种自由的私有田是不合乎井田制度的。

在现有的田地情形下，古代中国发生了人口膨胀的问题，韩非就指出人口是以几何级数增加的，他说，"今之人有五子不为多，子又有五子，大父未死而有二十五孙，是以人民众而货财寡，事力劳而供养薄，故民争"（《韩非子·五蠹》）。农业社会的货财来自土地，要增加货财，就得另辟田地。人口增加了，也表示有另辟田地的劳动力，由另辟田地而产生了自由的私有田。

另外，在这发展的过程中，农具也被改良了。故言："古者剡耜而耕，摩蜃而耨，木钩而樵，抱甄而汲，民劳而利薄。后世为之耒耜耰锄，斧柯而樵，桔槔而汲，民逸而利多焉。"（《淮南子·氾论训》）

这是说中国古代的农器已由木制而发展为铁器了。另外，关于古代农器与农业的发展情形记载为："其耕耘下种田器，皆有便巧。率十二夫为田一井一屋，故亩五顷，用耦犁，二牛三人，一岁之收常过缦田亩一斛以上，善者倍之。"（《汉书·食货志上》）由此可知，在先秦不但有铁制农器，而且开始有牛耕了。

在西周时代，虽已是铜器时代，是不是有铜器为农器，我们不得而知。即使有铜器的农器，也劣于铁器的"耒耜耰锄"，则可断言。再说，西周时代耕作的记载为"千耦其耘"（《诗经·噫嘻》*），"十千维耦"（《诗经·载芟》**），亦知当时的耕作是用大量的人力，

---

　*　原文如此，疑误。当为《诗经·载芟》。——编者
　**　原文如此，疑误。当为即《诗经·噫嘻》。——编者

而未能有兽力。既然西周无铁制农器和牛耕,而其又在秦汉之前,故可断定铁制农器和牛耕的出现当在东周以后及春秋战国时代。

耕作器具的改善,人力就节省了,再加上人口的膨胀,因此更促成了劳动力的过剩。过剩的农业劳动力,一方面投入了工、商的发展;在以农业为主的社会里,过剩的劳动力主要还是投入农业生产,那就是在现有的农田之外寻求新农田的开辟,以致造成大量的自由私田。

本来诸侯的收入来自于现有的田地的,但由于国防竞争,现有的收入不敷用度,于是开始向新旧私田征税,及向工、商征税。

鲁就"初税亩",《左传》曰:"初税亩,非礼也。谷出不过藉,以丰财也。"杜预注:"公田之法,十取其一。今又履其余亩,复十收其一。"(《左传·宣公十五年》)"初税亩"后,又"为齐难故作丘甲"(《左传·成公元年》),再"用田赋"(《左传·哀公十二年》)。郑也曾"作丘赋"(《左传·昭公四年》)。其他各国,也都纷纷以"田赋"作国防的军费。

由私田的征税,"田赋"渐渐成为诸侯税收的主要来源,私田的所有者也渐渐地取代了宗法的公族登上了政治的舞台,这也是法家重农思想的起因。

(三) 公布法的出现

在西周时,周天子对诸侯的统治或诸侯对公族大夫的统治,是根据"礼"的;而对民众的统治是根据"刑"的。所以说:"刑不上大夫,礼不下庶人。"(《礼记·曲礼上》)

西周以来,以条文规定的"刑"叫作"法",故言"惟作五虐之刑曰法"(《尚书·吕刑》)。在判狱的时候要"惟察惟法,其审克之"和

"哀敬折狱,明启刑书胥占"(《尚书·吕刑》)。不过,这种"法"也好,"刑书"也好,是不向民众公布的。

我们何以知西周的"法"或"刑书"是不公布的,这乃是因为后来反对公布法的人,其反对的理由就包括"法"的公布在内。

晋大夫叔向反对郑的公布法"刑书"说:"民知有辟,则不忌于上,并有争心,以征于书,而徼幸以成之,弗可为矣。……民知争端矣,将弃礼而征于书,锥刀之末,将尽争之,乱狱滋丰,贿赂并行。"(《左传·昭公六年》)虽然郑"刑书"的内容不得而知,但民得"征于书",这已表示"刑书"是公布了的;民得以据"书"而"争",进而表示"刑书"是一部罪刑法定的法典。

孔子也反对过晋的公布法"刑鼎",他说:"晋其亡乎!失其度矣,夫晋国将守唐叔之所受法度以经纬其民,卿大夫以序守之,民是以能尊其贵,贵是以能守其业,贵贱不愆,所谓度也。……今弃是度也,而为刑鼎,民在鼎矣,何以尊贵? 贵何业之守? 贵贱无序,何以国为?"(《左传·昭公二十九年》)"民在鼎矣"亦表示着"刑鼎"是公布于民的。

由"不忌于上"和"何以尊贵",可以知道公布法是不利于"上"和"贵"的,"刑书"是郑执政大夫子产所铸,"刑鼎"是晋执政大夫范氏所铸,虽然彼等是大夫身份,但是因其执政故为君的代表,所以公布法实为国君的权威象征。"民在鼎矣",正表示着民众对公布法的服从,并且只服从公布法。服从君的公布法,不能不说是服从国君的权威;因为只服从公布法,所以不能服从君以外的权威。因此,才会"不忌于上",而使得"贵何业之守"。相对而言,也就是促成了国君集权。

公布法的出现剥夺了公族大夫的原有的宗室地位，并且又成了镇压公族大夫反抗的政治工具。所以，战国以后的法家，多以法为其基本的主张，而发展出一套新的政治思想的理论。

二、法家的发展

法家实由于宗法封建制度的政治、经济、社会的解体而产生出来的。宗法封建制的没落其来也渐，因此法家也不是突然发生的，只是到了春秋以后，宗法封建制度的崩溃转剧，法家的形成也加速了。

在新旧社会交替之际，人的思想反映也是新旧杂陈的。自西周镇压了反抗势力而巩固了政权以来，统治阶层的思想大体趋向于改良主义的"仁政"。但春秋以后，取得集权地位的国君，为巩固其集权地位，不得不再实行镇压，故"严刑峻法"是其特色。

再说，在国际军备竞赛中，要求生存，就得"强兵"。要"强兵"除了改革军制外，还得增加军费和战士的奖励措施。要能有大量的军费，就必须"富国"。军费由税田而来，就是田赋。因此，"富国"就是增加田赋。要增加田赋就不得不向大量的自由私田征税，既征税也就承认了自由私田的合法性。为了保护田赋的来源，除了承认私田的合法性外，还必须保护私田的制度及其所有人。

由于分工的结果，社会日趋复杂，公布法也成为一项社会的需要。并且国君为了剥夺公族大夫们的权力，而取得直接对民众的统治权，公布法也是一项政治的需要。因此，以公布法来作为治国根据，也是法家的主张。

在这发展中的法家的措施和主张,乃是渐渐地异于西周以来的制度和规范的,而在政治上趋向于国君集权,在社会上趋向于私田制度的形式。无论集权或私田制都不是古已有之的,故一言蔽之,法家的措施和主张是一个迈向"变古"的发展过程。

(一) 先驱者管仲

管仲为齐桓公相,致使齐为春秋五霸之首,并开创了五霸的局面。

齐于周武王时受封,太公受封后,因"齐地负海潟卤,少五谷而人民寡,乃劝女工之业,通鱼盐之利,而人物辐凑"(《汉书·地理志下》),也就是"通商工之业,便鱼盐之利,而人民多归齐"(《史记·齐太公世家》)。

又因齐地位于中原边陲,其文化低落,也没有深厚的宗法礼制。所以,"太公至国,修政,因其俗,简其礼"(同上)。因太公的政治建设是"修道术,尊贤智,赏有功,故至今其士多好经术,矜功名,舒缓阔达而足智"(《汉书·地理志下》)。

由此我们可知,齐国因文化低落、农业不发达、所以国内的公族大夫失其坐大的凭据,而有便于其摆脱宗法封建制。

因其商工发达,故需向外扩张。当时扩张的对象乃是异民族的莱、夷和戎,并且在周成王时,获诏令曰:"东至海,西至河,南至穆陵,北至无棣,五侯九伯,实得征之。"(《史记·齐太公世家》)春秋五霸之起,也是起自齐的扩张。如管仲伐楚所依据的借口,还是周成王的诏令。(《左传·僖公四年》)

管仲虽然没有制定公布法,而我们把他看成为法家的先驱者,有三点理由：一是他的兵制改革，二是他集权的镇压政策，三是他的经济政策。

管仲的兵制改革，其原则是"作内政而寄军令"，其措施是"参其国而伍其鄙"，其内容为：将全国分为二十一乡，工商之乡六，士乡十五。工商之乡不从事作战，实际从事作战的是士乡十五。五乡为一帅，有一万人。由齐君率五乡为中军，二个上卿各率五乡为左右军，是为三军。这就是"参其国"。一乡有十连，一连有四里，一里有十轨，一轨有五家。五家为一轨，这就是"伍其鄙"。轨中的五家，因世代相居处在一起，所以"夜战声相闻，足以不乖，昼战目相见，足以相识"。因为利害祸福相同，所以"守则同固，战则同强"。在这样的组织形式下，"春以蒐振旅，秋以狝治兵。是故卒伍整于里，军旅整于郊"（《国语·齐语》）。

这是一种社会与军事相结合的战斗体制，亦为后来大规模的战争作了准备。

管仲要齐桓公"修旧法，择其善者而业用之"（同上），并且要"慎用其六柄"。六柄就是生、杀、贫、富、贵、贱的君权（同上）。"择其善者而业用之"，表示管仲对于传统不是一味地接受，而是有选择性的。故其"与俗同好恶"，"俗之所欲，因而予之；俗之所否，因而去之"（《史记·管晏列传》）。"柄"是后代法家很重要的君权观念。"六柄"中，生、富、贵是赏；杀、贫、贱是罚。"六柄"约而言之就是赏罚"二柄"。韩非子就有《二柄》篇。"六柄"的加强，也就是君权的强化，开始了国君集权序幕。

管仲如何择旧法之善而慎用六柄呢？齐姜曾转述管仲之言："畏威如疾，民之上也；从怀如流，民之下也；见怀思威，民之中也。"

并且说是"大夫管仲之所以纪纲齐国,裨辅先君,而成霸者也"(《国语·晋语四》)。由此可知,管仲虽不能制定公布法而"峻法",但使民"畏威如疾",不正是"严刑"的结果吗?"严刑"自管仲起,法家亦当由管仲开其端。

管仲相齐的经济政策是"遂滋民,与无财"(《国语·齐语》),他的办法乃是"轻重鱼盐之利,以赡贫穷"(《史记·齐太公世家》),或言"通轻重之权,徼山海之业"(《史记·平准书》),以至"通货积财,富国强兵"(《史记·管晏列传》)。

"轻重鱼盐之利"及"徼山海之业"是否是汉代盐铁官卖的滥觞,我们现无可征信的材料。《管子》书中的记载言,管仲反对向"树木""六畜"和人口抽税,而主张"唯官山海为可耳","山海"就是铁和盐(《管子·海王》)。若此记载为可信,则于管仲时就已经实行了统制盐铁的经济政策了。

另外,我们知道管仲实行了粮食"准平"的政策,即"民有余则轻之,故人君敛之以轻;民不足则重之,故人君散之以重,凡轻重敛散之以时,则准平。……故大贾畜家不得豪夺吾民矣"(《汉书·食货志下》)。这种"准平"制,不但是一种平衡粮价的政策,并且也间接承认了农民自由买卖粮食的权利及自由私田的合法性,还保障了私田农的生产利润。并且这种经济政策,亦为经济层面的国君集权。

管仲的兵制改革,诚然是一项"变古"的措施,然"慎用其六柄"及"畏威如疾",开始了国君的集权和权威的提高。"平准"制不但承认了私有田的合法性,并且还保障了其生产利润,更是有利于私田制度的形成,这又何尝不是"变古"的措施?

（二）子产（? —前 518 年）"铸刑书"

郑自来就是一个商人势力很大的诸侯,故言:"昔我先君桓公与商人皆出自周,庸次比耦,以艾杀此地,斩之蓬蒿藜藿而共处之,世有盟誓以相信也。曰:'尔无我叛,我无强贾,毋或匄夺,尔有利市宝贿,我勿与知。'恃其质誓,故能相保,以至于今。"(《左传·昭公十六年》)

至春秋时,已发展出国际商业,商人以其财富,甚至影响了政治。如弦高在国外行商见秦师欲偷袭郑,一方面假郑君之名犒秦师,以示郑已有准备,一方面将情报传至郑国。(《史记·郑世家》)

在子产执政之前的子孔曾经"为载书,以位序,听政辟",但"大夫诸司门子弗顺,将诛之",子产即劝子孔焚"载书",子孔说:"为书以定国,众怒而焚之,是众为政也,国不亦难乎?"而子产认为"众怒难犯,专欲难成",所以"不如焚书以安众"。终于,"载书"被焚(《左传·昭公十六年》)。

子产执政后,实行"都鄙有章,上下有服,田有封洫,庐井有伍",这是一种对自由私田的正式承认和社会战斗体的组织。实施的初期,曾因破坏了原有的社会秩序,大不利于拥有食邑公田的公族们,而引起保守者批评为:"取我衣冠而褚之,取我田畴而伍之,孰杀子产,吾其与之!"但这种对自由私田制的承认是大有利于新起的私田所有者,所以行之三年,人民歌颂子产为:"我有子弟,子产诲之。我有田畴,子产殖之。子产而死,谁其嗣之?"(《左传·襄公三十年》)

有了"田有封洫,庐井有伍"的基础后,为了筹措军费,子产开

始"作丘赋",因而又引起了人民的批评。面对这种批评,子产说:
"苟利社稷死生以之"!(《左传·昭公四年》)虽然子产在"作丘赋"
这一点上如此坚决地不接受人民的批评,但他死时,"郑人皆哭泣,
悲之如丧亲戚"(《史记·郑世家》)。由此可知其受郑国人民爱戴
的情形,其实子产也是爱护人民的,如"以其乘舆济于溱",而遭孟
子批评为"惠而不知为政"(《孟子·离娄下》)。

郑国的商人势力很大,商业发展至春秋末期益形发达。利润
带来商人的财富,商业增加了社会关系的复杂性,商人为了保护自
己的财富和处理日愈复杂的商业事务,简单的"盟誓"显然已经不
足,进一步的立法即成为一个迫切的问题。

正式承认私有田制及"作丘赋"以后,农民也有私田的私有财
产了;"作丘赋"是新的农民与政府的关系。如何保护农民的私有
田产,及规定农民与政府之间的关系,也亟需要新的立法才能满足
这项社会的要求。

再者,由于经济的变动,国君政权的社会基础不再是公族了,
而是商人和私田农。公族大夫不但不是诸侯的支持者,反而为扩
张其自己的势力而和诸侯的权力发生冲突,如子产任执政之前就
表示:"国小而逼,族大宠多,不可为也。"后又因制止丰卷家"用
鲜",险遭致政变。设若非子皮支持子产,则子产就将成为先于吴
起、商鞅而被公族所杀的法家了(《左传·襄公三十年》)。

为了要中央集权,及削弱不但不能支持诸侯反而还威胁诸侯
的公族大夫们,旧的宗法制度已经不能为功,而新的法制的创立也
成了政治的需要。

在经济、社会、政治条件臻于成熟的情况下,子产终于宣布了

中国第一部公布法——"刑书",二十三年后,晋亦"铸刑鼎"。我们从叔向反对"刑书"为"民知有辟,则不忌于上",和孔子反对"刑鼎"为"何以尊贵?贵何业之守",可以知道这种公布法是不利于公族大夫的之外,子产自己也自觉地说:"侨不才,不能及子孙,吾以救世也。"(《左传·昭公六年》)子产是公族大夫,公族大夫的子孙亦公族大夫,而公布法一实施,他们原有的特权就丧失了。但是,子产为了"救世"也只好"不能及子孙"。

"刑书"公布了以后,子产还主张实行"严刑峻法"的政策。他提出的理由是"夫火烈,民望而畏之,故鲜死焉;水懦弱,民狎而玩之,则多死焉,故宽难"(《左传·昭公二十年》)。

公布法是一项大大的"变古"措施,自此以后,不但法由君出,而取得了对人民的直接统治权和对公族大夫们集权,并且国君地位的被承认,不再根据于宗法封建的礼,而可根据于国君自己所公布的法。另外,私田农负担了国君的军费,也受到了国君法律的保障而得以长成发展。

(三)李悝著《法经》

李悝又名李克,为魏义侯时的相,其时已三家分晋,为战国初年。

魏的"河东土地平易,有盐铁之饶",其"俗刚强,多豪杰侵夺,薄恩礼,好生分"(《汉书·地理志下》)。宗法的经济基础在于宗法公族对田地所有权的掌有,"盐铁之饶"是宗法经济制度之外的经济活动。在私有财产制度下,才能有"侵夺"和"分",所以"多豪杰侵夺"和"好生分"表示了私有财产制的形成。"恩礼"是宗法社会的伦理规范,"薄恩礼"正是宗法规范的薄弱。

在春秋时代,虽然晋大夫叔向反对过郑国的"刑书",但后来晋国也终于继郑之后公布了"刑鼎",魏当时为晋大夫之一,亦当了解到"刑鼎"的意义和具有其实行的经验。

晋之所以为三家所分,在政治上乃是因其中央集权的失败,也就是"刑鼎"的不能贯彻。魏是因晋的失败而取得政权的,亦当知晋失败的原因而引为教训。

在这样的社会、政治的历史条件下,战国初期"当魏之方明立辟,从宪令之时,有功者必赏,有罪者必诛,强匡天下,威行四邻"(《韩非子·饰邪》)。

魏之所以能"强匡天下,威行四邻",乃是因为李悝"务尽地力"(《史记·货殖列传》)及"撰次诸国法典,著《法经》"(《晋书·刑法志》)。

李悝"务尽地力"有二项措施。

一是重新划分土地,以正式承认私田制度,即"以为地方百里,堤封九万余顷,除山泽邑居参分去一,为田六百万亩,治田勤谨则亩益三升(斗),不勤则损之亦如之。地方百里之增减,则为粟百八十万石矣"(《汉书·食货志上》)。土地私有,刺激了生产兴趣,也造成了兼并的情形。故言:"魏用李克,尽地力为强君,自是之后,天下争于战国,贵诈力而贱仁义,先富有而后推让。故庶人之富或累巨万,而贫者或不厌糟糠,有国强者或并群小以臣诸侯,而弱国或绝祀而灭。"(《史记·平准书》)

由此可知,私有田制正式的承认,在当时是能刺激生产的,并且也造成了贫富不均的情形。贫富不均的现象,或许是因为勤与不勤的缘故,但商人对粮食的操纵可以不因农作的勤惰而造成商富农贫,也是显而易见的。商人操纵粮食的方法是贱价向农民买入,再高价卖出给市民,因而造成"籴甚贵伤民,甚贱伤农;民伤则离散,农商则国贫"。因为农伤,所以农夫"常困"而"有不劝耕之心"(《汉书·食货志上》)。

因此,在私有田制之外,李悝还实行了一种"籴粜法",就是由政府在谷多的时候买入,以免谷价太贱而伤农,在谷少的时候,再由政府卖出,以免谷价太贵而伤民(同上)。这个政策除了鼓励生产的经济意义和保障农民利润的社会意义外,其所具有的政治意义就是经济的国君集权。

"仁义"和"推让"见宗法制度的道德概念,而李悝经济政策的实施,大大地打击了宗法的道德价值观念,故言"贵诈力而贱仁义,先富有而后推让"。

对私有田制的全面肯定,李悝的"务尽地力"为新的土地制度奠定了一个具体的规模,他的"籴粜法"也就是政府控制粮食和粮价的政策,一直影响到近代的中国。

另外,他的《法经》,今虽不传,其具体内容不得而知,但知"秦汉旧律,其文起魏文侯帅李悝,撰次诸国法,著《法经》……商君受之以相秦"(《晋书·刑法志》)。"汉相萧何,更加愧所造,……谓九章之律","魏因汉律,为一十八篇","晋命贾充等,增损汉魏律,为二十篇","宋、齐、梁及后魏,因而不改,爰至北齐,……隋因北齐,……唐因于隋,相承不改"(《唐律疏议·名例》)。由此可知,《法经》不但为后世法家提供了法典的依据,而且对后代的中国有深远的影响。

"籴粜法"的实施对商人是一种限制。另外他还主张要禁"技巧"之民,他说:"雕文刻镂伤农事者也;锦绣纂组伤女工者也。农事害,则饥之本也;女工伤,则寒之原也。……故上不禁技巧,则国贫民侈。"(《说苑·反质》)

李悝除了反对商人和工人之外,还主张"夺淫民","淫民"就是没落的公族封君之后。他说:"其父有功而禄,其子无功而食之。出则乘车马,衣美裘,以为荣华。入则修竽瑟钟石之声,而安其子女之乐,以乱乡曲之教。如此者,多其禄,以来四方之士。此谓之夺淫民。"(《说苑·政理》)

李悝要夺的"淫民"不正是主张"法古"而"以吾从大夫之后,不可徒行也"(《论语·先进》)的孔子吗? 由此可知先秦法家思想发挥到李悝,不但在政治上和公族大夫们发生冲突,而且在价值观念与儒家发生了分歧的对抗,这也是"变古"的法家和"法古"的儒家将其思想提升到价值观念的层面上做出了对立。

(四)吴起(? —前381年)的强兵

吴起是卫人,善用兵,曾为鲁国击败齐,鲁是儒家思想最盛的国家,因而受谗,去鲁。由鲁到魏,时魏君为文侯,李悝为相,吴起为西河守,秦不能犯。文侯死,武侯立,在"世变主少,群臣相疑,黔首不定"(《吕氏春秋·执一》)的情况下,吴起再离魏到楚,因变法与楚公族发生冲突,故楚悼王一死,即被杀,成为先秦第一个被牺牲的法家。

楚是一个中国南部文化低落的国家,周夷王时,楚君熊渠自称"我蛮夷也"(《史记·楚世家》)。楚是一个地广而有"川泽山林之饶"的农业国,因上商业不发达,故"亦亡千金之家"(《汉书·地理志下》)。可知其所受宗法影响薄弱,且无商人势力。因此,楚渐渐坐大,由春秋五霸而成战国七雄之一。

战国以后,各国竞相"富国强兵",而承继春秋时代的变革,且变革的深度和广度亦不断地增加。因而,"蛮夷"之邦的楚悼王,首先用吴起实行了激进的法家政策。

吴起在魏、楚实行的法家政策,有三点特别值得一提:一是对兵制的改革,二是与公族大臣的公开决裂,三是信赏必罚。

吴起虽离开了魏国,但在他死后十九年,魏将公叔痤打了一次胜仗后,还说:"夫使士卒不崩,直而不倚,挠练而不辟者,此吴起余教也。"(《战国策·魏策》)而魏的军队是"以武卒奋"(《汉书·刑法志》)的。这种"武卒"乃是"衣三属之甲,操十二石之弩,负矢五十个,置戈其上,冠胄带剑,赢三日之粮,日中而趋百里,中试则复其户,利其田宅"(同上)。

在春秋时代,管仲作内政而寄军令,是平时为农、战时为兵的军制。故国内并无常备兵,至吴起设置常备兵,需"中试",并且有一定的待遇为"复其户,利其田宅"。这种兵制的改革,使得战力提高,且使得战争形态冉次地改观,军人在政治上的地位也大为提高。

吴起至楚亦实行这种兵制。为了要支出这批经常的军费,以往的"丘赋"已不足为功了。所以他不得不在公族大臣身上打主意,他说:"大臣太重,封国太众,若此,则上逼主,而下虐民,此贫国之道也。不如使封君子之子孙三世而收爵禄,裁减百吏之禄秩,损不急之枝官,以奉选炼之士。"(《韩非子·和氏》)

这是由兵制的改革引起国君的集权和对公族大臣的公开挑战！吴起还不仅于此。他还向楚王说："荆所有余者，地也。所不足者，民也。今君王以所不足益所有余，臣不得而为也。""于是令贵人往实广虚之地，皆甚苦之。"（《吕氏春秋·贵卒》）为了镇压"贵人"的反抗，还"设贵臣相坐之法"（《淮南子·缪称训注》）。

无论任何统治，为建立其政权的权威，则需取得人民的信任。孔子说："民无信不立。"（《论语·颜渊》）同样的，法家也要求人民对他的"信"，而且是"信赏必罚"的。故吴起守西河，"秦有小亭临境"，"欲攻之"。他就"倚一车辕于北门之外"，而下达命令曰："有能徙此于南门之外者，赐之上田上宅。"先"人莫之徙"后有好事徙"徙之"，而"还赐如令"，接着吴起"置一石赤菽于东门之外"，把戏重演，"人争徙之"。"信"已立，再以"仕之国大夫"及"赐之上田上宅"，下令攻亭，"一朝而拔"（《韩非子·内储说上》）。

先秦法家发展到吴起的立"信"，是"严刑峻法"之后，进一步地建立其"变古"的国君集权的统治权威。

吴起虽功败垂成，终以身殉，但其在楚的变法，归根结底地说，乃是"塞私门之请，壹楚国之俗"和"使私不害公，谗不蔽忠，言不取苟合，行不取苟容，行义不顾毁誉"（《战国策·秦策三》）。

（五）商鞅（？—前 388 年）变法

商鞅为卫之诸庶孽公子，名鞅，姓公孙，李悝相魏文侯时，其亦仕魏。文侯死，去魏至秦，相秦孝公，受封于商，称商君。孝公死，遭受和吴起一样被杀的命运，做了先秦法家第二个殉道者。

秦是一个文化低落的西方部落，曾破西戎而有其地。至周幽

王为犬戎所败,平王东迁,秦因"救周有功","赐受郊酆之地",其民
"好稼穑,务本业……号称陆海,为九州膏腴";其地"迫近戎、狄,修
习战备,高上气力,以射猎为先"(《汉书·地理志下》)。由此可知,
秦不但是一个受封历史较短的国家,没有太多的宗法势力,并且本
来就是一个农战之国。其能经过激烈的国际竞争由春秋而至战
国,再因变法成功,以至统一天下,也不是偶然的。

　　商鞅至秦,为了说服孝公变法,首先提出了一个"变古"的历史
观,即"三代不同礼而王,五伯不同法而霸",此乃因"圣人苟可以强
国,不法其故;苟可以利民,不循其礼",因此可知"治世不一道,便
国不法古"(《史记·商君列传》)。这个"变古"的历史观,成了后来
法家的历史哲学的滥觞。

　　商鞅在秦变法的范围之广,包括政治、社会、经济、军事,是前
所未有的。

　　商鞅在公布变法令之前,也用了吴起的办法,先行立"信"。据
太史公所述,商鞅在秦的变法分二个阶段。第一个阶段为:

　　(1)"令民为什伍",实行连坐告奸之法,"不告奸者腰斩,告奸
者与斩敌同赏,匿奸者与降敌同罚",以摧毁"父为子隐,子为父隐"
(《论语·子路》)的"亲亲"宗法关系。使宗法的父子关系,转向纯
粹政治的君臣关系。

　　(2)一方面鼓励农业生产,"致帛粟多者复其身";另一方面"民
有二男以上不分异者,倍其赋",及"事末利及怠而贫者,举以收
孥"。以破坏公田制度,及刺激自由私田的开拓。

　　(3)削弱公族武力,使之集中于公室。故"有军功者,各率以
受上爵,为私斗者,各轻重被刑大小"。并且"宗室非有军功,不

得为属籍",而以有功者来取代有亲者,根本破坏"封建亲戚"的宗法原则。

(4)重建社会阶级,"明尊卑爵秩等级,各以差次名田宅、臣妾衣服以家次。有功者显荣,无功者虽富无所芬华",其地位的依据不再是"亲亲"而是"功"了。

"变法"的第二个阶段为第一阶段的继续,着重于新制度的建设,其政策有:

(1)"令民父子兄弟同室内息者为禁",以彻底拆散"亲亲"的体制,并提高农业生产力。

(2)"集小(都)乡邑聚为县,置令、丞,及三十一县",此乃废封建行郡县之制。

(3)"为田开仟伯封疆,而赋税平",全面实施私田制度。

(4)"平斗桶权衡丈尺",由中央统一度量衡。

商鞅的变法实为一大规模的"变古"措施,削弱公族、严刑峻法,以行国君集权。全面实施私田制度,并以政策鼓励私田地主的快速发展。商鞅在秦变法共二十一年(前359—前338年),"行之十年,秦民大说,道不拾遗,山无盗贼,家给人足。民勇于公战,怯于私斗,乡邑大治"。然相对于旧制度的既得权益者,却是"商君相十年,宗室贵戚多怨望者","卒受恶名于秦,有以也夫!"

史称:"陵夷至于战国,韩任申子,秦用商鞅,连相坐之法,造参夷之诛;增加肉刑,大辟、有凿颠、抽胁、镬享之刑。"(《汉书·刑法志》)由此可知,商鞅在秦,毫无疑问地是实行"严刑峻法",而"卒受恶名于秦",但却又"秦民大说",其故安在?

商鞅行"严刑峻法"为的是要维护其创立的法家制度,因此只有反抗法家制度的人才会受到"严刑峻法"的处罚。之所以有人反抗法家制度,乃是法家制度损害了其利害才会反抗。而受到法家制度所损害的,正是"宗室贵戚"。因为他们失去了"刑不上大夫"的特权,他们不再能因"亲亲"而"属藉";他们不再能为扩张自己的势力而"私斗";他们不再能无功而封邑。最后,因"无功者虽富无所芬华",所以连他们的社会地位都被否定了。

反观那些因国君无缘"亲亲"的平民,他们本来就是受"刑"待遇的一群,刑加大夫与他们有何干系?以前做死做活,田总是别人的,即使有一点自己的田也是"名不正,则言不顺"的,而现在可以名正言顺地拥有自己的田。努力耕作的收获不但是自己的,而且还可以"复其身"。以前贫农无以为生,也得四处觅食,只要有田耕,"分异"又何妨?以前"礼不下庶人",一辈子莫想扬眉吐气,现在也有机会因有军功"受上爵"以"显荣"。秦国是农业国,绝大多数是不"事末利"的农民,"收孥""事末利及怠而贫者",与他们也无关。"严刑峻法"的"参夷之诛"是对付造反者的,是时农民只要有田耕、有饭吃,他们既没有造反的能力,也没有造反的必要,所以也无奸可告。

因此商君的变法,对当时绝大多数的人民是有利而无害的,所以才"秦民大说";但因对少数的"宗室贵戚"却是有害而无利的,所以商鞅不得不"卒受恶名于秦"。司马迁虽不以商鞅为然,但其对商鞅变法的记述却也"有以也夫"!

(六)《商君书》的法家思想

商鞅死后,出现有关其治秦的书籍,故韩非言:"藏商、管之法者家有之。"(《韩非子·五蠹》)商是商鞅,管是管仲。由此可知,韩非之前已有《商君书》,唯此书是否商鞅所著颇多可疑。

《商君书》有关统治的理论根据是人性,故言:"人生而有好恶,故民可治。人君不可不审好恶,好恶者赏罚之本。夫人情好爵禄而恶刑罚,人君设二者以御民之志。"(《商君书·错法》)"爵禄"是一种"利",所以"民之于利也,若水之于下也,四旁(旁)无择也。民徒可以得利,而为之者"(《商君书·君臣》)。

由"利"的观点视之,叛乱的发生也是为"利",故《商君书》说:"今夫盗贼上犯君上之禁,而失臣子之礼,故名辱而身危,犹不止者,利也。"(《商君书·算地》)虽然臣下因"利"而叛乱,但只要"王者刑赏断于民心"(《商君书·说民》),统治还是可能的。所以,国君一方面要防止臣下侵犯其利益而"塞私道以穷其志",另一方面也得满足臣下的利益而"启一门以致其欲"(同上)。

国君的利益是"富国强兵",因此国君要在"富国强兵"这"一门"上让人民"以致其欲",则君民可以皆大欢喜。这乃是因为"利出于地,则民尽力;名出于战,则民致死,入使民尽力,则草不荒,出使民致死,则胜敌。胜敌而草不荒,富强之功可坐而致也"(《商君书·算地》)。

为了启农战之"门",就必须禁止"无功而皆可以得",否则"民去农战而为之"(《商君书·君臣》)。而且,因为"谈说之士资在于口,处士之资在于意,勇士之资在于气,技艺之士资在于手,商贾之士,资在于身。故天下一宅,而圜身资。民资重于身,而偏托势于外。挟重资,归偏家,尧舜之所难也"(《商君书·算地》)。

《商君书》为了"富国强兵"而主张"严刑峻法",并且针对儒家的"仁义"提出反驳,而言:"故以刑治则民威,民威则无奸,无奸则民安其所乐。以义教民则民纵,民纵则乱,乱则民伤其所恶。吾所为利者,义之本也;而世所谓义者,暴之道也。"(《商君书·开塞》)

"以刑治"是"重罚轻赏","以义教"是"重赏轻罚",而《商君书》言:"重罚轻赏,则上爱民……重赏轻罚,则上不爱民。"(《商君书·去强》)这也就是说"以刑治",其结果是"民安其所乐"是"上爱民"的政策;"以义教",其结果是"民伤其所恶",所以是"上不爱民"。"爱民"是"仁","不爱民"是"不仁"。因此,主张"刑治"的法家才是"仁",主张"义教"的儒家才是"不仁"!

法家"严刑峻法"的目的不是要残民以逞的,而是希望达到民不蹈刑的。故《商君书》说:"以战去战,虽战可也;以杀去杀,虽杀可也;以刑去刑,虽重刑可也。"(《商君书·画策》)为了"以刑去刑",还得"行罚重其轻者,轻其重者";此乃因为"轻者不至,重者不来"(《商君书·靳令》)。

"王者刑赏断于民心",而规定"刑赏"的是法。所以,"法不察民之情而立之则不成"(《商君书·壹言》),因此要"国法作民之所易"(《商君书·说民》)及"度俗而为之"(《商君书·壹言》)。

《商君书》还认为古代的人民因为"群处乱,故求有上也",现在的人民之所以拥护"上"也是"将以为治也",故"夫利天下之民者,莫大于治","治"就要"去奸",而"去奸之本,莫深于严刑"(《商君书·开塞》)。由此可知,《商君书》主张"严刑峻法"不仅为了"富国强兵",而且是"利天下之民者"。当然,这里所说的"民"是不包括"宗室贵戚"的。

虽然《商君书》所言为一理论,但考之商鞅变法,所行者亦为此一理论之原则。虽然商鞅在秦行"严刑峻法",然若"刑赏断于民心","国法作民之所易",以及"利出于地""名出于战",则"秦民大说"也该是理所当然的。

《商君书》认为"明主"必须"慎法制。言不中法者,不听也;行不中法者,不高也;事不中法者,不为也。言中法者,则辩之;行中法者,则高之;事中法者,则为之"(《商君书·君臣》)。"明主"之所以"慎法制",乃是因为"夫不待法令绳墨,而无不正者,千万之一者。故圣人以千万治天下"(《商君书·定分》)。并且,"法"乃是"先王县权衡,立尺寸,而至今法之,其分明也。夫释权衡而断轻重,废尺寸而意长短,虽察,商贾不用,为其不必也",所以才"立法明分"的(《商君书·修权》)。

《商君书》里也谈到"势"和"数"。从自然界观之,"今夫飞蓬遇飘风而行万里,乘风之势也。探渊者知千仞之深,县绳之数也。故托其势者,虽远必至;守其数者,虽深必得之"(《商君书·禁使》)。这种"势""术"运用到政治统治上,即"先王不恃其强而恃其势,不恃其信而恃其数"(同上)。

飞蓬所能行千里,是乘风之势,国君所御臣下,乃是乘权之势,而"权者,君之所独制也",且"权制断于君则威"(《商君书·修权》)。因此,国君只要"秉权而立,垂法而法治"(《商君书·壹言》)。"垂法而法治",这就是法家所说的"无为"。国君有"势",臣下亦有其"势",且会以其"势"为奸,要使臣下不得为奸,国君就得以其君"权"来"别其势,难其道",使臣下之奸"其势难匿"(《商君书·禁使》)。"其势难匿"就不得为奸,故言:"势不能为奸,虽跖可信也。势得为奸,虽伯夷可疑也。"(《商君书·画策》)

国君居"独制"之"权"的"势"，还必须要有"数"或"术"。故言："主操名利之柄，而能致功名者，数也。圣人审权以操柄，审数以使民。数者，臣主之术，而国之要也。故万乘失数而不危，臣主失术而不乱者，未之有也。今世主欲辟地治民，而不审数，臣欲尽其事，而不立术，故国有不服之民，主有不令之臣。"（《商君书·算地》）

由以上陈述可知，《商君书》不但言"法"，而且已经涉及了"势"和"数"的讨论，并且针对儒家思想产生了辩论。"势"和"数"的观念，是国君有了独立的主权和"独制"之权才产生的。也就是说，这是由"变古"之后所产生的新观念，并且在思想上与"法古"的一些观念发生了针锋相对的争辩。

（七）申不害（？—前 337 年）的重术思想

申不害是郑人，郑亡于韩，而相韩昭侯。郑是一个首先实行"法"的国家，但终不免亡于韩，可见以素朴的"法"而欲"富国强兵"还是不够的。因此，如何运用"法"的"术"开始被强调，而使得素朴的"法"有了进一步的发展。

申不害就是"学术以干韩昭侯"的，他为相十五年，"内修政教，外应诸侯"，"终申子之身，国治兵强，无侵韩者"。（《史记·老子韩非列传》）或言："修术行道，国内以治，诸侯不来侵伐。"（《史记·韩世家》）

申不害相韩的政策可考者有：

（1）严刑峻法。由春秋而战国，各国初步实施了"法"而国君集权，但是被压制下去的公族大夫其社会基础并没有完全消灭，随时有重新再起，甚至篡夺政权的可能，因此，加重镇压的强度，成为各国的一个趋向,故"陵夷至于战国,韩任申子,秦用商鞅,连相坐之法,造参夷之诛,增加肉刑,大辟有凿颠、抽胁、镬亨之刑"。

(2)行政立法。春秋以来的"法"的对象,限于民的范围,是一般刑法。刚开始时,是国君由公族大夫手中取得对人民的直接统治权,而致使彼等无以为"尊"。"法"的进一步发展,就把属于统治阶层的官吏也套牢进"法"里。这种为官吏所立的"法"就是申不害所说的"法者,见功而与赏,因能而受官。今君(韩昭侯)设法度,而听左右之请,此所以难行也"(《韩非子·外储说左上》)。其中的规定当有"治不逾官,虽知弗言"(《韩非子·定法》)。行政立法其实也是国君集权的进一步的强化。

(3)不自称霸。时至战国,诸侯相互侵伐兼并,国际间尔虞我诈,弱国诚遭灭国兼并之险,强国亦将遭群而攻之。故申不害的外交主张,实行低姿态的政策,即"我(韩)执珪于魏,魏君必得志于韩,必外靡于天下矣。是魏弊事矣。诸侯恶魏必事韩,是我免于一人之下,而信于万人之上也。夫弱魏之兵,而重韩之权,莫如朝魏"(《战国策·韩策三》)。

其实申不害的"术",就是知道如何去行这些政策来"内修政教,外应诸侯"。国君个人的聪明智慧是有限的,而内政外交的事务又是那么的烦杂,绝不是国君一人的能力和智慧处理得了的。在这种情况下,国君要如何地去实行统治呢? 因此,申不害说:"因者,君之术;为者,臣之道也。为则扰矣,因则静矣。……故曰:君道无知无为,而贤于有知有为,则得之矣。"(《吕氏春秋·任数》)《商君书》要"垂法而法治",君按"法"而治则无为。申不害则是以臣有为而君无为。但进一步分析,臣有为乃是依"法"而为者,且臣所依之"法"为行政法。

司马迁说,申不害曾著书,号《申子》,有二篇,"传于后世,学者多有"(《史记·老子韩非列传》)。至《隋书·经籍志》在著录《商君书》之自注中云:"梁有《申子》三卷,韩相申不害撰,亡。"但《旧唐书》及《新唐书》的《志》中均著录"《申子》三卷,申不害撰",且至宋人李昉编《太平御览》尚列其目。不过,无论如何,至今《申子》书已不传。

《申子》书是否申不害所撰,不无可疑。《群书治要》中所节录之《申子·大体》篇言及乌获,而乌获为申不害死后的战国时人(《汉书·古今人名表》),至少此言,非申不害所能言者,明矣。

从逸文中来看《申子》书的政治思想主张有:

(1)治要。由于君个人的能力有限,而国家的事务又无限,所以君只能处理一些基本的要务,所以《申子》书说:"君设其本,臣操其末,君治其要,臣行其详,君操其柄,臣事其常。"(《全上古三代文》卷四)其实商君书也说过:"圣人明君,非能尽其万物也,知万物之要也。故其治国,察要而已矣。"(《商君书·农战》)

(2)正名。《商君书》说:"主操名利之柄,而能致功名者,数也。……数者,臣主之术,而国之要也。"(《商君书·算地》)由此可知,"操名利"是"数(术)",也是"国之要",而"操名利"包括操名和操利,操名涉及正名。其实当时不仅法家讨论名实问题,并且名家、墨家和儒家也都主张"正名"或"形名参同"。而《申子》书说:"为人臣者,操契以责其名。名者,天地之纲,圣人之符。……名自正也,事自定也。是以有道者自名而正之,随事而定之也。……是以圣人贵名之正也,主处其大,臣处其细,以其名断之,以其名视之,以其名命之。"(《全上古三代文》卷四)而"操契以责其名"就是

"操名利之柄,而能致功名者"!

（3）明法。"法"是一种"名",要"操契以责其名",就必须明法。故《申子》书说:"圣君任法不任智,任数不任说……置法而不变,使民安乐其法也。"及"君必有明法正义,若悬权衡以称轻重,所以一群臣也。"（《全上古三代文》卷四）

（4）无为。因"明法正义,若悬权衡以称轻重",而"镜设精,无为,而美恶自备,衡设平,无为,而轻重自得",且"凡因之道,身与公,无事",所以"无事而天下自极也"（同上）。"无事而天下自极也"也就是《商君书》所说的"垂法而法治"!"无为"的思想其实也不是法家的专利品。孔子早就说过:"无为而治者,其舜也与,夫何为哉?恭己正南面而已矣。"（《论语·卫灵公》）

（5）重农。法家由于要"富国强兵",所以特重农战。虽然现有的《申子》佚文,没有发现强调作战的资料,然却亦有资料反映了其法家的重农思想,如言:"昔七十九代之君,法制不一,号令不同,然而俱王天下,何也? 必当国富而粟多也",及"四海之内,六合之间,曰奚贵? 曰贵土。土,食之本也。"（《全上古三代文》卷四）

以上所说的正名和明法都是国君集权的手段。由此可知,无论是申不害的施政或《申子》书的思想,虽然对西周以来的制度和思想是"变古"的,但却是以往的法家的继承,强调了集权和重农,而且是以往法家的一个发展。

（八）慎到的重势思想

慎到是赵人,"学黄老道德之术,因发明序其指意",而"著书言治乱之事,以干世主",曾游学于齐稷下,且"著二十论"。（《史记·

孟子荀卿列传》)《汉书·艺文志》法家类著录《慎子》四十二篇。今有钱熙祚所校《慎子》附逸文,其实今之《慎子》文亦《群书治要》所节录之逸文,故亦仅残篇,而非全貌。

荀子曾批评慎到为"蔽于法而不知贤"(《荀子·解蔽》)及"尚法而无法,下修(不循)而好作"(《荀子·非十二子》)。由此可知,荀子是把慎到视为法家人物的。"尚法而无法,下修(不循)而好作",可见慎到的思想是"变古"的,而不是"法古"的,故荀子说他"有见于后,无见于前"(《荀子·天论》)。

申不害从"术"的观点言"君道无知无为",及"凡因之道,身与公,无事,无事而天下自极也"。庄子说慎到的思想为"弃知去己",正是"公而不党,易而无私,决然无主,趣物不两,不顾于虑,不谋于知,于物无择,与之俱往。……推而后行,曳而后往",因此"若飘风之还,若羽之旋,若磨石之隧"(《庄子·天下》)。"弃知去己"就是"无知无为";"公而不党,易而无私"就是"身与公";"于物无择,与之俱往"不也正是"因"吗?而"若飘风之还"却是《商君书》所说的"飞蓬遇飘风而行千里",是"乘风之势也"。因此可知,申不害要达到"无为"是着重"术"之"因",而慎到达到"无为"是强调"势"之"因"。故后代学者以为申、慎之异,在于重术与重势之别。

《慎子》逸文是否为慎到所著,已不得而知,惟先秦诸子所引慎子语与今逸文多雷同。

今《慎子》逸文中所反映之法家思想有:

(1)得势。慎到以为国君治理国家的凭借不是贤智而是权势,所以说:"故贤而屈于不肖者,权轻也;不肖者而于贤者,位尊也。尧为匹夫不能使其邻众;至南面而王,则令行禁止,由此观之,贤不足以服不肖,而势位足以屈贤矣。"(《慎子·威德》)任势思想的反映,当是慎子为国君的集权所提出的一项理论的根据。并且,还指出了"身不肖而令行者,得助于众也。……夫三王五伯之德,参于天地,通于鬼神,周于生物者,其得助博也"(《慎子·威德》)。"得助"就是"得势","得势"也就是集权,因此要能统治国家,国君就必须"得势",也就是集权。

(2)因道。君有其"势"是因为"得助于众也",要"得助于众",还得要因其"道"。因为"道"乃是一种外在客观的存在与规律,并且是不以主观的意志所能改变的,所以只能"因"其"道"而行。政治的客观对象是人,而人情之"道"为"自为",所以慎子说:"天道因则大、化则细。因也者,因人之情也。人莫不自为也,化而使之为我,则莫可得而用矣。"(《慎子·因循》)

(3)定分。由于私田制的形成,促使了人的"自为"之心。因此,财产和所得分配的标准,成了急需解决的问题。如"分马之用策,分田之用钧","策"和"钧"乃是一种标准。国君的"策"或"钧"就是"法",故言:"大君在法而弗躬,则事断于法矣。法之所加,各以其分,蒙其赏罚,而无望于君也。是以怨不生,而上下和矣。"(《慎子·君人》)用这种客观标准的"法"来达成"各以其分",而"分"的对象又是马和田,因此可知,慎子的"法"为的是定分,而定分又为的是私有田制。虽然人为的标准不见得绝对准确,但为了定分和维护私有田制的社会秩序,慎子甚至认为"法虽不善,犹愈于无法"(《慎子·威德》)。

(4)任法。为定分而任法,"法"既立,为人君者就必须"据法依数以观得失","无法之言不听于耳,无法之劳不图于功,无劳之亲不任于官。官不私亲,法不遗爱,上下无事,唯法所在"(《慎子·君臣》)。慎子还说:"法非从天下,非从地出,发于人间,合乎人心而已。"(《慎子·逸文》)"合乎人心"就是"因人之情",就是"因道"。"因道"才能得"势",也就是集权。由此可知,先秦法家所言的集权,并非肆独夫之心的,而是要"合乎人心"的,而"合乎人心"就是要合乎那些拥有私田者的人心。虽然慎子主张"唯法所在",但"法"不是不能变的,故言:"故治国无其法则乱,守法而不变则衰,有法而行私谓之不法。以力役法者百姓也,以死守法者有司也,以道变法者君长也。"(同上)

(5)使臣。申不害了解到统御群臣要"治不逾官",慎子也说:"明主之使其臣也,忠不得过职,而职不得过官。"(《慎子·知忠》)"忠不得过职"乃是因为"忠未足以救乱世",国君所需要的是臣下的"智"而不是"忠"。所以,"将治乱,在乎贤使任职,而不在于忠也"(同上)。孔子说:"君使臣以礼,臣事君以忠。"(《论语·八佾》)这是一项宗法封建的道德规范,而慎子却认为君使臣以"自为",臣事君以守职,"而不在于忠"。这又是法家慎子的一项"变古"的思想反映。

慎子强调得势与定分,其实也是强调集权制与私田制的抽象化思想的反映,是于古无据的"变古"思想,所以荀子批评他是"倜然无所归宿,不可以经国定分"(《荀子·非十二子》),也良有以也。

三、韩非(?—前233年)的政治哲学

先秦的变局,虽从管仲"变古"而开始向土地私有制和国君集

权制发展,但直到子产的"刑书"出现,在法家的政治方向上才有了进一步的突破。

战国初年各国竞相实行"富国强兵"的法家政策,魏有李悝,楚有吴起,秦有商鞅,韩有申不害,齐有使"齐国震惧,人人不敢饰非,务尽其诚"(《史记·田敬仲完世家》)的齐威王,赵亦在"势与俗化,而礼与变俱"(《战国策·赵策二》)及"明国律,从大军"(《韩非·饰邪》),即使当时的燕也都"明奉法,审官断"(同上)。

虽然战国初期法家的政策在各国雷厉风行,但旧势力的反扑也相当凶猛,故吴起被杀,商鞅遭族。虽旧势力欲挽颓势,使得法家受到顿挫,但旧势力却无法挽回私有田制的发展。这些旧势力不但包括原来的公族,而且还有一些非公族而获国君亲信的重臣也转向旧势力的阵营。因此,政治上的旧势力复辟和社会上私有田制的冲突不得解决,而致使许多国家逐渐削弱,终于被后来重新执行法家之政的秦国统一了中国。

(一)韩非思想的时代背景

在旧势力当权反扑的这段时期,对"法术之士"亦展开强力的镇压。在这种情形下,"法术之士"对旧势力的"当涂之人"是"资不必胜,而势不两立",故韩非言:"法术之士焉得不危? 其可以罪过诬者,以公法而诛之;其不可被以罪过者,以私剑而穷之。是明法术而逆主上者,不僇于吏诛,必死于私剑矣。"(《韩非子·孤愤》)

在"不僇于吏诛,必死于私剑"的危险下,"法术之士"也只有噤若寒蝉。但思想是反映事实和立场的,有其事实和立场,当有其思想的反映。在这段时期中,法家思想虽不敢明目张胆地出现,但却以暗度陈仓的方式流行着。其方式一是改篡或伪托古人名义的著作，如李悝书、《商君书》、《申子》书及《管子》书中的部分篇章，可能就是在这种情况下产生的。二是假借言兵、言刑名、道术的著作，其中也有伪托古人名义的，如兵家、名家、道家，在其著作中亦反映了大量的法家思想。

这些著作虽今多已失传，但却深深地影响到好学深思的韩非。

另外，法家思想在政治上受到挫折，这也是事实，这项事实反映了战国初期的法家之政并不是没有缺点的。一个肯定法家思想的思想家虽不致否定以往法家的基本观念，但不能不检讨法家受挫的原因和缺点。在思想上，在受到各家的挑战之下，也不得不为法家加深其理论的基础。虽然这个工作有许多无名的法家，在这段期间曾经做过，如《黄帝经》、《管子》书、《商君书》、《申子》书等。但规模之宏大、批判之深刻，还当数后来居上的韩非。

韩非，是韩国的诸公子，目睹当时韩国日益削弱，屡次上书谏韩王，都不见重，因而著书立说的。他是法家受挫，旧势力当权后，再度公然宣称法术之学的一个思想家。

从韩非视之，当时的韩国虽然在战国初期实行过申不害的法家之政，但申不害实行的法术都不够彻底和完美。他批评申不害的"法"说："晋之故法未息，而韩之新法又生；先君之令未收，而后君之令又下。申不害不擅其法，不一其宪令，则奸多。"其批评申不害的"术"说："申子未尽于术……申子言：'治不逾官，虽知弗言。'治不逾官，谓之守职可也；知而弗言，是不谒过也。"（《韩非子·定法》）

申子不但未尽于"法""术"，并且还"请仕其从兄官"（《韩非子·外储说左上》），几乎破坏了法度；还有勾结赵相大成午以自重之嫌

（《韩非子·内储说下》）。

　　到了韩非之时，韩国的政治尽为"重人"所把持，韩非所称的"重人"乃是"无令而擅为，亏法以利私，耗国以便家，力能得其君"的"当涂之人"（《韩非子·孤愤》）。

　　这些"重人"不但"朋党比周以蔽王"（同上），而且大大地妨碍了"富国强兵"的政策。

　　时至战国以后虽形成了私有田制，但分封给公族重臣的公田也同时存在。公田是公族重臣的食邑，不必向国君付租税，而私有的田地却必须担负国君的一切费用。国家有事，私田主的负担就愈来愈重，除了租税外，还得负担力役和兵役。因此，"士卒之逃事伏匿，附托有威之门，以避徭赋"（《韩非子·诡使》）。"有威之门"皆大臣，而"附托有威之门"者为"寄寓"。所以，造成"公家虚而大臣实，正户贫而寄寓富"（《韩非子·亡征》）的现象。

　　富国需要农夫，强兵需要战士，而战争又是一件极危险的事情，所以只有重赏才能激励战士们为国死战。故言"夫陈善田利宅者，所以厉战士也"。但是在"重人"把持的政治下，"断头裂腹，播骨乎平原者，无宅容身，身死田夺；而女妹有色，大臣左右无功者，择宅而受，择田而食"（《韩非子·诡使》）。另外，从管仲"参其国伍其鄙"以来，参与战争的是"士乡"，也就是农民，而不包括工、商之人。农民开辟私田不能得益，参与战争不能得赏，因此又造成"耕战之士困，末作之民利"（《韩非子·亡征》）的情形。

　　韩非思想是先期法家的进一步发展，不但主张承认私有田制的合法性，并且要进一步地铲除"有威之门"，彻底消灭残存的公田制；不但主张以"法"来取得国君集权的地位，并且还要铲除"朋党"

使"贵重之臣必在绳之外矣"(《韩非子·孤愤》)。由此可知,韩非思想是一种更彻底的"变古"思想。先期法家中,多少还都带有儒家思想的色彩,而韩非却对儒家思想展开了全面的反驳。

(二) 自为的人性论

战国以后虽然公田还残存着,但是私有田制由得到合法的承认而迅速发展,于是更促进了自利的行为和观念,人与人之间的关系也渐以利来作为衡量的标准。

站在宗法封建制立场的儒家,如孟子却认为"今人乍见孺子将入于井,皆有怵惕恻隐之心",故而"恻隐之心,仁之端也;羞恶之心,义之端也;辞让之心,礼之端也;是非之心,智之端也。人之有四端,犹其有四体也"(《孟子·公孙丑上》)。既有先验之"端",故"人性之善也,犹水之就下也;人无有不善,水无有不下"(《孟子·告子上》)。这就是孟子的性善论。

性善论是维护仁义的理论基础,所以孟子指责反对性善论的告子说:"率天下之人而祸仁义者,必子之言夫!"(同上)而仁义又是维护宗法封建制的价值规范,宗法封建制乃是西周以来的古制。所以,孟子性善论在当时所具体维护的实为宗法封建的古制。

时至荀子,谁也挡不住私有田制的发展,因此也不能不承认由私有田制所产生的自利是一项事实昭然的存在。因此,荀子不得不承认人生而为"好利""疾恶"及有"耳目之欲",因此就会有"争夺",就会"犯分乱理,而归于暴"。因此,荀子认定"人之性恶明矣"(《荀子·性恶》)。

　　自来学者皆以为韩非师事荀子,继承了荀子的性恶论,殊不知从儒家的系统视之,孟、荀之论在于为人性下一善恶的价值判断。而从法家的系统视之,人性论的讨论不自韩非始,《申子》书、《商君书》均有论及人性之好利,甚至在《慎子》书中认为人性之"自为"是一种"天道"。虽然法家认人性是"好利"的或"自为"的,但没有给这种人性下一个善恶的判断,而只承认其为一客观存在而已。所以,法家并没有人性的善恶论,而只有人性的好利自为论而已。韩非继承了法家人性"好利""自为"的观点,加以进一步地论证,而没有直接接受荀子以人性"好利"为一种先验之恶的理论。

　　韩非论证人性之"自为"说:

　　　　人为婴儿也,父母之养简,子长而怨,子盛壮成人,其供养薄,父母怒而诮之。子父至亲也,而或诮或怨者,皆挟相为,而不周于为己也。夫买庸而播耕者,主人费家而美食,调布而求易钱者,非爱庸客也,曰:"如是,耕者且深,耨者且熟也。"庸客致力而疾耕者,尽功而正畦陌者,非爱主人也。曰:"如是,羹且美,钱布且易云也。"此其养功力,有父子之泽矣。而必周于用者,皆挟自为心也。故人行事施予,以利之为心,则越人易和;以害之为心,则父子离且怨。(《韩非子·外储说左上》)

　　在宗法封建制下,人的行为标准是"礼",其道德观念是"仁",而"亲亲,仁也"(《孟子·告子下》),故"孝弟也者,其为仁之本欤!"(《论语·学而》)由"亲亲"推而广之,故有孟子说的"恻隐之心",继而"老吾老以及人之老,幼吾幼以及人之幼"(《孟子·梁惠王上》),

甚至"推恩足以保四海"(《孟子·梁惠王上》)。故可知孟子对人性的考察是站在"亲亲"的宗法封建立场。故而他还反对"辟草莱、任土地"(《孟子·离娄上》),主张"正经界"复井田(《孟子·滕文公上》),以为"法古"。

庸客与地主并没有"亲亲"的关系,而是"皆挟自为"的互利关系,由此可见,韩非"好利""自为"的人性论是与私有田制有一定关联的。并且韩非由私有田制下产生的"自为心"推及"亲亲"的父子关系,故有父子因"自为"而"离且怨",由此我们可知韩非对人性的考察是站在私有田制的立场,故而反对拥有的井田(公田)的"有威之门",而主张激励耕战之士。

因此可知儒家孟子的人性论是"法古"的产物,而韩非的人性论却是站在私有田制的"变古"立场上的。

人性是"好利""自为"的,促成人行为的条件也是利。而利之所加,可善可恶,并不是荀子所说的一定会"归于暴"而"恶"。韩非说:"王良爱马,越王勾践爱人,为战与驰。医善吮人之伤,含人之血,非骨肉之亲也,利之所加也。故舆人成舆则欲人之富贵;匠人成棺则欲人之夭死。非舆人仁而匠人贼也。人不贵则舆不售,人不死则棺不买。情非憎人也,利在人之死也。"(《韩非子·备内》)

由此可知,韩非的人性论是从"变古"的私有田制出发的,但与荀子的性恶论不同。

(三) 变古的历史观

春秋战国以来,宗法封建制急速崩溃,私有田制的兴起破坏了井田制度,国君对外取得了主权,对内实行了集权,这一切都与西周所规定的宗法封建制不同。这些社会政治事务的发展,反映到思想上就是"变古"。

前期法家已经提出这"变古"观念,到了韩非有了理论上更进一步的发展。

从土地私有制,韩非肯定了"好利""自为"的人性论,来解释历史的变化,以论证现有残存的宗法封建制度必须铲除。这就是韩非变古的历史观。

从"利"的观点视之,法家认为统治权的产生是基于人民之"好利",所以《商君书》说:"故尧舜之位天下也,非私天下之利也,为天下利天下也。"(《商君书·修权》)慎子也说:"古者,立天子而贵之者,非以利一人也。曰:天下无一贵,则理无由通,通理以为天下也。"(《慎子·威德》)

韩非进一步地发挥这个观点,认为传说中古代的"有巢氏"和"燧人氏"之所以能成为统治者,乃是因为发明了"构木为巢"和"钻燧取火",使人民获益良多,"而民悦之,使王天下"的(《韩非子·五蠹》)。

虽然韩非把历史分为三个时期,而言"上古竞于道德,中世逐于智谋,当今争于气力"(同上),或"古人亟于德,中世遂于智,当今争于力"(《韩非子·八说》),但是他在论述历史发展时,总是古今对比。

在旧势力的反扑时期,为了保守旧的公田制和封建制,而在思想上力图"法古"。所以,大事渲染"先王之治""上古之时"的政治是"揖让"而治,人民的生活是"相亲"和睦。

韩非针对这种论调而提出反驳,认为"古者,人寡而相亲,物多而轻利易让"(《韩非子·八说》)。古代之人之所以会"相亲""易让"而不争,乃是因为"古者丈夫不耕,草木之实足食也;妇人不织,禽兽之皮足衣也。不事力而养足,人民少而财有余,故民不争"(《韩非子·五蠹》)。这种情形,反映在政治上,即为"厚赏不行,重罚不用,而民自治"(同上),及"有揖让而传天下者"(《韩非子·八说》)。

这样一个的古代情境,时移境迁之后,却有了不同。韩非认为不同的原因是人口的增加,是"今人有五子不为多,子又有五子,大父未死而有二十五孙,是以人民众而货财寡,事力劳而供养薄,故民争,虽倍赏累罚而不免于乱"(《韩非子·五蠹》)。

争与不争是货财多寡所决定的行为,所以不能以此为一价值判断和为政的依据。韩非说:"是以古之易财,非仁也,财多也;今之争夺,非鄙也,财寡也。轻辞天子,非高也,势薄也;重争士橐,非下也,权重也。"(同上)

由于财货的多寡引起了争与不争的区别,而造成了政权条件的不同,也就是"世异则事异""事异则备变"(同上),若不能明乎"古今异俗,新故异备",而"如欲以宽缓之政,治急世之民,犹无辔策而御駻马,此不知患也"(同上)。

虽然"古今异俗,新故异备",但"不知治者必曰:'无变古,毋易常'",所以韩非说:"变与不变,圣人不听,正治而已。然则古之无变,常之毋易,在常古之可与不可。伊尹毋变殷,太公毋变周,则汤、武不王矣。管仲毋易齐,郭偃毋更晋,则桓、文不霸矣。"(《韩非子·南面》)

"上古竞于道德",故其政治以仁义,但是,因"古今异俗",所以现在"言先王之仁义,无益于治"了,而必须"明吾法度,必吾赏罚者"才能为治(《韩非子·显学》)。由此可知,"明法度,必赏罚"是"变古"的产物,而不是"无变古"的结果。

"法度"是根据"世异则事异""事异则备变"为原则的。根据此原则,"法度"本身也不是不能变的。所以,韩非说:"治民无常,唯法为治。法与时转则治,治与世宜则有功……时移而法不易者乱,世变而禁不变者削。故圣人之治民也,法与时移,而禁与世变。"(《韩非子·心度》)

韩非以人口膨胀来解释历史发展的原因,诚然有值得商榷之处,但他指出的争与不争的现象,都不能不说是事实。因为在农业中最主要的生产资料是土地,故其兼并争夺的主要对象是土地。但在古代实行的是井田公有制。一般人民失去了作为主要兼并争夺对象的土地,故虽不能说完全没有争夺,但却没有生产资料的争夺。而只有在私有田制兴起之后,兼并争夺才益形激烈。

韩非所谓的"变古",一方面是以私有田制派生出来的"好利""自为"的观点分析了历史之变,另一方面却朝向私有田制的方向去要求"变古"。而其"变古"的纲领乃是"明法度,必赏罚"。

(四) 社会论与严刑论

韩非要求"变古",那么他主张的新社会又是一个怎样的形象呢?他指出当时的社会不合理的情形时说:

> 凡上之所以治者,刑罚也;今有私行义者尊。社稷之所以立者,安静也;而嚣险诐谀者任。四封之内所以听从者,信与

德也；而陂知倾覆者使。令之所以行，威之所以立者，恭谦听
上也；而岩居非世者显。仓廪之所以实者，耕农之本务也；
而綦祖锦绣刻画为末作者富。名之所以成，城池之所以广
者，战士也；今死士之孤饥饿乞于道，而优笑酒徒之属乘车
衣丝。(《韩非子·诡使》)

　　由此可知，在社会的层面上，韩非是拥护耕战之士的。相对于
耕战之士，他还特别举出有"五蠹"之民，即"学者""带剑者""言古
者""患御者"及"工商之民"。并且他指出耕战之士和五蠹之民是
不相容的，而尊显"五蠹"之民又与"富国强兵"是冲突的，所以说：
"斩敌者受赏，而高慈惠之行。拔城者受禄，而信廉爱之说。坚甲
厉兵以备难，而美荐绅之饰。富国以农，距敌恃卒，而贵文学之士。
废敬上畏法之民，而养游侠私剑之属。举行如此，治强不可得也。"
(《韩非子·五蠹》)
　　文学之士"学者"的产生乃是"为人臣者，求诸侯之辩士，养国
中之能说者，使之以语其私，为巧文之言，流行之辞，示之以利势，
惧之以患害，施属虚辞，以坏其主"；游侠之士"带剑者"受尊荣乃是
"为人臣者，聚带剑之客，养必死之士，以彰其威，明为利己者必利，
不为己者必死，以恐其群臣百姓，而行其私"(《韩非子·八奸》)。
因此，社会上的文学、游侠实与政治上的"重人"相为表里。
　　商工之民的产生也与"重人"有一定的关系。韩非说："今世近
习之请行，则官爵可买；官爵可买，则商工不卑也矣。奸财货贾得
用于市，则商人不少矣。聚敛倍农则致尊过耕战之士，则耿介之士
寡而商贾之民多矣。"(《韩非子·五蠹》)

"五蠹"虽有益于"重人",但却有害于人主。且"臣主之利,相与异者也",这乃是因为"主利在有能而任官,臣利在无能而得事;主利在有劳而爵禄,臣利在无功而富贵;主利在豪杰使能,臣利在朋党用私"。如果不能制止"重人"利益的发展,则将造成"国地削而私家富,主上卑而大臣重"(《韩非子·孤愤》)。因此,"知臣主之异利者王,以为同者劫,与共事者杀"(《韩非子·八经》)。"五蠹"是"重人"之利,故站在国君的政治立场亦应去之。

制止"重人",必去"五蠹",则是国君集权。而这种国君集权虽有害于"重人"和"五蠹",但却是有利于耕战之士。耕战之士,当时不但是"富国强兵"的基础,而且是人口中的多数。由此可见,法家主张的国君集权,在这方面是符合多数人的利益的,但在"重人"当权之下,法家备受迫害。所以,韩非悲壮地说:"窃以为立法术,设度数,所以利民萌,便庶众之道也。故不惮乱主暗上之患祸,而必思以齐民萌之资利者,仁智之行也。"(《韩非子·问田》)

去"五蠹"的具体政策乃是"明主之国,无书简之文,以法为教;无先王之语,以吏为师;无私剑之捍,以斩首为勇"(《韩非子·五蠹》),及"明主治国之政,使其商工游食之民少而名卑,以寡趣本务而趋末作"(同上)。而国家的各项政策也应该是"急耕田垦草,以厚民产","修刑重罚,以为禁邪","微赋钱粟以实仓库,且以救饥馑备军旅也","境内必知介,而无私解,并力疾斗所以禽虏也"(《韩非子·显学》)。

虽然韩非的主张中包括"救饥馑",但却认为"施与贫困"是"无功者得赏",因为"国有无功得赏者,则民外不务当敌斩首,内不急力田疾作"(《韩非子·奸劫弑臣》),并且"不能辟草生粟,而劝贷施

赐与,不为富民者也"(《韩非子·八说》)。而他最有力的辩论是:
"今人与人相若也,无丰年旁入之利,而独以完给者,非力则俭也。
与人相若也,无饥馑疾疫祸罪之殃,独以贫穷者,非侈则惰也。侈
而惰者贫,而力而俭者富。今上征于富人,以布施于贫家,是夺力
俭而与侈惰也,而欲索民之疾作,而节用,不可得也。"(《韩非子·
显学》)

在"儒以文乱法,侠以武犯禁"(《韩非子·五蠹》)的情形下,耕
战之士不但无以尊荣,而且使得国家的法禁大坏。这些儒侠又有
"重人"的势力在后面支持,因此要建立一个以耕战为主的社会秩
序,非严刑峻法无以为功。这乃是因为"夫惜草茅者耗禾穗,惠盗贼
者伤良民。今缓刑罚,行宽惠,是利奸邪而害善人也"(《韩非子·难
二》)。站在国君的立场视之,亦"夫严刑者,民之所畏也;重罚者,
民之所恶也。故圣人陈其所畏,以禁其邪;设其所恶,以防其奸。
是以国安而暴乱不起"(《韩非子·饰邪》)。

韩非自认严刑是有特定对象的,其对象为违法犯禁者,并非一
般人民。其作用并非对被刑者的报复,而是对一般人民的教育和警
戒,所以说:"且夫重刑者,非为罪人也,明主之法揆也。治贼,非治
所揆也,所揆也者,是治死人也。刑盗非治所刑也,治所刑也者,是
治胥靡也。故曰:重一奸之罪,而止境内之邪,此所以为治也。重
罚者盗贼也,而悼惧者良民也,欲治者奚疑于重刑名!"(《韩非子·
六反》)再说:"上设重刑者而奸尽止,奸尽止,则此奚伤于民也?"倒
是"今轻刑罚,民必易之。……犯而诛之,是为民设陷也!"(同上)

为了保护耕战之士,韩非主张予破坏私有财产制的盗贼以重
刑。虽然韩非未明白表示一定要予"五蠹"以重刑,但予盗贼以重

刑,是因为他们破坏了以私有田制为基础所建立的法禁。而"重人"非耕战之士,也非私田的所有者,甚至于这些"有威之门"还是私有田制的破坏者。因此,附托于彼等的"五蠹"和耕战之士产生了对立,虽然"五蠹"不尽会明目张胆地破坏私有田制的法禁,但是至少其中的文学和游侠是公然违法犯禁的。所以韩非会说:"夫离法者罪,而诸先生以文学取;犯罪者诛,而群侠以私剑养,故法之所非,君之所取;吏之所诛,上之所养也。"(《韩非子·五蠹》)因此,人主若一旦实行韩非所主张的"法",则文学、游侠必在重刑所诛之列!

韩非要显耕战之士,耕战之士就是私田的所有者,因此其所主张以耕战为主的社会,其实就是一私有田制的社会。而"五蠹"乃是附托于"重人"而存在的,剪除"五蠹"也就是剪除"重人"的党羽,削弱"重人"的势力,相对而言,就是增加国君的集权之势。严刑也者,也就是镇压反抗耕战社会的"重人"势力。

（五）形名和参验

"形名"即"刑名",也就是处罚之"刑"与法律之"名"。"刑名"之学乃是探究"刑"与"名"关系的一门学问。"刑"是一种客观存在的实在,"名"是一种抽象的概念,因此"刑名"换而言之,就是"名实"。

"刑名"问题的公开讨论,实起自公布法的产生,正是叔向给子产信中所预言的"锥刀之末,将尽争之"。孔子也说过:"名不正,则言不顺;言不顺,则事不成;事不成,则礼乐不兴;礼乐不兴,则刑罚不中;刑罚不中,则民无所措手足。"(《论语·子路》)由此亦可知,"名"与"刑"之间是有一定关系的。

　　由公布法而"刑名",而后"形名",再后"名实",而发展出先秦的名家之学。被荀子与之和惠施并称"而好治怪说,玩琦辞,甚察而不惠,辩而无用"(《荀子·非十二子》)的邓析,就曾教民"学讼""以非为是,以是为非"(《吕氏春秋·离谓》),遭郑驷颛所杀,"而用其竹刑"(《左传·宣公九年》)。由此可知邓析不但是"持怪说,玩琦辞"的名家,而且是能著"竹刑"的法家。亦可知名家产生与法家之间的关系了。

　　韩非说:"形名者,言与事也。"(《韩非子·二柄》)故"有言者自为名,有事者自为形"(《韩非子·主道》)。其实,言和名乃属概念的范畴,而事与形属于实在的范畴。且"形"与"名"的关系应当要"形名相当"(《韩非子·诡使》)的。

　　在当时,虽然社会政治的实际情况发生了变化,但因旧势力的"重人"当权,所以彼等所"言"之"名"与社会政治之"事"的"形"产生不了"形名相当"的情形,而妨碍了社会政治的发展。故韩非指责当时的情形说:

　　　　夫立名号所以为尊也;今有贱名轻实者,世谓之高。设爵位所以为贱贵基也,而简上不求见者,世谓之贤。威利所以行令也,而无利轻威者,世谓之重。法令所以为治也,而不从法令为私善者,世谓之忠。官爵所以劝民也,而好名义不仕进者,世谓之烈士。刑罚所以擅威也,而轻法不避刑戮死亡之罪者,世谓之勇夫。(同上)

　　"形名"运用到政治上,即为"令者,言之最贵者也;法者,事最适者也。言无二贵,法不两适,故言行不轨于法令者必禁"(《韩非子·问辩》)。令自君出,法由主立,而"形名者,言与事也",所以"言无二贵,法不两适",也就是由国君掌握"形名"的绝对权力,亦即集权。

另外,"人主将欲禁奸,则审合形名"。"审合形名"即"为人臣者陈而言,君以其言授之事,专以其事责其功。功当其事,事当其言,则赏;功不当其事,事不当其言,则罚"(《韩非子·二柄》)。

在韩非的"审合形名"之下,似乎人臣的言论自由被剥夺了,但他却又说"明君之道,贱得议贵,下必坐上,决诚以参,听无门户,故知者不得诈欺"(《韩非子·八说》)。由此可见,韩非并非反对人臣言论,反而是主张"贱得议贵"及人主的"听无门户"。

其实,韩非反对言论自由并不是无条件的,而是说"臣不得陈言而不当","不当则罪"(《韩非子·二柄》)。这乃是因为当时的一些言论多"好辩说而不求其用,滥于文丽而不顾其功者"(《韩非子·亡征》),甚至于当时的"重人"们以言饰事,而"以事诬主,主诱而不察,因而多之,则是臣反以事制主也"(《韩非子·南面》)。并且,"奸之食上也,取资予众,藉信乎辩,而以类饰其私"(《韩非子·八经》),因此韩非的"审合形名"乃是禁止了"以事诬主"的言论自由,但有利于人主的言论却可以在"听无门户"的情形下大大地自由。不错,如此则造成人主的独裁,但人主独裁为的是功和利,而人主的功利切与耕战之士为一致,且耕战之士又为当时人口的多数。因此,韩非以为其所称的"言",也就是"名",在有利于耕战之士的多数人时"利民萌,便庶众",则可以自由;可是在违反耕战之士的多数人利益的情况下,则不能有自由。

人主为了知道"形名"是否"相当",或言事是否相符,除了"众端以参观"(《韩非子·备内》)和"决诚以参"之外,还要"参验以审之"(《韩非子·奸劫弑臣》),且"无参验而必之者,愚也"(《韩非子·显学》)。

韩非所说的"参验"乃是"夫视锻锡而察青黄,区冶不能以必剑。水击鹄雁,陆断驹马,则臧获不疑钝利。发齿吻相容,伯乐不能以必马。授车就驾,而观其末涂,则臧获不疑驽良。观容服,听辞言,仲尼不能以必士。试之官职,课其功伐,则庸人不疑于愚智"(《韩非子·显学》)。未经参验之言,有时或可为真,但韩非却说:"先物行,先理动,之谓前识。前识者,无缘而妄意度也。"(《韩非子·解老》)

韩非对人臣任用的"参验"之道是"试之官职,课其功伐"。但在"重人"相为朋党的"滥于文丽"之下,"课其功伐"亦将漫无标准。所以,"夫言行者,以功用为之的彀者也"。若无"的彀","夫砥砺杀矢,而以妄发,其端未尝不中秋毫也",故"今听言观行,不以功用为之的彀,言虽至察,行虽至坚,则妄发之说也"(《韩非子·问辩》)。

韩非为了"富国强兵"不能不站在私田所有者的耕战之士和国君集权的立场与代表旧制度旧势力的"重人"们展开思想上的搏斗。适时,私有田制正在方兴未艾,国君集权也有了初步的基础,这些都是现实的存在者。在政治上,韩非承认并主张现实发展的方向,故其"审合形名"与"参验以审之"的理论,具有强烈的现实主义和实证主义的倾向。

反观,法家思想对手的儒家,彼等的主张多为逝去的历史,多不是现实的存在,故其理论不能以现实证明之,就只有在现实之外构筑一个古代的理想世界,而成就其道德的理想主义。

　　在韩非"审合形名"和"参验以审之"的辩驳下,不但文学之士为"重人"们架构的辩辞遭受到严重的攻击,而且若"形名"与"参验"的理论一旦实施之,连"重人"们也免不了被绳之以法的命运。由此可见,韩非的"形名"与"参验",还是在于维护耕战之士与国君集权的政治目的而发展出来的。

（六）势术法的意义及其关系

　　一切统治必基于统治权的建立,所以势的理论在韩非政治思想中亦为最基本者。

　　韩非从人民"自为"的观点看来,认为最原始的统治权之发生,如有巢氏和燧人氏,乃是因为能满足人民的"自为","而民悦之,使王天下"的。在这种情形下,"人主者,天下一力以共载之,故安;众同心以共立之,故尊"(《韩非子·功名》)。

　　获得了人民的支持之后,人主便据有统治的势,由此势而握有统治的权。这是一种客观条件所造成的,而不是主观能力的问题。所以,韩非说:"夫有材而无势,虽贤不能治不肖。故立尺材于高山之上,而下临千仞之溪,材非长也,位高也。桀为天子能制天下,非贤也,势重也。尧为匹夫,不能正三家,非不肖也,位卑也。千钧得船则浮,锱铢失船则沉,非千钧轻而锱铢重也,有势与无势也。"(《韩非子·功名》)由此视之,"势重者,人主之渊也,君者,势重之鱼也"(《韩非子·内储说下》)。

　　人主之所以能"独制四海之内,聪智不得用其诈,险躁不得关其佞,奸邪无所依。……故治不足而日有余",乃是因为"上之任势使然也"(《韩非子·有度》)。之所以能"任势使然"乃是因为"势者,胜众之资也"(《韩非子·八经》)。反过来说,"夫处势而不能用其有,而徒不去国,是以一人之力禁一国;以一人之力禁一国者,少能胜之"(《韩非子·难三》)。

"势"既为人主之所以为人主的必要条件,故不可失,亦不可借。这乃是因为"权势不可以借人。上失其一,下以为百。故臣得位则力多,力多则内外为用,内外为用则人主壅"(《韩非子·内储说下》),且"君人者,势重于人臣之间,失则不可复得也"(《韩非子·喻老》),而"主失势,而臣得国"(《韩非子·孤愤》),因此"偏借其权势,则上下易位矣"(《韩非子·备内》)。

"势"不可失,不可借,故韩非所主张的人主乃是"万物莫如身之贵也,位之至尊也,主威之重,主势之隆也"(《韩非子·爱臣》)。因此,韩非所说的"任势"就是国君的集权。而他以为国君集权就可以铲除旧势力的"重人",所以还说:"故当世之重臣,主变势而得固宠者,十无二三。"(《韩非子·孤愤》)铲除"重人"则"五蠹"无所依托,也就是扫除私田所有者耕战之士的阻碍,而使之得以发展。

虽然韩非主张"任势",但却反对势的机械决定论,即"势治者不可乱,而势乱者不可治也"。乃因"此自然之势也,非人所得设也","势必于自然,则无为言于势矣。吾所为言势者,言人之所设也"(《韩非子·难势》)。而"人设之势"其实就是"抱法处势"。若只处"自然之势",而不能"抱法处势",也就是"无庆赏之功,刑罚之威,释势委法,尧舜户说而人辩之,不能治三家"(同上)。

当时所有的国都有君,所有的君都有"势",故当时的国君并不是"势"之有无的问题,而是"处势而不能用其有"的问题。如"任势"而能用其有,这就是"术"和"法"的问题了。

什么是"术"和"法"? 韩非说:"术者,因任而授官,循名而责实,操杀生之柄,课群臣之能者也。此人主之所执也。法者,宪令著于官府,赏罚必于民心,赏存乎慎法,而罚加于奸令者也。此人臣之所师也。君无术则弊于上,臣无法则乱于下,此不可一无,皆帝王之具也。"(《韩非子·定法》)另外,还说过:"法者,编著之图籍,设之于官府,而布之于百姓者也。术者,藏之于胸中,以偶众端,而潜御群臣者也。故法莫如显,而术不欲见。是以明主言法,则境内卑贱莫不闻知也……用术,则亲爱近习莫之得闻也。"(《韩非子·难三》)

从这二段中,似乎韩非认为"术"的施用对象是臣,而"法"的对象是民。但韩非还说过:"故知术能法之士用,则贵重之臣必在绳之外矣。"这岂不是表示"术"和"法"均可施用于"贵重之臣"吗? 韩非也引过申不害的话说:"法者,见功而与赏,因能而授官。"这种"法"不也正是"因任而授官,循名而责实"的"术"吗? 又说:"人主不能明法而制大臣之威,无道得小臣之信矣。"(《韩非子·南面》)这也是说以"法"制臣。

另外,韩非说舜不以"赏罚使天下必行之",说尧"不亦无术乎?"(《韩非子·难一》)。这种"赏罚使天下必行之"的"术",又岂是以臣为对象而不包括民的? 韩非还说:"治国是非,不以术断,而决于宠人,则臣下轻臣而重于宠人矣。"(《韩非子·八说》)"治国"亦当包括治官与治民,可知"术"的施用对象也是包括臣和民的。还有,韩非认为"商君说秦孝公以变法易俗,而明公道,赏告奸,困末作而利本事","民后知有罪之必诛,而告奸者众也,故民莫犯,其刑无所加"，"是以国治而兵强，地广而主尊"，是"至治之法术明矣"。(《韩非子·奸劫弑臣》)此处"法术"之对象亦俱为民矣。

因此，在韩非思想中"法"和"术"的区别并不在于施用对象的不同。

韩非说："夫有术者之为人臣也，效度数之言，上明主法，下困奸臣，以尊主安国者也。"(同上)"有术者""上明主法"，由此可知，"法"与"术"的区别虽不在对象的不同，而在于层次的不同。

另外，"知术之士，必远见而明察，不明察，不能烛私。能法之士，必强毅而劲直，不劲直，不能矫奸"，"烛私"是属于知的范畴，"矫奸"是属于行的范畴。还有，"明主之国，官不敢枉法，吏不敢为私，货赂不行者，境内之事，尽如衡石也。此其臣有奸者必知，知者必诛。是以有道之主，不求清洁之吏，而务必知之术也"(《韩非子·八说》)。这也是说"术"以"烛私"，是"烛私"的方法；"法"以"矫奸"，是"矫奸"的标准。

"法"即是"赏罚必于民心"，所以"明主使其群臣，不游意于法之外，不为惠于法之内，动无非法"(《韩非子·有度》)，且"法之所外，虽有难行，不以显焉"(《韩非子·八经》)。因此，人主之御臣并不是越"法"而有"术"，而是以"术"绳奸于"法"。

"必知之术"是一种知其所以的方法，"境内之事，尽如衡石"是有"必知之术"，所以"夫悬衡而知平，设规而知圆，完全之道也。明主使民饰于法，知道之故"(《韩非子·饰邪》)，"知道"也就是有"知道"之"术"。"明主使民饰于法"，也就是"抱法处势"的"任势"。这也就是，明主有"知道"之"术"，而"使民饰于法"；"使民饰于法"也是人主的"任势"；人主之"任势"是因其有"势"。

再说，人主要维持及增加其"势"，就必须"明法"，才有"人设之势"。人主要"明法"及有"必行之法"，就必须有"必知之术"。所以，不但"法""术"为"不可一无，皆帝王之具也"，并且"势重者，人主之渊也"。人主一旦无"势"，亦不能拥有"帝王之具"的"法"和"术"。因此可知，无"势"则无"法""术"；无"术"则不知"明法"及"任势"；无"法"则无"术"的实践及无以保全人主之"势"。故势、术、法俱为韩非政治理论不可或缺者。

透过"法"和"术"，国君集权已不只是一个口号，而是具有实践可能的理论了。国君能有"必知之术"和"必行之法"，则旧势力的"重人"必可绳之以法。一个以耕战为主体而国君集权的新形态国家的出现，也就可期而待也。

四、结论

由春秋而战国，在这段时期里，中国古代的社会和政治发生了激烈的根本变化。在社会的结构上，由井田公有制向私有田制变化；反映在政治上，是由封建分权制朝国君集权制的变化。时至战国，而更加其速。

法家思想亦即反映着这样的一个社会政治的现实而发生的，并且亦推动了这个现实发展的历史方向。春秋末年至战国初年，各国公布法的出现，代表了法家取得了初步的胜利。再经过战国的133年间旧势力的反扑，正是一个新时代挣脱旧时代而诞生的阶段。秦统一了天下，代表着法家再次取得决定性的胜利。但历史的发展总是迂回而曲折的。秦亡，及汉初再行封建，又是法家之政的再次挫折。但是象征着法家中央集权的郡县制，却是后代中国任何统治者所不能变易的制度。所以柳宗元说：

> 汉有天下，矫秦之枉，徇周之制，剖海内而立宗子，封功臣。数年之间，奔命扶伤之不暇，困平城，病流矢，陵迟不救者三代。后乃谋臣献画，而离削自守矣。然而封建之始，郡邑居半，时则有叛国，而无叛郡，秦制之得，亦以明矣。继汉而帝者，虽百代可知也。(《柳河东集·封建论》)

在封建公族垄断土地所有权的情形下，法家私有田制的推行，为广大的农民提供了拥有土地的机会，使得政权的基础由封建公族转移到私田所有者。怪不得韩非理直气壮地认为"立法术，设度数，所以利民萌，便众庶之道也"(《韩非子·问田》)。

私有田制实行的初期，确实有一番新兴的景象，如"李悝为魏文侯作尽地力之教……行之魏国，国以富强"，"及秦孝公用商君，坏井田，开仟伯，急耕战之赏，虽非古道，独以务本之故，倾邻国而雄诸侯"(《汉书·食货志上》)。但私有田制即私有财产制。在私有财产制下，兼并随之而起，渐而形成了新的私田地主，造成了社会贫富的差距，行之渐久，即成"庶人之富者累巨万，而贫者食糟糠"；一旦国家有事，地主又将负担转嫁到佃农身上，故造成"男子力耕不足粮饷，女子纺绩不足衣服"的情形(同上)。

因私有田制的确立，耕战之士渐渐地成为新兴的地主，而成为以后二千多年中国政治舞台上的主角。私有田制也在中国历史上实行了二千多年。

虽然韩非自认为法家政治是"利民萌，便众庶"的，但其所谓的"民萌"和"众庶"毕竟是耕战之士，也就是私田主，是有其特定对象的，而非以一般民众为对象的。故其所"利"的、所"便"的，其实只是私田主而已。法家为了达到井田公有制而主张"变古"，但当私田主成了政治舞台的主角之后，不再肯"变"了，甚至还开始批评为他们打先锋的法家们不应该具有"变古"的思想。

法家在私田主未能成为历史主角的先秦时期，惨遭杀戮和迫害；但在私田主成了历史主角之后，又遭咒诅的命运。法家人物的命运当是中国历史上千古的悲剧！

不过，后代中国的地主与专制帝王，毕竟与法家所提倡的私有田制和国君集权有不可分割的历史渊源，所以尽管这些地主和帝王如何地在表面上咒诅法家们，但在实际上他们所遵循的制度却是法家们所创立的。因此，无论法家在历史上如何地被咒诅，但却是二千多年来中国文化不可分割的一部分。

（原载《大陆杂志》，1982 年 7 月 15 日）

素罗金的社会文化学说和中国文化

　　我由伟大的中国思想家和文化获得许多知识和智慧,这本书也是本人对他们衷心感激的一种表征。

　　现在中国民族在一个伟大的、文化的、社会的、政治的和人格的文艺复兴的历程当中,像她在长期和创造的历史上所已好多次经验过的一样。一切这样的文艺复兴,除却一面产生创造性的造诣之外,自有她"分娩的痛苦"。然而人类如能避免第三次全体的——核子的、化学的、微生物学的——世界战争,这些痛苦必然减低和消逝,而中国民族及其社会的和文化生活将再次创造地、灿烂地复兴起来。

　　以上的陈述是毕达林·素罗金为其著作《今日社会学学说》(*Sociological Theories of Today*,1966)中文译本所作的序言。

　　素罗金是20世纪世界性的社会学家,他在文化哲学、历史哲学上的成就更是突出。他在学术思想上的地位,当能与法国的孔德(August Comte)、德国的史宾格勒(Oswald Spengler)、英国的汤恩比(Arnold Toynbee)比美,而永垂不朽。素氏学问之渊博,更教人叹为观止,他涉猎之对象包括整个人文社会学科——哲学、艺术、文学、历史、政治、法律、经济……其论列之广包括所有世界上的伟大文明——中国、希腊、印度、希伯来、埃及、巴比伦、罗马、近代西方……称他为现代的哲学英雄(philosophy hero)亦该当之无愧了。

也就是因他有如此广博的学问，故而才能俯视人类、鸟瞰历史、超越时代，而摒除一般西方学者的偏见，正确地认识了世界各伟大的文化，而不以白人中心的意识形态论断人类文化。用素氏自己的话来说，他的学术思想乃是一世界文化整合(integration)的成果。

素氏虽然自谦地说他是在"故纸堆里讨生活"的人，但他绝不是一个闭门造车的学究，而是一个关心人类历史前途的学者。他的一生除了教书与著述外，曾参加过推翻俄国沙皇的革命；曾被捕入狱，被判死刑而后改为流亡，离开了他热爱的俄罗斯草原，在流亡中结束了他的一生。素罗金应该最能体会到班固利安(David Ben Gurion)的一句话："一个犹太人，只有在他自己的祖国——以色列，才能获得真正完全的快乐。"

由于流亡，素罗金由一个俄国人变成了一个世界人。在流亡的生涯里，他不断地为人类的和平和生存呼吁奔走。他认为仅仅是民主、知识、宗教都不能为人类带来和平，资本主义、共产主义若不能促使人类以博爱为出发点，也都不能为人类建立永久的和平。他认为只有爱才能为人类带来真正的和平和幸福，使人类免于被国内的革命和国外的战争所摧毁，因此他以退休之身，于1949年创立"哈佛创造性博爱主义研究中心"(Harvard Research Center in Creative Altruism)，以作"为万世开太平"之研究。

素罗金不但是一位本世纪伟大的学者，并且是一位担负人类良心的伟大知识分子,也因为如此,他的思想才能够有如此的发皇。

一、生平与著作

素罗金于1889年诞生于北俄罗斯,少时贫贱,是一个贫农的儿子。11岁时即为孤儿,然而几经艰难,进入俄国的心理神经学院为研究生,并在圣彼得堡大学接受法律和社会学博士学位。在沙皇时代,曾因革命活动被捕下狱。28岁时任革命后的克伦斯基(Kerensky)秘书,当时克氏为内阁总理,为时甚暂。1922年,出任圣彼得堡大学社会系主任。后素氏再度被捕入狱,并被宣判死刑,幸得一学生之救,得免于死,而流亡终生。

出国后,出走柏林,再走柏力格,在捷克流亡二年,然后到达美国。先在华萨学院(Vassor College)短期任教,1924年,应米尼苏打大学(University of Minnesota)之聘,出任教授。

1930年,他进入哈佛大学筹办社会学系,建立社会学的研究计划。1931年,哈佛大学正式成立社会学系,由素氏出任系主任,而于1944年辞去主任之职(按:另一说为1942年)。

1949年,素氏在李利(Lily)基金会的辅助之下设立"哈佛创造性博爱主义研究中心",并任主任。1955年,素氏退休而任哈佛名誉教授后,仍担任该中心主任,直到1959年底为止。1965年任美国社会学会会长。

素氏终生著书不辍,1966年1月在其著作《今日社会学学说》的英文版序文中说:"由于本人的年龄的关系,我自无法再写另一本书来讨论普通社会学的情状之可能。"而真的一语成谶,这本著作,也就成了其一生最后的一本著作了。1968 年 2 月 10 日,他终于结束了充满了博爱和辛酸的一辈子。

在他死后的十个月零七天,哈佛大学文艺和科学教授会以当代美国社会学泰斗柏生思(Talcott Parsons)为主席发表纪念素罗金的献辞。而柏生思正是素罗金的论敌之一。献辞中说:

> 平心而论,根据许多他的(素氏)学生和同事们的证辞,大家认为素罗金的影响,有的是优越的创造性和积极的鼓励性。……他与学生们和同事们经常而热烈地互相扶助的关系,往往为一些不测的感奋或敌对的恣纵批评所打断。……作为一个讲师论,他是一位"难与伦比的陈示者",但他的"陈示力"有时有包括绘影绘声的詈骂成分。尤其因为他在演讲之时,带着强而有力的俄罗斯腔调,那是寓居美国四十年而不变的,更令人有神魂飞舞之感。

> 他(素氏)知识的透视,宏姿而博大,总括而周详。……美国的社会科学大部分往往趋近地方性的经验主义,他的影响对此冲击最大,不但两相对立,且大有无法兼容并立之势,同时他对于这种经验主义,也表现某种蔑视。……对史学没有素养的学者,动辄言自己能独自创造出簇新的观念,实际上凡所言说,都是"古已有之",所以他(素氏)对他们的诊断,说是犯了"哥伦布的情节"(Columbus complex)。

这些事实,加上素罗金的知识风格,可以帮助我们说明为什么美国知识界对于他的意见,与世界各地,也许特别是拉丁美洲对于他的热烈拥护,形成相反的影响。他的许多著作,曾译成各种文字。他被选为许多外国学术团体的会员,其中包括比利时皇家学院在内。在美国,到了他的晚年,大家对于他的声誉,方才给予较实证的承认。

在这篇心不甘情不愿的"献辞"中,已透露出素氏在美国学界中的委屈与辛酸,甚至受到其创立的社会学系同事的排挤,原因是"恣纵的批评",而其批评亦仅是一些井蛙们的"创见"是"古已有之"而已,只有博通人类古今的素罗金才具有如此的见识和能耐。如此,自然不能为一些狂妄地以社会学是"美国的科学"者(如 C. H. Page 之流)所容。

由于不见容于自称"学术自由"而心胸狭小的美国学术界,故1960 年他在国际社会学会所发表的讲词,竟遭《美国社会学评论》拒刊。

关于素氏的生平,他自己曾发表过二本自传:一是《离俄日记》(*Leaves from Russian Diary*,1924),另一为《漫长的旅程》(*A Long Journey*,1963)。在《漫长的旅程》一书中引了《离俄日记》的一段话作为结尾,他说:

> 不管将来发生什么事,我知道我学习了三样东西,这些都将永远成为我内心的和精神的坚定信仰。生命,即使最苦的生命,乃是世界上最美丽、最可惊叹和最神奇的宝藏。责任的

完成又是一件美丽的东西,使生活快乐并予心灵以不能征服
的力量,以支持理想——这是我第二个坚定的信仰。第三个
是:残忍、仇恨及不公平永远不能创造精神的、道德的或物质
的幸福时代。

　　素氏的著作之丰,实可以"著作等身"形容之。素氏生平以俄、
德、英三种语文著述,所出版之专书达 37 部,论文 90 篇。其著作
曾译成各国语文,如中文、法文、葡萄牙文、日本文、南斯拉夫文、西
班牙文、捷克文、荷兰文、芬兰文、挪威文、意大利文、土耳其文等,
其影响是深远而巨大的。有关素氏著作的中文译本据笔者所知有
《社会移动论》(1930 年,世界书局)、《当代社会学学说》(1936 年,
商务印书馆,上、下两册)、《危机时代的社会哲学》(节译本,载于
1953 年 10 月份《新思潮》)、《今日社会学学说》(1971 年,台湾商务
印书馆,至今仅出版上册)。[按:本文刊出后,又有素氏著作的中
译本为:《美国性革命》)(1976 年,绿园出版社)、《现代潮流与现代
人》(1980 年,志文出版社)。]其中《当代社会学学说》及《今日社会
学学说》均为黄文山教授迻译,黄教授为研究素氏学说达三十年之
久的学界前辈,故本文素氏之译名亦采黄教授所用者,以示敬意。
另外,有一研究素氏学说的专著,为范清平所著之《索罗肯的学说》
(香港自由出版社)。

　　素氏最重要著作,除上述黄文山教授所译者及"社会移动论"
之外,尚有《社会与文化动力学》(*Social and Cultural Dynamics*,
1937 - 1941,共四巨册)、《社会、文化与人格》(*Society*, *Culture
and Personality*, 1947)、《人性的重建》(*Reconstruction of Hu-*

manity,1948)（此书的第六、七、八章有徐复观教授根据北晗吉氏之日译本之中译,题名《素罗肯论西方文化的再建》)等。

故而黄文山教授认为素氏是"这个世纪的社会学家"!

二、社会文化学说

素氏的社会文化学说是建立在人格、社会和文化的三个基础上的。社会是个人的集合,社会现象也就是个人集合的活动现象,而个人的行为乃建立在其人格的基础上,如果人的行为不受人格之范束,则不可能有社会理论建立之可能。而每个个人又都是"社会的动物",其人格之养成实受其社会文化之影响,故脱离了社会文化亦无人格可言。文化又是基于社会而能成其现象的,具体之社会实为文化之承负者,故各文化实表现于各具体的社会,无社会则文化亦无所托。从另一方面来看,人的社会行为又是根据其文化而有的。举例言之,一个中国人的"彬彬有礼"行为现象,对行为个人而言,这是根据其人格所表现的行为,而这种行为是在中国社会中学习得来者,何以能习得? 乃因文化之故。因此,素氏认为三者是不可分割者。也就是说,任何社会现象实包括人格、社会和文化的三种要素。

对于任何一社会文化现象或事物,素氏认为必然包括意义、价值和规范在内,不可能有无意义、无价值、无规范之社会文化现象或事物;这三者也是不可分割的。有些人类活动可以不全包括此三者,如生理活动,不过那只是具有生理学的意义而非社会学的意义,因此也只是生理学的研究对象而非社会学的研究对象。例如:

吃饭由口腔到胃部消化,这是属于生理学而非社会学的。但吃饭的行为模式,如使用筷子或刀叉等便涉及了社会文化行为,亦便有了价值和规范。如用筷子吃饭是好的(价值),而约束着大家都用筷子吃饭,否则便是"没有规矩"(规范)。

素氏还为社会科学的研究指出了其范围,他认为社会科学所研究的,第一是有关各类社会现象之间的关系和相互关系(corre-lation),第二是关于社会的和非社会现象之间的关系,第三是关于社会现象一切类别共有之通性的研究。

关于第三点社会通性之研究,其实也就是指一般社会学之研究,关于研究这一类的社会学,素氏称之为"巨视社会学"(Macro Sociology)。其实这也是素氏社会文化理论的特色,仍是一种全貌的整体研究。

素氏又进一步把社会文化现象分为三个层面:一为义理层面(ideological level),一为行为层面(behavior level),一为物质层面(material level)。进而言之,表现于心灵的、意义的、哲学的社会文化现象为义理的。如以宗教为例,教义、教条和训示者是也。表现于个体或其互动之行为者为行为层次之社会文化现象,如宗教之仪式者是也。另外,表现于具体之文化物件者,如教堂、庙宇、祭器、祭品、法衣等,为物质层次之社会文化现象。

历来学者对文化的定义,人言人殊,故要讨论素氏的社会文化理论,我们必须了解其对文化的定义。素氏把文化的意义归入"社会互动"中,而认为文化是"由二人或二人以上之有意识或无意识行为,所创造或改造之一切事物之总和,及二人或二人以上的交互影响或相互促成的行为"。

在分析各种文化元素的相互关系，素氏列出四种基本的形态：

（1）空间和时间的邻接（堆积）。这是类的堆积，是无系统可言的，只是把一些文化元素在同一时间凑合有一定空间而已。如一垃圾堆即是，或一个瓶子、一张纸、一件破衣一起放在一间屋子里，其间并没有什么特定的关系可言。

（2）外界因素的间接组合。这一类文化元素的组合，其间关系之发生是由于外界因素而有的。如伏尔加酒、雪橇、大火炉同时出现在素罗金的故乡——北俄，乃是要应付当地的寒冬。

（3）因果或功能的整合。这一类文化元素的结合为的是要达到某个因果的功能的目的。当它们聚合为一体时，其中每个重要的部分都要相互依靠，而使此结合成为有功能的。如中国的家庭制度和孝的伦理，即为相互依靠而产生其功能，达成其目的的。

（4）文化的逻辑意义之整合。这是各文化元素在一种上层形式（supreme form）里达到一种整合的状况。在这种整合下，各文化元素呈现一种"一致的风格"和一致而和谐的整体，这种整体也就涉及素氏所言之"上层系统"。举例而言，如中国音乐有中国风格，中国绘画也有中国风格。音乐和绘画是不同的文化元素，但都在中国文化的"上层形式"之下，成为"一致而和谐的整体"表现出一致的中国风格来。

使一文化中的各文化元素得以有"文化逻辑意义之整合"的"上层形式"，亦即素氏所说的"文化上层系统"。素氏研究世界各文化，而将此"文化上层系统"归纳成为三种类型，即观念文化（ideational culture）、实感文化（sensate culture）和理想文化（idealistic culture）。

兹根据素氏所言,分别将此三种文化之艺术、知识的特征列举如下:

(1)观念文化。其艺术之题材是超经验的和非物质的,经常应用宗教的和神秘主义的主题,表现的形式是纯象征的。其知识主要的是相信超感觉的和超理性的"真理"和实体,如"上帝""天使""灵魂""不朽"等。偶然有感觉和经验现象的研究,也只认为这是超感觉实体显露出来的符号。其对真理的鉴定涉及一种神圣的来源和根据宗教的经文,另外还根据纯逻辑推理,而官能的感觉只是附属而已。

(2)实感文化。其艺术的主题是着重经验的和物质的,强调实感印象的描写。其知识主要的是相信感官感觉的真理,就如现代自然科学对现象的研究。其"真理"大致倾向于"客观主义""行为主义""量子论"和"机械论"。其对知识的鉴定主要是根据感官感觉,另外也依据逻辑推理和数学推论。

(3)理想文化。其艺术的风格乃是混合以上二者而成的,形成一种均衡,其元素的结合有如有机体般的。如"立体主义""未来主义""意象主义""表现主义"。其知识是相信部分的超感觉和部分的感觉经验。但是认为感觉现象的知识价值,仍是超感觉"实体"的附属品。其鉴定"真理"的方法,根据逻辑推理,也根据感官感觉。

以素氏的社会文化学说的系统而言,他是从人格、社会到文化,甚至于文化的"上层系统"一套体大博精理论架构。而不同于现代许多社会学家只对一些部分或枝节的社会现象有兴趣。用素氏自己的话来说,他的社会文化学说是一种"巨视社会学",而不同于流行的"微视社会学"。

素氏所说的文化社会并非静态的,而是动态的,故其提出"社会文化变迁的内在理论"(immanent theory of socio-cultural change),认为社会文化之变迁乃基于五个原则而行的:一为"内在条件发生的原则",二为"系统命运的自我决定原则",三为"决定论与非决定论的内在自我决定论原则",四为"对于不同社会文化系统的自我决定与依附之分殊级次的原则",五为"伟大文化的自我决定性和超环境的自决性原则"。

根据着这五种变迁的原则,任何一观念的、理想的、实感的文化上层系统也会发生变迁。从历史上看,许多伟大的文化由兴而衰,而死亡或消逝,或得以复兴(再生或新生)。素氏认为现在西方文化已是由兴而衰的实感文化,要挽救西方文化,唯有使其转向观念的或理想的文化,才能使之重新获得动力和生机。并且,他列出了一个文化复兴的公式,即:危机→考验→净化→神圣→复活。

相对于西方实感文化的危机而言,素氏认为,中国儒家的文化心态是一种观念的和实感的结合,也就是一种理想文化的形态,它脱离了苦行主义的泥淖,而以经验为手段达成一种平衡的境界,也就是"致中和"(the state of equilibrium and harmony)。由此可见,素氏站在西方文化的立场对中国文化——尤其是儒家——的重视。

三、论中国文化

素氏从未有过讨论中国文化的专著,但是中国文化及先贤对社会文化的观念和理论,却是构成其学说系统不可或缺的一部分。故素氏言"我由伟大的中国思想家和文化获得许多知识和智慧",确为由衷之言。

若我们以被研究的对象来区别知识,大致可以分成三类:一是对超自然的知识(宗教),一是对自然的知识(科学),一是对人类自身的知识。以中国文化而言,在义理层面上所强调者厥为对人类自身知识的要求。如儒家的格物、致知、正心、诚意、修身、齐家、治国、平天下。以先秦六家——儒、道、法、墨、名、阴阳——而言,虽在理论上各成一家之言,然而却都是在强调以人类自身关系为目的而立言的,故司马谈言:"此务为治者也,直所从言之异路,有省不省耳。"

作为一个世界性社会文化的研究者,索罗金明白地掌握了中国文化的思想和精神是在于对人类社会文化的认识,进而指出许多现代西方社会学者的"创见",其实是古代中国思想家的旧说而已。

近代社会学派的社会学家强调对社会学的研究应着重社会环境对人的行为之影响、社会的互动作用(social interaction),而把社会和心理的现象当成互动作用的派生体,如顾理(C. H. Cooley)、涂尔干(E. Durkheim)等。素氏指出这种社会学派的观念在古代中国就有孔子提出过,如孔子说过:"性相近也,习相远也。""唯上知与下愚不移。"故从社会学的观点来看,他认为孔子的学说是一种"社会环境论"(socio-environmental theory),他说:

　　　　习惯系由家庭及其他社会集团,以礼、乐、诗模仿和种种社会职司浸染而成。故儒家特别重"孝""五伦""礼"及对社会环境的一般规则。在这方面,儒家包括近代社会学派的学说之一切精义。尤其是孙末楠(W. G. Sumner)发挥的"德型"之当代学说,李柏烈(Le Play)学派与顾理发挥的"家庭社会学"(the family-sociology)。儒家也深以为"今人而无礼,虽能言,不亦禽兽之心乎?"(《曲礼》)这话就是说,人如不受环境的陶冶,只是一只动物而已。

在素氏 1928 年出版的《当代社会学学说》中,批评当时自认为是最新社会学派的形式学派时,指出形式学派的创始人,不是康德、黑格尔,也不是斯宾塞,而应该是孔子和罗马的民法学者,他说:"孔子的'五伦'说,以及孔门弟子对此种教义的分析,便是一种'形式社会学',它们并且是良好的作品,在纪元前 6 世纪就已经产生了。"

在 1966 年出版的《今日社会学学说》中,他批评了一些今日最流行的社会学理论,如小型团体(small group)的研究。他说:

　　晚近小型团体的研究者,认为在他们之前,几乎没有人研究过,而且声称他们是小型团体的发现者。这种看法是毫无根据的,是我们所要否定的。自孔子以来,一系列的特殊小型团体,由家庭开始,早经过许多思想家小心研究过。这些思想家把它们当作特殊团体为之研究,并且很明智地避免把结果推定到所研究的团体之外。

现代社会学家由小型团体研究,而冀求建立一模式(model)

以解说一些社会现象。在西方社会学界,这是一研究的新方向,而早在古代中国,许多社会思想家在孔子"能近取譬"的方法下,多是从小型团体研究起的。孝悌之道是从家庭的小型团体研究出来的结论不用说了,另外,如管仲就指出军事的小型团体:"伍之人祭祀同福,死丧同恤,祸灾共之。人与人相畴,家与家相畴,世同居,少同游。故夜战声相闻,足以不乖;昼战目相见,足以相识。其欢欣足以相死。居同乐,行同和,死同哀。"(《国语·齐语》)这不但是一种军事的小型团体,而且是一种共同社会(Gemeinschaft)描述。管仲对士、农、工、商的小型团体也都曾作过一定的研究,如《国语》一书中所载。而也确实"很明智地避免把结果推定到所研究的团体之外",故管仲言"四民者,勿使杂处,杂处则其言咙,其事易"。

在《现代社会学的风尚和缺失》一书中,素氏也曾说过:"小型团体的研究,如家庭和家长、师生双边关系。法官与原告、被告的三边关系、血亲兄弟辈、亲属团体、小卡斯特(Caste)、小工团(guild)、工业团体、乡村、合作社区。其实这种家庭和小型团体的研究,老早就由巴比伦法典的作者,孔、墨、孟和其他中国人、印度人……研究过了。"

在他评述墨顿(R. J. Merton)的功能主义(functionalism)时,指出若功能主义是强调"其所指的团体是着重在人们之间的连系乃是透过团体的和其所指的行为是透过团体价值的"。那么这种功能主义不是墨顿的创见,而是一个古老的理论,早在孔子、老子、柏拉图、亚里斯多德、圣奥古斯丁及几乎所有的不朽的社会思想家都是"功能主义者"。

虽然素氏没有进一步地解释为什么孔子是一个"现代的"功能

主义者,但是我们知道孔子说"非礼勿视,非礼勿听,非礼勿言,非礼勿动"(《论语·颜渊》),正是强调人的行为必须要透过团体价值的。因为"礼"是一种团体价值,而"视""听""言""动"不正是人的行为吗?"一日克己复礼,天下归仁焉。"可见孔子"礼"的目的乃在于"天下"这个团体。"礼"的功能是使得人的行为达成"天下归仁"的。

在评述柏生思的学说时,他指出,派氏把宗教、语言、技术、亲属组织作为四种通项(universals),来说明社会文化进步的要素,而忽略了科学、哲学、伦理学、法律规范、美学艺术。并且他没有指明哪些形式的"通项"是好的、哪些是坏的。反而一些不朽的社会思想家却曾聪明地做过了,如孔子、老子……

这种"通项"的观念,若仔细分析孔子的思想,亦确曾有过,并非素氏的附会之辞。如:"子适卫,冉有仆。子曰:'庶矣哉!'冉有曰:'既庶矣,又何加焉?'曰:'富之。'曰:'既富矣,又何加焉?'曰:'教之。'"(《论语·子路》)"庶""富""教"不但是孔子社会文化思想中的三个"通项",并且这三个"通项"是有关联性和层阶性的,而不是可能独自发展的。另外,"子贡问政。子曰:'足食,足兵,民信之矣。'子贡曰:'必不得已而去,于斯三者何先?'曰:'去兵。'子贡曰:'必不得已而去,于斯二者何先?'曰:'去食,自古皆有死,民无信不立。'"(《论语·颜渊》)从这二段言论来看,孔子不但掌握了"庶""食""富""兵"(民族生存的要项),并且扣紧了文化义理的层面——"教"和"信"。

在巨视社会学方面,也就是指文化系统和上层系统的理论方面,素氏认为在孔、孟的教材中亦早有发现。关于这方面的理论强调社会阶级结构的研究和文化形态的类别研究。如儒家对"君子"

和"小人"的研究,"华夏"和"夷狄"的文化区分,都是属于巨视社会学的滥觞理论,故素氏之言虽不详尽,然亦非无的放矢。

从应用社会学的观点来看,素氏认为孔子的应用社会学是"建立在民俗的重要性上,而名之为'道','礼义',或'礼制'"。并引孔子之言:"故礼义也者,人之大端也。"(《礼记·礼运》)"安上治民,莫善于礼。"(《礼记·经解》)"天命之谓性,率性之谓道,修道之谓教。道也者,不可须臾离也;可离,非道也。"(《礼记·中庸》)

和涂尔干齐名的近代社会学的奠基者韦伯(M. Weber),其社会学理论体系博大而不精深,对中国文化一知半解又好作论断,尤其糟糕的是带着基督教和近代资本主义的偏见而不自觉。他认为中国文化之所以不能发展近代资本主义乃是由于"孔教"富有"巫术"和"传统主义"之精神所致。而在每个民族里,其伦理根据宗教,而经济发展又根据伦理观念,"孔教"与资本主义的"经济伦理"不合,故中国文化不得有高度发达的资本主义。素罗金说:

　　我们已经知道,韦伯说明为什么近代资本主义发生于基督教世界,为什么在其他世界宗教的国家里,资本主义则不曾成功。著者恐怕这样的陈述是有问题的。我们不懂得为什么儒家和其对超自然论和神秘论的明显的蔑视;对于超自然的实物的公开否认;以及其超卓的"实践的"特性;其平衡的常识;最后还有其教育之系统和理性的学说,而能够说儒家是比基督教或犹太教较为迷信和对于巫术没有那么敌视。我与许多对儒家优秀的研究者一样,相信儒家是世界上最实证的,而且绝不是巫术的、神秘的和迷信的宗教。所以,我决不能承认韦伯的陈述是正确的。儒家固然侧重传统,但其所谓传统,是指正确的保守主义的一种慎重和谐的政策。在这方面,其传统主义不见得比犹太教或基督教所主张者为重。儒家的整个体系,乃是社会生活的一种实验的、平衡的、合理化的、完整的学说,毫无神秘和巫术的意义。

其实韦伯的陈述不仅仅是对儒家的无知,而且其理论本身及其所包括意识形态都是有问题的,然其对于当代西方社会科学(经济学、社会学、人类学)界造成重大影响却是确实的。现在我国却有许多人引用韦伯和受韦伯影响之西方学者之观点来讨论中国之"现代化",实有商榷之余地。

素氏除了在其社会文化学说中大量引述儒家学说外,并且他的"爱"的学说更和儒家学说若合符节。

儒家学说是从宗法社会派生出来的,故其道德伦理充满敦厚的亲族之情。以其最高之伦理概念——"仁"——而言,孟子就曾为其作界说言"亲亲为仁"。在宗法的社会条件下,任何善必统摄于亲亲之下。故孔子曾说:"父为子隐,子为父隐,直在其中矣。"(《论语·子路》)而素氏言:"爱是一种善的形式,其与真、美是可以互相转换的。并且善的爱是追求真、美的原动力。因为在超越的和最终实体(ultimate reality)的层面上,真正的真、善、美是三位一体而不可分割的。"并举孔子、柏拉图、亚里斯多德等为例。

他说:"一些爱的、怜悯的、互助的伦理学说和宗教的创立者及其使徒和早期的追随者,在历史上,曾和平地将其学说或宗教和平地转换到各民族、文化和社会制度之中。"以孔子为例,孔子思想不但成为中华民族文化血脉和社会规范,并且和平地使得各邻国如日本、韩国、越南等国家产生了儒化的现象。

儒家的伦理学说是从孝为出发点的,素氏正确地把这一基本的儒家伦理原则陈述出来,他说:"孔子是由孝出发建立五伦、仁义以至于'世界大同'的社会理想,而一切的法典、诗、乐、礼、习俗等均为助此完成者。"孝是一种父子之情,是一种父子之爱,素氏认为爱的社会基础亦奠定于此。他说:"家庭乃是博爱的最重要的经手者(agency),由亲属之爱而爱天下,此乃孔子之教。""这乃是家庭为其子孙塑造在生物的、心灵的、道德的和社会的决定性角色。而在西方,唯晚近的李柏烈学派才如此主张。"由此,我们可知素氏的"爱能说"乃是由家庭之爱以至博爱天下的,和儒家由孝悌而至仁爱,"老吾老以及人之老,幼吾幼以及人之幼",正好是相同的。

从整部人类历史来看中国文化的价值,素氏对中国文化中的孔子和老子有极高的推崇。他认为人类曾经有过四次创造性发皇的时期:一是公元前14000年到前8000年,在这段时期里,人类发明了农业。二是公元前5000年至前3500年,这段时期里人类建立了城市文明,并开始了阶级的分化。三是公元前900年至前200年,人类创造了伟大的世界宗教和哲学系统,并有重要的科学发明,而一些新社会制度也开始导进了。第四次,也是最晚近的一次,是公元1500年至今,发展了现代的西方文明。而推动第三次人类伟大创造的哲学家有孔子、老子、佛陀以及希腊哲学家和希伯来宗教。

另外,从素氏的著作中可知,他对中国文化的认识不仅是义理层面的哲学,而且还包括中国的社会制度、历史、政治、农业等等。

素氏对中国文化的认识可谓精深,其受儒家影响也相当深厚,以其倡导的"爱能说",可谓现代西方的儒者了。不过,他对中国文化亦有一点认识上的错误。这也许是因为受到基督教文化的影响,他认为一切伦理系统的创立是属于宗教之事,而认为孔子、老子均为一种宗教形式(religious form)。其实这是错误的。孔子虽主张祭祀,但他的祭祀实已抽掉了宗教的意义,而是一种人文主义意义的礼。如"子不语怪力乱神""敬鬼神而远之""尔爱其羊,我爱其礼"。孔子虽抽掉了宗教意义,但却保存了宗教祭祀的恭敬。故言"使民如承大祭"。所以在孔子的伦理思想中当有宗教感(re-ligiousity)的存在则无误,虽然孔子具有宗教感,然而其与耶稣、佛陀创立宗教是迥然不同的。

四、结　语

今日世界人类面临着严重的危机,这个危机其实并不是科学技术本身所造成的,而是当 500 年来人类文化创造了现代的科学技术之后,人类本身对其相互间关系之调整发生了问题,这实际上是社会、政治、经济、思想等人事的制度发生了问题,而使得今天人类陷于危机之中。

如何来解决今天人类所面临的危机,当然要从人类的文化——社会、政治、经济、思想——的研究入手。在素氏的研究中,至少给了我们一个启示,那就是在中国文化中也许能锻炼出一把开启危机之门的钥匙。

我们不该蔑视曾在人类文化史上有伟大创造的中国文化,也

不必要过分炫耀祖先的伟绩来充今日的门面,中国文化今后的价
值当在于是否对今日世界人类危机解决能有贡献上而定。作为中
国文化的传承者,这是我们应尽的本分。作为世界人类的一分子,
这也是我们应尽的责任。

(原载《中华文化复兴月刊》,1975 年 4 月)

名词对照表

本卷译名	现通行译名
柏生思（T. Parsons）	帕森斯
班固利安（David Ben Gurion）	本古里安
丹尼勒威斯基（N. Danilevsky）	丹尼列夫斯基
笛卡儿（Descartes）	笛卡尔
范布伦（T. Veblen）	凡勃伦
佛洛伊德（Sigmund Freud）	弗洛伊德
葛隆斯基（Donald V. Gawronski）	加夫龙斯基
顾理（C. H. Cooley）	库利
克拉孔（Clyde Kluckhohn）	克拉克洪
克娄伯（A. L. Kroeber）	克罗伯
莱布尼兹（Leibniz）	莱布尼茨
赖德（Arthur Wright）	赖特/莱特
李柏烈（Le Play）	勒普累
李维·斯特劳斯（Claude Lévi-Strauss）	列维·斯特劳斯
马士劳（A. H. Maslow）	马斯洛
麦迦威理（Machiavelli）	马基雅维里
曼汗（Karl Mannheim）	曼海姆

米尼苏打（Minnesota）	明尼苏达
墨顿（R. J. Merton）	默顿
聂哥（Ernest Nagel）	内格尔
瑞地克莱·布朗（Radcliff Brown）	拉德克利夫·布朗
史宾格勒（Oswald Spengler）	斯宾格勒
素罗金（Pitrim A. Sorokin）	索罗金
泰勒士（Thales）	泰勒斯
汤恩比（A. Toynbee）	汤因比
亚当·史密斯（Adam Smith）	亚当·斯密
亚里斯多德（Aristotle）	亚里士多德